트렌드를 넘는
마케팅이 온다

급변하는 세상에서 흔들리지 않는 마케팅 10

TREND MARKETING

트렌드를 넘는 마케팅이 온다

박기완 지음

21세기북스

누구나 마케터가 되어야 한다

마케팅은 이제 일상적 용어다. 일상화되어 주목을 별로 끌지 못한다. 그저 별 감흥 없는 보통 명사다. 대학에서도 마케팅에 관한 관심이 예전만 못하다. 마케팅은 정말 답도 없고 도무지 손에 잡히지 않는 선문답 같다. 공부한 사람이나 하지 않은 사람이나 별 차이도 없어 보인다. 마케팅 활동이 시대 변화를 타고 디지털 기술로 대체되면서 빅데이터나 인공지능만 배우면 마케팅도 문제없이 수행할 수 있을 것 같다.

우리 사회는 지나치게 눈에 보이는 가치를 중요시한다. 매장에서 물건 훔친 것은 도둑질이라면서 지적 재산권에 대한 인식은 여전히 부족하다. 학문도 비슷하다. 똑 맞아떨어진 답이 있고, 계량화할 수 있으며, 아는 자와 모르는 자의 경계가 뚜렷이 구분되어 보이는 학문만 배울 가치가 있다고 생각한다. 그러나 탁월한 경영자는 눈에 쉽게 보이지 않는 것을 꿰뚫어 볼 수 있어야 한다. 보이지 않는다고 해서 존재하지 않는 것은 아니다. 기술이나 제도를 다루는 학문도 중요하지만, 세상에 대한 통찰력을 기르는 마케팅도 이에 못지않게 중요하다.

인간과 세상에 대한 통찰력을 키우는 것은 세상을 보는 자신만의 독자적 눈, 즉 프레임을 구축하는 과정이다. "세상은 실재實在하는 것이 아니라 주관적으로 구성構成하는 것이다"(임마누엘 칸트). 경영학에서 중시하는 시장도 객관적으로 존재하지 않고, 경영자의 프레임에 따라 다르게 해석된다. 프레임에 정답은 없지만 좀 더 좋은 프레임은 있다. 급변하는 세상에서 흔들리지 않는 방법을 담은 『트렌드를 넘는 마케팅이 온다』는 내가 지난 10년 이상 연구하고 강의하면서 축적한 지식과 경험에 기반해 시장을 바라보는 세 가지 프레임(수평, 비정형, 불안정)을 제시한다. 그 프레임에 기반해 새로운 전략을 열 가지로 제시한다. 물론 이 책을 읽는다고 시장 트렌드와 마케팅을 모두 이해할 수는 없다. 그래도 궁극적으로 독자들이 자신의 프레임을 구축하기 위한 출발점으로는 괜찮다고 생각한다. 열 가지 전략은 세 가지 키워드 아래 연결성을 가지면서도 나름의 독립성을 가진다. 독자는 마음에 드는 전략을 취사선택하여 읽어도 무방하다. 그러나 적어도 세 가지 키워드에 대응하는 전략 단위별로, 즉 장별로 묶어서 읽는 것을 추천한다. 그래야 서로 다른 전략이 어떻게 하나의 주제 의식하에 연결되는지를 이해할 수 있다.

이 책을 쓰면서 고심한 대원칙은 균형감이다. 이론, 전공, 사례, 스타일 등에서 균형을 추구했다. 전통 이론뿐 아니라 최근 논의되고 있는 이론을 통합적으로 고찰했다. 마케팅이 주된 내용이지만 마케팅에만 매몰되지 않고 전략, 인사관리, IT 및 인문학 등 다른 분야와의 접목을 시도했다. 시장에서도 경계가 없어지는데 경영학도 이제는 사일로silo 문화에서 벗어나야 한다. 이론을 중시하되 논의가 추상적으로 흐르지 않고 독자들이 생생하게 이해할 수 있도록 다양한 사례를 균형 있게 제시했다. 핵심 요지를 전달하기 위해 최적의 사례라면 시대를 가리지 않았고 지면이 허락하는 한 충분히 논의했다. 글로벌 사례와 더불어 한국의 최신 사례도 다수 수록했다. 이성적이고 딱딱하게 보이는 경영학이지만 수필처럼 친근하게 읽을 수 있는 스타일을 지향했다. 단순히 정보를 전달하는 것뿐 아니라 책의 내용을 마음으로 받아가라는 의미에서 감정이 스며든 문투와 가감 없는 비판의 목소리를 날 것 그대로 표출하기도 했다.

『트렌드를 넘는 마케팅이 온다』는 기본적으로 마케팅이나 전략을 다루는 분들이 대상이다. 하지만 세상일에 관심 많고 열린 마음으로 배우기를 즐기는 분들에게도 권하고 싶다. 이제 마케팅은 현대인들이라면 누구나 알아야 할 교양이요 인생 그 자체다. 마케팅은 의미를 창출하는 과정이고, 인생 역시 삶에 의미를 부여하는 과정이다. 의미 없는 삶만큼 비참한 삶은 없고, 의미 있는 새로움을 창출하는 혁신이 없으면 기업도 존재할 이유가 없다. 이에 대기업 임직원은 물론이고 미래를 준비하는 10~20대 청소년, 제2의 인생을 준비하는 장년층, 마케팅과 별로 친하지 않은 중소기업, 공기업, 공공기관 임직원, 기술에 지나치게 집중하는 스타트업 임직원들도 이책을 통해 마케팅과 끈끈한 친구맺기를 권한다. 이 책의 내용을 삶에 적용해보는 것도 마케팅을 체화하는 좋은 방법이다. 주변 사람들과 공감하기, 나만의 콘텐츠 개발하기, 다른 눈으로 세상 바라보기, 자신만의 미션 정립하기 등 다양한 방식으로 이 책의 내용을 참고할 수 있을 것이다.

시대 변화가 매우 빠른 만큼 이 책도 출간되는 그 순간부터 구닥다리의 굴레에 빠져들 것이다. 그러나 기본 원리와 개념은 그리 쉽게 변하지 않는다. 실무에 있는 분들은 자신만의 경험과 직관을 이 책의 개념과 잘 버무리면 세상의 흐름을 주도할 수 있을 것이다. 가끔 학생들로부터 마케팅에 관한 책을 추천해달라는 주문을 받는다. 그런 주문을 받을 때마다 솔직히 좀 난감하다. 마케팅만큼 다양한 체계와 내용을 다루는 분야도 드물다. 교과서는 표준 체계와 내용을 제공하지만, 지식 나열적이고 시대에 뒤떨어져 있다. 일반 대중서는 최신 현상을 다루고 있지만, 논리적 체계가 부족해 인사이트를 얻기에는 다소 피상적이다. 이 책 역시 완벽한 대안이 될 수는 없다. 하지만 본질적 원리와 개념이라는 뿌리에 근거를 두고 있기에, 수없이 쏟아지는 정보 속에서 중심을 잡고 인사이트를 개발하는 데 도움이 되리라 믿어 의심치 않는다. 이 책과 관련된 문의나 피드백은 항상 열린 자세로 경청하고자 한다. 독자들께 가감 없는 비판을 부탁드린다.

이 책을 내기까지 많은 분의 도움을 받았다. 초등학생 시절부터 지금까지 까막눈이던 나에게 혜안을 제공해준 모든 선생님께 머리 숙여 감사드린다. 내 강의를 들은 모든 수강생은 이 책의 공동창조자로서 조력해준 분들이다. 이분들과의 교류가 없었다면 마케팅에 대한 문제의식도, 집필에 대한 동기부여도 없었을 것이다. 이 책을 출간함에 세심하게 배려하고 신경 써주신 21세기북스 서가명강팀 장보라 팀장님과 안형욱 님께 감사 말씀을 드린다. 무엇보다 가장 감사한 분들은 항상 삶의 의미를 생각하게 하는 가족이다. 나보다 감수성과 통찰력이 훨씬 뛰어난 지혜로운 아내, 내 인생에 에너지와 더불어 성찰의 기회를 제공해주는 두 아들, 크나큰 사랑으로 나를 아껴주시는 장인·장모님, 학생 시절부터 나를 아들처럼 키워주신 이모님 내외분께 마음으로부터 감사의 말씀을 드린다. 마지막으로 말로는 다하지 못할 가없는 애정과 정성으로 나를 키워주신 부모님 영전에 불효자의 이름으로 나온 이 책을 고이 바친다.

2020년 4월 박기완

차례

0장 ————————————————————

마케팅에 정답이 있다면

1장

우리는 모두 '프로슈머'다_수평성

2장 ─────────────────────

경쟁의 경계를 허물다_비정형성

3장

기회는 불안과 함께 온다_불안정성

0장

TREND
MARKETING

마케팅에 정답이 있다면

트렌드는 현상에 관한 것이다.

현상을 이해하는 것도 필요하지만 본질을 꿰뚫어볼 수 있으면

훨씬 더 체계적으로 시장을 이해할 수 있다.

수평, 비정형, 불안정, 3개의 핵심 키워드를 통해 시장의 흐름을 읽어보자.

시장의 변화를 꿰뚫는
세 가지 프레임

마케팅의 역사는 기껏해야 100년 남짓 하지만 그 짧은 역사에도 많은 변화와 굴곡이 있었다. 현대 마케팅의 아버지라 불리는 미국 노스웨스턴대학의 필립 코틀러Philip Kotler 교수는 『마켓 3.0』[1]에서 마케팅의 역사를 세 단계로 구분했다. 코틀러 교수의 주장은 {표 0-1}에 간단하게 정리해놓았다. 그의 주장이 예측대로 맞는지는 훗날 역사만이 알겠지만 적어도 시장에 대한 그의 통찰력만큼은 새겨들을 부분이 있다. 적어도 시장이 새로운 방향으로 진화하고 있다는, 최근의 연구물·저서·강연 등의 주장에는 콘센서스가 있다.

급변하는 세상의 변화, 좀 더 구체적으로는 시장 환경을 어떻게 하면 간명하면서도 통찰력 있게 이해할 수 있을까? 시중에 나가보면 하루가 멀다 하고 트렌드에 관한 책들이 쏟아져 나온다. 대부분 눈앞에 펼쳐지는 흥미로운 사건들(가시적 현상visible phenomena)을 포

표 0-1 **마켓(마케팅)의 진화**

구분	마켓(마케팅) 1.0 상품 중심적	마켓(마케팅) 2.0 소비자 중심적	마켓(마케팅) 3.0 철학 중심적
목표	상품 판매	소비자 만족과 유지, 생애 가치 극대화	오늘보다 좀 더 나은 내일의 세상 만들기
동인	산업혁명	ICT	뉴 웨이브 기술 (디지털, 모바일, 소셜)
시장을 보는 관점	동일한 기능적 니즈를 가진 매스 구매자	지성과 감성을 지닌 스마트한 소비자	지성, 감성, 정신을 지닌 온전한 인간
핵심 마케팅 콘셉트	상품 개발 및 생산	차별화	가치를 통한 마음 울림
마케팅 가이드라인	상품 스펙	기업 및 상품 포지셔닝	기업의 미션, 비전, 핵심가치[2]
가치 제안	기능적 가치	기능적, 정서적 가치	기능적, 정서적, 영감적 가치[3]
기업과 소비자의 상호작용 방식	일(기업)대다(소비자) 거래	일대일 관계	다대다 협력

착해 기술하고 분류하는 내용으로 구성되어 있다. 하지만 누군가는 다음과 같은 질문을 던질지 모른다. "트렌드가 1년 단위로 해마다 바뀌는 것인가?" "트렌드가 아주 많고 빨리 변해 도무지 따라갈 수 없을 것 같아!" "저런 트렌드는 왜 발생하고 있지?" "현상 이면에 작동하고 있는 본질은 뭐지?"[4] 서양 학문의 전통이지만 학술적 연구는 본질과 현상을 나눠서 본다. 트렌드는 현상에 관한 것이다. 현상을 이해하는 것도 필요하지만 본질을 꿰뚫어볼 수 있으면 훨씬 더 체계적으로 시장을 이해할 수 있다. 그래서 학술적 연구는 간명

하면서도 적용 가능성이 높은 이론 구축을 본질적 목적으로 삼는다. 사회심리학의 창시자 중 한 명인 커트 르윈Kurt Lewin은 "좋은 이론만큼 실용적인 것은 없다"고 언급한 바 있다.

다른 모든 조건이 동일하다는 전제 아래 가장 단순한 설명이 최선이라는 원리, 즉 간명성의 원리principle of parsimony를 오컴의 면도날Occam's Razor이라 부른다. 14세기 영국의 논리학자이자 프란치스코회 수도자였던 오컴의 윌리엄이 이 원리를 빈번하게 사용한 데서 유래한 용어다. 윌리엄의 저서를 인용하면 "불필요하게 복잡한 것을 상정해서는 안 된다."

이 책에서는 2010년대 이후 시장 변화를 이해하기 위해 3개의 핵심 키워드를 뽑았다. 도출 과정은 선형적으로 이뤄진 단순한 과정이기보다 현상에 대한 고찰, 전문가들의 분석, 개인적인 해석과 검증 등의 과정을 반복적으로 거친 순환적 과정이었다. 특히 S 그룹의 임원을 대상으로 강의를 준비하는 과정에서 큰 자극을 받았다. 그들은 현재의 시장 변화를 '스마트'라는 키워드로 표현하는데, 스마트 시대의 특징을 간결하게 전달하던 방안을 고민하던 시간이 키워드 정리에 큰 도움이 되었다. 몇 년 동안의 자료 수집과 해석, 다양한 청중과의 소통 속에서 찾아낸 키워드는 다음과 같다. 수평, 비정형, 불안정.

구체적인 의미를 설명하기 전에 '키워드'라는 개념의 의미를 먼저 생각해보자. 키워드는 마치 세상을 바라보는 인식의 프레임perceptual frame과 같은 것이다.[5] 우리가 어떤 프레임으로 보는가에 따라 실체에 대한 해석은 완전히 달라진다. 동일한 풍경을 사각의 프레임으로 보는가, 아니면 원의 프레임으로 보는가에 따라 그 양태가 달라 보이듯 세 가지 키워드는 시장에서 일어나고 있는 사회 현상들을 해석하는 데 있어 크나큰 영향을 끼친다. 이 책에서는 수평 → 비정형 → 불안정의 순서로 키워드를 소개하는데 이는 시장 변화를 일으키는 동인 및 양상과 관련이 깊다. 시장 변화는 근본적으로 기술 발전에 의해 선도되는 경우가 많고, 이러한 기술 발전에 따라 경영의 변화(예를 들면 현재 우리가 목격하고 있는 신상품이나 새로운 비즈니스 모델의 등장)가 나타난다. 이러한 변화는 총체적으로 문화의 변화를 일으킨다. 물론 변화의 방향이 다른 양상으로 나타날 수도 있고 기술, 경영, 문화의 변화가 일도양단하듯 깔끔하게 나뉘는 것도 아니다. 다만, 앞서 지적한 대로 모델의 간명성이라는 관점에서 독자들이 이러한 체계를 이해하기 바란다.

수평의 시대,
정보와 소비의 민주화

먼저 수평의 프레임을 살펴보자. 기술, 특히 그중에서도 인터넷과 소셜미디어, 모바일 같은 뉴 웨이브 기술은 연결성과 투명성을 강화한다. 사람들끼리 서로 연결하는 손쉬운 방법이 생기고, 이로 인해 정보의 소통이 원활해짐으로써 지식과 정보의 민주화 현상이 대두되었다. "네티즌 수사대가 출동하면 안 털리는 것이 없다"라는 말이 이러한 현상을 극명하게 표현하고 있다.

몇 해 전 한 유가공업체의 요거트, 분유 등에 카제인나트륨 성분이 들어간 것이 이슈가 되었다. 이 기업은 자사의 커피믹스를 만들면서 카제인나트륨이라는 인공성분을 천연우유로 교체해 건강 콘셉트로 차별화를 꾀했다. 그런데 정작 자신들이 생산하는 다른 상품들에는 카제인나트륨을 버젓이 사용하고 있었다. 이러한 모순적 행동을 네티즌 수사대들이 나서서 찾아냈다. 기업들도 스스로를 유리알 조직이라고 자조적으로 표현할 정도로 정보와 지식의 유통은 인류 역사상 그 어느 때보다 광범위하게 일어나고 있다.

불과 20~30여 년 전만 하더라도 경영학 지식은 대학만이 가지고 있는 배타적 지식이었다. 그러나 지금은 컨설팅업체, 사교육 기관, 대기업들도 풍부한 지식을 보유하고 있을 뿐 아니라 무크 MOOC[6]라는 온라인 서비스가 등장함으로써 원하는 사람들은 누구든지 세계 최고 수준의 대학 교육을 안방에서 받을 수 있게 되었다. 권위적이고 전문적 지식의 개념은 쇠락하고 개방적 지식, 대중의 지혜wisdom of crowd가 득세하는 시대가 되었다. 영화관에서 볼 영화를 선정할 때 찾아보는 정보는 무엇인가? 영화평론가들의 의견보다 관람객들의 평가나 소셜미디어로 이어진 친구들의 의견이지 않을까? 여행을 가서도 여행사에 의존하기보다 트립어드바이저 TripAdvisor나 옐프Yelp에 올라온 정보를 더 신뢰한다.

수평의 시대는 한마디로 민주화다. 민주화는 정치적 개념인데, 최근 정치권력도 배타적 권력에서 포용적 권력으로 대세가 바뀌고 있다. 민주화 개념은 이제 다른 영역으로 확장되고 있다. 한국 사회에서는 경제 민주화가 여전히 화두이며 거대한 민주화의 물결은 지식의 민주화, 마침내는 문화의 민주화로까지 이어지고 있다. 문화의 민주화를 보여주는 단적인 예를 럭셔리(명품) 산업[7]에서 찾을 수 있다.[8] 2018년 이후 가장 핫한 럭셔리 브랜드인 구찌다.[9]

구찌는 타깃 고객을 MZ세대[10]로 재정의하고, 상품 콘셉트를 우아함과 절제된 세련미를 강조한 미니멀리즘에서 화려하고 파격적인 맥시멀리즘으로 변경했다. 빈티지스러움과 괴짜 패션geek chic까

그림 0-1 **구찌 DIY**

지 수용하고 있으며 르네상스와 현대 미술의 다양한 패턴을 적용한 커다란 꽃, 화려한 동물 무늬를 구찌의 상징인 적록색 줄무늬와 병치시키는 파격적 디자인을 선보이고 있다. 럭셔리는 디지털과 어울리지 않는다는 불문율을 깨고 럭셔리 브랜드 최초로 온라인 전용 상품을 출시했다. 심지어 맞춤형 서비스인 구찌 DIYDo-It-Yourself를 시작했다(그림 0-1). MZ세대와 소통하기 위해 인플루언서와 협력하기도 한다.

2017년 9월 구찌는 구찌 플레이스Gucci Places 프로젝트를 통해 구찌 브랜드에 영감을 준 세계 명소를 소개하는 여행 앱을 출시했다. 구찌의 화보 촬영지에 가까워지면 알람을 보내고, 화보 촬영 뒷얘기와 장소에 관련된 구찌의 스토리를 알려준다. 이 장소에서만 판매하는 한정판 컬렉션을 구매할 수 있고, 포켓몬 고처럼 배지를 모으는 재미도 있다. 내부 혁신을 위해서는 리버스멘토링reverse mentoring: 신입사원이나 후배가 선배를 거꾸로 멘토링하는 것과 그림자위원회30세 이하 직원들로 구성되어 임원회의 주제를 다시 토론하는 것를 도입하기도 했다.

수평의 시대가 갖는 시사점은 일반 소비자들이 외부 정보를 여과 없이 받아들이는 수동적 존재가 아니라 능동적으로 참여하고 적극적으로 의견을 피력하는 존재로 바뀌고 있다는 점이다. 저마다 각자 이해관계에 따라 목소리를 내다 보니 사회적으로 이해관계의 충돌과 갈등이 증폭하고 있다. 연결성으로 인해 정보의 양이 기하급수적으로 늘다 보니 정보의 질을 어떻게 담보할지가 중요한 문제로 대두하고 있다. 당연히 큐레이션 서비스에 대한 수요가 늘어날 수밖에 없다.

스탠퍼드 경영대학원의 이타마르 시몬슨Itamar Simonson 교수는 정보의 양이 늘어난 시대에 브랜드가 설 자리는 없다면서 브랜드 시대의 종언을 선고했다. 소비자들이 상품의 절대가치를 평가할 수 있기 때문에 브랜드에 낀 거품이 효력을 발휘하지 못할 것이라고 주장한다.[11] 지금은 수직이 아니라 수평이 핵심 화두인 세상이다.

비정형의 시대,
4차 산업혁명과 새로운 기회

두 번째 프레임은 비정형[12]이다. 비정형이란 문자 그대로 형태가 없다는 말이다. 형태가 없어진다는 것은 달리 표현하면 경계가 사라진다는 것을 의미한다. 무슨 경계가 사라진다는 말인가? 그 원인은 무엇인가? 경영학에서 가장 중요한 경계는 산업 간의 경계다. 20세기까지만 해도 산업은 특정한 경계를 가지고 있었다. 지금까지도 경영학에서는 산업이나 카테고리라는 이름으로 경계를 가정한다.

그러나 마케팅에서는 예전부터 명목상 카테고리가 아니라 소비자 관점에서 대체 가능성에 주목해왔다. 소비자 니즈를 충족할 수 있는 옵션끼리는 어떤 카테고리도 서로 경쟁 관계에 있다고 본다. 경쟁 범주를 단순히 브랜드 수준에서만 논하지 않고 카테고리 간 경쟁, 나아가 고객 예산상 경쟁으로 확장한다. 하버드의 진주라 불리는 전략의 대가 마이클 포터Michael E. Porter가 제안한 5요인 이론

Five-Forces Model에도 대체재로부터의 위협이라는 요인에 동일한 논리가 녹아 있다. 블루오션 전략에서도 경쟁이 심화되는 레드오션을 벗어나려면 '시장의 경계를 재구축하라'라고 주문한다.

디지털 기술, 특히 와해성 기술disruptive technology은 수평의 시대를 도래시켰을 뿐 아니라 시장 구조에도 큰 변화를 일으키고 있다. '와해성'[13]이라는 단어 자체가 전통적 시장 구조를 무너뜨리거나 뒤엎는다는 말이다. 디지털의 핵심은 해체다. 모든 것을 0과 1의 비트로 나누고 쪼개는 것이 디지털이다. 아마존, 넷플릭스, 아이튠즈 등의 서비스는 중간상을 없애고 소비자와 직접 거래를 통해 탈중개화disintermediation: 말 그대로 중간 단계를 없앴다는 뜻 현상을 촉발했다. 호텔 산업의 와해를 비롯한 다른 산업의 사례는 주석에 출처를 기록해두었다.[14]

4차 산업혁명의 본질은 가상의 세계를 상징하는 비트bit와 현실 세계인 아톰atom의 경계가 없어지는 것이다.[15] 이제 지인들과 물리적으로 만나지 않아도 온라인이나 모바일 세상에서 교류하고 소통할 수 있다. 마트에 가서 물건을 사지 않아도 온라인으로 주문하면 3D 프린터로 제작해서 배달된다. 직접 움직이지 않아도 말 한마디면 청소도 빨래도 냉장고 관리도 할 수 있다. 비트가 점점 아톰의 세계로 들어오는 것은 피할 수 없는 거대한 물결이다. 기술 혁신은 인간의 게으름을 파고들면서 나타난다. 마치 TV 리모컨이 처음 나왔을 때처럼. 디지털화는 아톰의 세계를 비트가 장악해가는 현상이다. 디지털화가 되면 될수록 물리적 시공간을 점유하는 아톰은 해체될 수밖에 없다.

비정형의 시대를 불러온 또 다른 요인은 글로벌화다. 글로벌화의 본질은 무엇인가? 글로벌화는 관세 완화로 인한 무역 장벽의 철폐에서 시작되었다. 글로벌화는 보수 진영의 정치 경제 이념이다. 전 세계가 마찰 없는 하나의 세계가 되면 자원이 최적으로 배분된다는 것이 그들의 논리다. 무역 장벽 철폐에서 한 발자국 더 들어가면 글로벌화는 모든 경계의 해체와 맥이 닿는다. 단지 국경이나 지역으로 인한 경계뿐 아니라 산업의 경계, 규제로 막혀 있던 경계 등도 사라지는 현상까지 촉발했다. 최근 도널드 트럼프 대통령의 미국제일주의, 시진핑의 중화주의, 영국의 브렉시트 등 반글로벌화anti-globalization 현상이 나타나고 있지만 거대한 트렌드는 반글로벌화가 아니라 글로벌화다.

CGV의 경쟁자는 누구인가? 메가박스? 롯데시네마? 물론 산업 내 기존 경쟁자도 중요하지만 IPTV, 넷플릭스(OTT 사업자) 같은 신종 서비스도 무서운 경쟁자다. SKT의 경쟁자는 누구인가? KT? LG U+? 이동통신 3사가 치열한 경쟁을 벌이고 있는 듯 보이지만, 현재 구도를 유지하기 위해 암묵적 공모tacit collusion를 하고 있다고 느껴질 정도로 시장은 고착화되어 있다. 카카오, 네이버 같은 IT 기업이 이동통신의 대체재이자 보완재를 서비스하고 있고, 해외 통화까지 고려하면 구글 행아웃, 스카이프 등도 강력한 경쟁자다.

현대자동차의 경쟁자는 누구인가? 기아자동차? 메르세데스 벤츠, BMW, 폭스바겐? 자동차는 전자 장비로 거듭나고 있고 가솔린 자동차는 전기자동차로 대체되는 상황을 볼 때 앞으로 전장 산업에 뛰어들 삼성전자, 자율주행차를 연구하는 구글이나 테슬라, 전

기자동차 핵심인 배터리 역량의 강자인 LG화학이나 SK이노베이션
이 더 중요한 경쟁자로 대두될 가능성이 높다. 이러한 현상은 이종
산업 간의 경쟁이다.

규제로 인한 경계도 희미해져가고 있다. 2018년, 금융과 산업의
분리[16]가 앞으로 어떻게 유지되어야 하는지 심도 있게 논의되었
고, 카카오 같은 IT 기업이 금융 산업에 뛰어들었다. 과거에는 상상
도 하지 못한 일이다. 2015년부터 도입한 은행 간 계좌 이동 서비스
는 규제 완화의 효과를 불러일으켰다. 이 서비스는 계좌에 등록되
어 있는 자동이체 내역을 일괄적으로 조회 해지할 수 있고, 다른 은
행의 계좌로 변경할 수 있는 서비스다. 기존에는 카드, 통신비, 보험
료, 공과금 등의 자동이체를 변경하려면 건별로 일일이 신청해야
하는 번거로움이 따랐다. 규제는 전환비용switching cost을 높이는 효
과가 있었고, 은행은 별다른 노력 없이 기존 고객의 이탈을 방지할
수 있었다. 지금은 시장이 변했다. 4차 산업혁명에서 선도적 지위를
유지하려면 경계를 넘나드는 사고를 장려하는 적극적인 지원, 그중
에서도 규제 철폐가 필요하다. 한국에서도 우버나 알리페이Alipay 같
은 획기적인 서비스가 나올 수 있도록 규제를 혁파하고 이익 집단
의 우려를 통합적으로 조정해야 한다.

비정형은 비단 산업 경계가 없어지는 현상만 일컫는 것은 아니
다. 경계의 해체는 예기치 못한 특이한 양상으로 나타나고 있다. 시
장에서는 공동생산co-production이나 크라우드소싱 등 기업과 소비
자 간의 경계가 모호해지고 있다. 학교에서는 교수와 학생의 경계
가 희미해지고 있다. 교수의 역할이 지식 전달에서 학생들의 주도

적 학습을 가이드하는 조력자나 촉진자 역할로 바뀌고 있다. 역진행 학습flipped learning의 등장은 수동적 학생이 아닌 능동적이고 적극적으로 참여하는 학생의 역할을 강조한다. 이제 누가 교수이고, 누가 학생인지의 구분이 그리 중요하지도 그리 의미 있지도 않다. 그저 같이 협력하면서 새로운 진리를 탐구하는 동료일 뿐이다.

현대 마케팅 전략의 시발점이라는 시장 세분화도 비정형의 시대를 비껴갈 수는 없다. 성별이나 나이 같은 관찰 가능한 변수에 의한 세분화는 의미를 잃은 지 오래되었다. 한 개인 내에서도 상황에 따른 동적 세분화까지 필요한 상황으로 시장은 진화하고 있다. 동일한 소비자라도 맥락에 따라 심리와 행동을 달리할 가능성이 크고, 빅데이터 같은 4차 산업혁명 시대의 기술은 상황 기반 동적 세분화를 실현할 수 있는 기반을 마련하고 있다. 빅데이터의 특징을 '3V(속도Velocity, 크기Volume, 다양성Variety)'로 설명한다. 이 중에서도 다양성이 빅데이터의 가장 핵심적 특징이다. 정량화할 수 있는 숫자 외 텍스트, 음성, 위치, 영상 등 다양한 형태의 데이터를 얻고 분석하는 이유는 소비자가 처한 특정 맥락에서의 니즈나 행동을 파악할 수 있는 기회를 포착하기 위해서다. 비정형의 시대에 따라 전략과 기술도 변하는 것이다.

04

불안정의 시대,
스마트화 이면의 현상

세 번째 키워드는 불안정이다. 여기서 불안정이라는 말은 여러 하위 개념을 내포하고 있다. 불확실성, 불안과 공포, 걱정 등을 포함한다. 이를 하이테크 마케팅에서 자주 언급되는 FUD(두려움Fear, 불확실성Uncertainty, 의심Doubt)로 간결하게 정리할 수도 있다. 불안정을 불러일으키는 요인은 다양하지만, 불안정은 수평, 비정형의 키워드와 매우 중요한 연관성을 갖는다.

수평의 시대에는 지식과 정보, 문화가 민주화된다. 소비자는 세상을 보는 관점이 넓어지면서 아는 것이 많아지고 따라서 접근할 수 있는 영역도 넓어진다. 민주화는 자유에 대한 소비자들의 갈망을 대변하는 핵심적 개념이다. MZ세대가 젊음의 가장 중요한 특징으로 삼는 것도 자유다. 그런데 자유에는 항상 책임이 따른다. 모든 면에서 자유를 만끽할 수 있는 토대가 마련되었지만 동시에 자신과 가족, 사회의 미래를 위해 책임져야 하는 존재가 되어버렸다. 문제는 비정형이라는 단어가 암시하듯 어떻게 하는 것이 가장 좋은지를 판단하기 어려워졌다는 점이다. 자유의 이면에 존재하는 책임은 우리에게 불안을 안겨준다.

경제만 보더라도 베이비부머 세대가 활약한 시대는 (적어도 장기적으로는) 지속적으로 성장했다. 열심히 일하면 장밋빛 미래를 꿈꿀 수 있었고, 열심히 공부해서 좋은 대학을 나오면 어느 정도 안정적인 삶을 영위할 수 있었다. 그러나 이제는 세계 경제가 L자형의 장기 저성장 기조에 들어갔고, 어떤 분야에서 무슨 일을 하는 것이 좋은지 판단하기가 어려워지고 있다. 요즘 가장 공부 잘하는 학생들이 들어가고 싶어 하는 의과대학으로 진학하면 정말로 좋은 것인가? 들어가서는 무슨 전공을 하는 것이 좋은가?

경영학과만 하더라도 여전히 가장 똑똑한 인재들이 들어오지만, 경영학은 현재 위기를 맞이하고 있다. 기술이 주도하는 4차 산업혁명 시대에 경영학은 하나의 툴로서 중요성을 갖지만, 기술이나 인문 같은 핵심 콘텐츠와의 결합이 없다면 그 자체로 효과를 발휘하기 힘들다. 기술, 디자인, 공학, 인문학과의 이종 산업 간 경쟁에서 경영학이 살아남을 경쟁력이 있을지 걱정이 앞선다. 기성세대는 또 어떤가? 앞으로 100세 시대가 도래한다는데 미래는 충분히 잘 준비하고 있는가? 각종 연금이 고갈된다는 신호탄을 보내고, 현실은 버티는 것만으로도 버거운 상황이다.

불안정의 시대를 야기하는 또 다른 요인은 수평의 시대를 촉발했던 스마트 기술의 발전이다. 스마트 기술과 서비스는 인간의 삶을 개선하기 위한 도구로 개발되었다. 소셜미디어는 실제 삶의 현장에서 교류하기 힘든 사람들과 온라인상에서나마 소통함으로써 행복한 삶을 누릴 수 있도록 도와주는 서비스다.[17] 그런데 최근의 연구 결과들은 소셜미디어를 많이 할수록 행복감이 낮다고 보고하고 있다.[18]

왜 그럴까? 첫째, 소셜미디어의 사용은 사회적 비교social comparison를 지나치게 조장한다. 인간은 누구나 주변 사람들과 자신을 비교하는데, 비교가 지나치면 행복한 삶에 방해가 된다. 이 세상에서 가장 잘생기고, 예쁘고, 공부 잘하며, 착한 사람은 누구일까? 정답은 엄친아와 엄친딸! 보통 소셜미디어에는 즐겁고 행복한 사진이나 글이 올라온다. 여행 가서 찍은 나르시시즘적인 셀피 사진, 근사한 식당에서 맛있는 음식을 먹는 사진 등. 이런 내용을 계속 들여다보면 왠지 자신의 삶은 초라하고 불행해 보인다. 청년들이여, 소셜미디어나 가상 세계에 너무 빠져들지 말기를!

둘째, 스마트화는 정보를 실시간으로 전해준다. 요즘에는 스마트폰에 뉴스, 홍보성 광고, 메시지가 쉴 새 없이 들어온다. 좋은 내용도 많지만 우울하고 슬픈 내용도 적지 않다. 즐겁고 행복한 뉴스는 별로 없다. 글로벌 경제 위기, 주가 하락, 양극화, 자살 사건, 저출산, 자연재해, 환경 오염, 정치적 혼란 등 부정적 뉴스들이 우리에게 실시간으로 전달되고 있다.[19] 부정적 사건에 대한 지속적 노출은 불안감을 가중시킨다. 어떨 때는 '아는 것이 병'이다.

불안정을 가속화하는 기업 측면의 원인은 경영의 가식화 현상이다. 기업들도 소비자와 마찬가지로 수평의 시대가 되면서 경쟁사간 차별화 요인은 점점 사라지고, 성공 방정식을 찾기도 유지하기도 힘들다. 난국을 타개하고자 무리수를 두기도 한다. 대표 사례가 폭스바겐의 배기가스 조작 사건이다. 기업의 최고경영진들이 바보가 아닌 이상 이런 사태가 터지면 치명상을 입을 것임을 왜 몰랐겠는가? 단기실적주의에 대한 집착, 이러한 목표 달성을 어렵게 만드는 수평 및 비정형의 시대가 어이없는 행동을 낳은 것이리라.

겉으로는 소비자 만족, 직원 만족을 부르짖으면서도 실적이라면 소비자도 임직원도 협력업체도 무시하는 이중적 태도가 난무하고 있다. 기만과 가식이 난무하고 비인격화가 가속되는 상황에서 소비자들이 인간적인 모습, 즉 하이 터치 교감 및 소통에 대한 욕구를 갖는 것은 아주 당연하다. 그래서일까? 최근의 마케팅 화두 중 하나는 진정성authenticity[20]이다. 지금까지의 논의를 정리하면 {표 0-2}와 같다.

표 0-2 시장 변화의 핵심 키워드 및 연관 개념

핵심 키워드	영역	하이퍼(초超) 시대	관련 대표 트렌드[21]
수평의 시대	기술	초연결	수평 사회, 투명 사회, 수요 중심 시장, 큐레이션, 세포 마켓, 절대가치, 대중의 지혜 등
비정형의 시대	시장	초경쟁	글로벌화, 디지털화, 탈중개화, 이종 산업 간 협업, 멀티 페르소나 등
불안정의 시대	문화	초불안	불안 사회, 피로 사회, 뉴트로, 소확행, 특화생존, 업글인간, 필환경, 진정성, 욜로, 케렌시아 등

05

세 가지 프레임으로
'의미'를 창출하라

세상이 너무 빠르게 변한다. 오직 확실한 것은 세상이 변한다는 사실뿐. 그것도 엄청나게 빠른 속도로. 가끔은 잠시 멈춰야 인생의 많은 것이 보인다는데, 멈출래야 멈출 수가 없다. 잠시라도 멈추면 경쟁에서 낙오된다는 두려움과 불안감이 엄습한다. 세상을 둘러봐도 기댈 곳은 하나 없고, 모두 자기 살기에 급급하다. 아는 것은 많아지고, 생활 수준은 높아졌다지만, 이건 남의 이야기 같다. 내 생활은 나아질 기미가 보이지 않는다. 세상에는 온통 내 지갑을 호시탐탐 노리는 하이에나들뿐. 세상은 어지럽고, 지구는 몸살을 앓고 있다.

그래도 꾸역꾸역 살아가야 한다. 벼랑 끝에서 저 멀리 희미하게 보이는 한 줄기 빛 자락을 쫓아서 한 걸음 떼어본다. 그러고 보니, 나만 그런 것이 아니라 묵묵히 정직한 마음으로 걷고 있는 동료가 옆에 보인다. 그동안 왜 그들이 내 눈에는 보이지 않았던 걸까? 같이 걷다 보니 마음이 훨씬 가볍다. 혼자 가면 빨리 갈 수 있지만, 같이 가면 멀리 갈 수 있다. 인생은 일체개고—切皆苦라지만, 열심히 걸어가는 동안 희喜도 있고, 락樂도 있다. 같이 걷다 보니 누군가 영감으로 무리를 이끄는 지도자도 생기고, 대의를 따라 자신을 희생하는 사람들도 생긴다.

이제 의미의 시대The Age of Meaning가 도래했다.[22] 개인적으로도 삶의 의미를 찾아야 하고, 기업들도 혁신의 주체로서 사회를 위해 의미를 창출해야 한다. 우리는 의미를 위한 존재다. 의미 없는 삶처럼 비참하고 무서운 것이 또 있겠는가. 의미의 시대가 전략을 수행하는 기업과 그 결과물을 소비하는 소비자들에게 어떠한 시사점을 제공하는가? 시장 변화에 효과적으로 대응하고, 때로는 선제적으로 리드하려면 어떤 마인드셋을 가지고 있어야 하는가?

각 프레임에 대응하기 위한 핵심 키워드를 2개씩 선정했다(그림 0-2). 먼저 수평의 시대에 대응하기 위한 키워드로 공감과 연결을 선정했다. 수평이라는 말에는 눈높이를 맞추고 서로 연결해 상대를 이해한다는 공감의 뜻이 함축되어 있다. "우리들은 모두 무엇이 되고 싶다. 나는 너에게, 너는 나에게 잊혀지지 않는 하나의 의미가 되고 싶다"는 김춘수의 「꽃」처럼 나도 상대방을, 상대방도 나를 이해할 때 진정으로 서로에게 의미 있는 존재가 될 수 있다.

비정형의 시대에 조응하는 키워드로 와해와 재정의를 선정했다. 모든 것의 경계가 사라지는 이 시대에는 당연시 여겨왔던 모든 것이 당연하지 않은 시대다. 창의성과 상상력, 기존의 전통을 거부하는 용기는 개인과 조직이 갖춰야 할 필수 능력이 되고 있다. 창의성

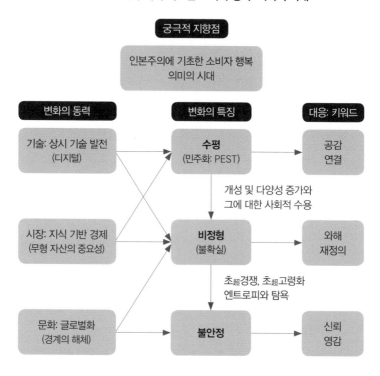

그림 0-2 **인본주의에 기초한 소비자 행복: 의미의 시대**

궁극적 지향점

인본주의에 기초한 소비자 행복
의미의 시대

변화의 동력	변화의 특징	대응: 키워드
기술: 상시 기술 발전 (디지털)	**수평** (민주화: PEST)	공감 연결
	개성 및 다양성 증가와 그에 대한 사회적 수용	
시장: 지식 기반 경제 (무형 자산의 중요성)	**비정형** (불확실)	와해 재정의
	초超경쟁, 초超고령화 엔트로피와 탐욕	
문화: 글로벌화 (경계의 해체)	**불안정**	신뢰 영감

이란 전혀 없었던 새로운 것을 발명하는 것이 아니라 기존에 미처 보지 못했거나 놓쳤던 것을 발견할 수 있는 능력을 말한다. 창의적 경영을 통해 비정형의 시대에 대처하려면 모든 것을 재정의함으로써 기존 관행과 시장 구도를 근본적으로 바꾸는 노력이 필요하다. 그래야 기업들은 새로운 가치 창출을 통해 소비자들에게 의미 있게 다가갈 수 있다. 개인도 마찬가지다. 틀에 박힌 삶, 남들과 똑같은 삶이 아니라 자신만의 삶을 개척하려면 남들과 다르게 봐야 한다. 그래야 나다운 삶을 발견할 수 있다.

불안정의 시대에 대응하는 키워드로 신뢰와 영감을 선정했다. 지나친 경쟁과 불확실성의 증가로 인한 불안정의 증폭을 완화하려면 어떻게 해야 할까? 공동체의 신뢰를 회복해야 한다. 혼자라는 생각이 들면 불안하지만 서로 믿고 의지할 수 있는 공동체와 같이하면 안심이 된다. 한국과 같이 집단주의 문화interdependent cultures[23]에서는 신뢰할 수 있는 공동체의 역할이 중요하다. 아이러니하게 들릴지 모르지만, 개인주의적 성향이 심화되고 살아남기 위한 경쟁이 치열할수록 공동체가 중요하다. 내 이익만이 아니라 우리 모두를 위한 세상을 만들려면 서로 협력하고 신뢰하는 관계를 구축하는 것이 효과적인 방법이다. 기업은 소비자들에게 단순히 상품을 파는 존재가 아니다. 누가 뭐라 해도 소비가 중요한 현대 사회지만 기업은 그 이상의 역할을 해야 한다. 신뢰를 넘어 영감을 줄 수 있는 기업, 그것이 우리가 바라는 새 시대의 기업상이다.

이제 모든 밑그림은 완성되었다. 이러한 키워드를 기업 경영에 어떻게 녹여낼 수 있을지를 고민할 단계가 되었다. 지금부터 핵심 키워드의 전략적 변환에 대해 살펴보겠지만 이 내용을 개인적 차원에서도 고민해보기를 강력히 추천한다. 한 명의 소비자로서는 물론이고, 한평생을 살다 가는 인간으로서 자신을 브랜딩한다는 느낌으로 내용을 반추하면 적지 않은 시사점을 얻을 수 있다. 나 역시 (항상 성공적인 것은 아니지만) 학생들 교육에, 아이들 양육에, 가족 관계에, 인생 관리에 이 내용을 적용해보려고 고민해왔다. 그 과정에서 가치관과 철학이 좀 더 뚜렷해졌고, 인생의 의미를 찾는 데 많은 도움이 되었다. 이에 독자들의 공동창조co-creation를 적극 권한다.

1장

TREND
MARKETING

우리는 모두 '프로슈머'다

수평성

온라인 쇼핑이나 금융거래를 하며

설치 프로그램을 내려받다 화난 경험은 없는가?

점심시간에 사람들이 몰려 제시간에 식사를 못한 적은 없는가?

관찰해보고, 의심해보고, 질문해보라.

왜 지금처럼 그렇게 할 수밖에 없는지,

그리고 그것이 유일한 방법인지를.

소비자는
맥락으로 말한다

브랜드와 소비자가 만나는 터치포인트

소비자[1]의 맥락이란 무엇이며, 이것이 왜 중요한가? 맥락의 중요성은 현대 마케팅의 화두 중 하나인 공감에서 기인한다. 공감의 영어 표현은 'empathy'다. 이 단어를 사전에서 찾아보면 그 뜻이 감정이입이다. 공감은 누군가의 마음-pathy으로 들어간다em-는 의미다. 나의 눈(프레임)이 아니라 그 사람의 눈(프레임)으로 보면 세상은 확연히 다르게 보인다. 마케터의 프레임이 아니라 소비자의 프레임으로 봐야 그들을 이해할 수 있다. 그들의 프레임으로 보려면 그들 마음속으로 들어가야 한다. 그러려면 그들이 처한 맥락, 즉 상황을 정확히 이해해야 한다. 결국 공감과 맥락은 하나의 세트로 묶여 있는 실과 바늘 같은 관계다.

맥락은 영어로 '콘텍스트context'다. 이 단어는 라틴어 '콘텍스테레

contextere'에서 왔다. 'con-'이라는 접두사는 '함께'를 뜻하고 'texere' 는 '짜다'는 의미다. 따라서 콘텍스트라는 말은 어원적으로 '함께 짜 다, 함께 만들다'라는 뜻이다. 콘텍스트에 대응되는 단어는 텍스트 text다. 이 두 단어가 어떻게 다른지 이해하기 위해 가상의 사례를 생 각해보자. 고고인류학자가 고대 무덤에서 귀중한 고문서를 하나 발 굴한다. 이를 해석하는데 일군의 학자는 문자, 즉 텍스트에 충실한 해석 방법을 취하고, 다른 일단의 학자들은 무덤의 주인공과 연대, 시대적 배경 등을 텍스트와 연관 지어 해석한다. 누가 더 올바르고 정확한 해석을 하겠는가? 답은 자명하다. 텍스트 자체도 중요하지 만, 텍스트가 가지는 심층적인 의미에 관심을 둔다면 콘텍스트에 대 한 이해는 절대적이다.

마케팅에서의 텍스트와 콘텍스트는 무엇을 말하는가? 텍스트 는 소비자와 브랜드가 만나는 접점, 즉 터치포인트[2]를 의미한다. 대 표적인 터치포인트는 상품과 서비스다. 반면 콘텍스트는 소비자가 특정 브랜드를 소비하기 위해 수행하는 다양한 활동(이 과정에서 터치포인트와 접하게 된다), 즉 사용 맥락과 더불어 브랜드와 관계없 어 보이지만 타깃 소비자가 직면하고 있는 다양한 삶의 맥락을 지 칭한다. 전자를 미시적micro 소비자 맥락, 후자를 거시적macro 소비 자 맥락이라 부르자.

미시적 소비자 맥락

미시적 소비자 맥락은 특정 상품이나 서비스에 대해 소비사슬

consumption chain이라고 부르는 소비의 총체적 사용 맥락(TPO라고도 부른다)을 말한다. 흥미로운 점은 소비의 범위를 어디까지 볼 것인가의 문제다. 소비는 통상 상품이나 서비스를 구매한 이후의 과정을 의미하지만 소비사슬에서는 소비를 훨씬 확장된 개념으로 간주한다. 특정 상품이나 서비스나 관련된 모든 경험여정experience journey, 다시 말해 특정한 니즈가 활성화되어 필요한 상품이나 서비스를 탐색하는 그 순간부터 처분하는 마지막 단계까지 수행하는 모든 활동이 소비 활동에 포함된다.

세계적 화학기업인 아크조노벨AkzoNobel에서는 일반 사용자를 위한 DIY 페인트를 출시한다. 페인트회사가 주로 관심 있는 영역은 다양한 색상을 구현할 수 있는 품질 좋은 페인트를 생산하는 것이다. 물론 맞는 말이지만, 그것이 전부는 아니다. 소비자 관점에서 보면 방이나 가구를 직접 도색하는 것이 말처럼 쉽지 않다. 도색을 직접 해본 경험이 있는 독자라면 무슨 뜻인지 마음깊이 와닿을 것이다. {그림 1-1}에서처럼 소비자 경험여정을 그려보면 이 간단한 상품에도 다양한 활동이 개입한다는 사실을 알 수 있다. 물론 이 그림보다 경험여정을 훨씬 더 잘게 쪼갤 수도 있다.

경험여정의 단계마다 소비자들이 겪을 문제점을 파악하고 이를 개선할 방법을 찾는다면 혁신 기회를 포착할 수 있다. 소비자가 사무실을 '모던하게' 꾸미기로 했다고 하자. 일반인은 모던 디자인이 구체적으로 어떤 것인지, 색상은 어떻게 정하는 것이 좋을지 판단하기 어렵다. 누군가의 도움을 구하거나 인터넷 등을 통해 적지 않은 시간을 들여 정보를 탐색해야 한다. 이러한 비용을 줄이기 위한

그림 1-1 경험여정과 소유의 총비용

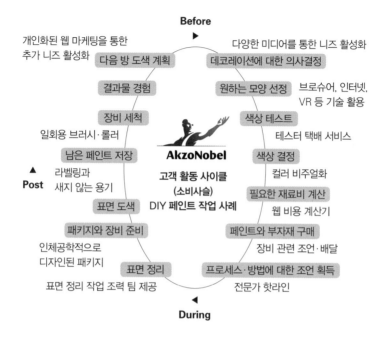

Before

개인화된 웹 마케팅을 통한
추가 니즈 활성화

다양한 미디어를 통한 니즈 활성화

다음 방 도색 계획　　데코레이션에 대한 의사결정

결과물 경험　　원하는 모양 선정　　브로슈어, 인터넷,
　　　　　　　　　　　　　　　　　　VR 등 기술 활용

장비 세척　　색상 테스트

일회용 브러시·롤러　　테스터 택배 서비스

AkzoNobel
고객 활동 사이클
(소비사슬)
DIY 페인트 작업 사례

남은 페인트 저장　　색상 결정

▲　　라벨링과　　컬러 비주얼화
Post　새지 않는 용기

표면 도색　　필요한 재료비 계산

패키지와 장비 준비　　웹 비용 계산기

인체공학적으로
디자인된 패키지　　페인트와 부자재 구매

표면 정리　　장비 관련 조언·배달

표면 정리 작업 조력 팀 제공　　프로세스·방법에 대한 조언 획득

전문가 핫라인

◀
During

간단한 방법 가운데 하나가 브로슈어나 웹사이트를 통해 여러 종류의 견본을 제공하는 것이다. 최근 기술이 발전했으니 가상현실 VR: Virtual Reality 기술을 활용하면 더 실감 나는 정보를 제공할 수 있다. {그림 1-1}에서 보라색으로 쓰인 내용이 소비자의 비용을 줄이는 방법을 예시로 든 것이다.

　소비사슬상의 소비자 장애 요인[3]을 찾고 이를 개선하는 것이 경험혁신experience innovations이다. 소비사슬 혹은 경험여정의 단계별로 터치포인트 관리를 평가하고 문제점은 없는지, 새롭게 변경할 내용은 없는지를 고민해보자. 소비사슬의 전 과정에서 발생하는 모든 비용을 합쳐 소유의 총비용TCO: Total Cost of Ownership[4]이라 부른다. 소비자들은 '가치=편익−비용'으로 인식하는데, 이때 비용은 단순히 상품에 대한 가격뿐 아니라 소비 과정에서 발생하는 모든 비용(TCO)을 포함한다. 편익을 더하려고만 생각하지 말고, 비용 빼기의 사고를 해보자. 새로운 생각이 샘솟을 것이다.

자동차를 구매한다면 어떤 종류의 비용이 존재하는가? 예산이 충분한지 확인하고 가족과 상의할 때 드는 시간과 노력, 인터넷 검색, 대리점 방문, 고객 후기 수집 등 정보 탐색에 드는 시간과 노력, 판매원과 협상하고 설명을 듣기 위해 드는 시간과 노력, 구체적인 모델을 선택할 때 고민하는 시간, 잘못된 선택을 할지 모른다는 심적 부담감[5], 구매할 때 지불하는 가격, 구매 후 차량을 인도받을 때까지의 대기 시간과 기회비용, 직접 운전하면서 드는 다양한 재무적 비용(보험료, 연료비, 주차비, 세차비, 정기검사 비용 등), 폐차 비용 등 소비자 비용은 재무적 비용뿐 아니라 비재무적 비용(시간, 노력, 심리적 비용)도 많고, 소비의 여러 단계에 걸쳐 발생한다. 스마트한 마케터라면 이토록 많은 보석과도 같은 혁신 기회를 어찌 놓칠 수 있단 말인가?

삼성전자의 버블샷 애드워시는 2015년 8월 출시한 지 15일 만에 6,000대 매출을 기록한 대박 상품이다(그림 1-2). 무엇이 그리도 새롭단 말인가? 세탁기가 별반 다를 것이 있던가? AI라는 말이 최초로 사용된 상품이 세탁기일 정도로 세탁기는 단순한 통돌이형부터 드럼형까지 진화를 거듭 해왔다. 그런데 애드워시는 특별한 기술

그림 1-2 삼성 세탁기 버블샷 애드워시: 판촉 이벤트

빨래 찾기 이벤트

버블샷 애드워시가 필요한 순간,
숨은 빨래를 찾아라!

세탁을 추가할 때 누구든지 언제든지 삼성 버블샷 애드워시!
집안 곳곳에 숨어있는 빨래를 모두 찾으신 분들께 푸짐한 경품의 **즉석당첨** 기회를 드립니다.

버블샷 애드워시란?
빠뜨린 옷 수시로 넣고
헹굼 옷은 헹굼 때만 넣고
손빨래한 옷은 탈수할 때 넣고

누구든지 언제든지
원하는지 세탁물을 추가할 수 있는
새로운 삼성 버블샷입니다.

TVC
영상보기 →

우리집에 애드워시가 필요한 순간,
가장 공감되는
상황을 공유해주세요!

꼭, 세탁기 돌리고 나면 생기는 당황스러운 상황들!
아래 사진을 보고 가장 공감되는 상황을 친구들과 함께 공유해보세요.
이벤트에 참여해주신 분들 중 추첨을 통해 삼성 버블샷 애드워시와 시원한 커피 기프티콘을 드립니다!

세탁기 돌리자마자 양말을 발견했을 때

세탁기 돌리자마자 막내가 사고 쳤을 때

세탁기 돌리자마자 큰애가 교복을 꺼내놓을 때

시트형 섬유 유연제나 캡슐형 세제를 넣고 싶을 때

잠깐 입었던 옷을 같이 빨고 싶을 때

손 세탁 후 행굼/탈수만 하고 싶을 때

이 반영된 상품이 아니다. 그저 앞쪽 출입문 쪽에 작은 문(애드 윈도)을 달아 세탁기가 돌아가는 상태에서도 간단한 빨랫감을 넣도록 디자인했다. 아주 소박한 변화지만 빨래를 직접 하는 소비자 입장에서 이러한 변화는 결코 소박하지 않다.

깜빡하고 빠뜨린 옷 때문에 세탁기를 다시 돌리거나 다음번 세탁 시까지 기다려야 하는 불편함, 불필요한 자원(물, 전기, 시간)의 낭비, 맞벌이하는 소비자라면 밤늦게 세탁기를 돌릴 때 걱정되는 층간소음까지 경험여정에서 발생하는 비용이 이만저만이 아니다. 애드워시는 소비자의 불편한 마음을 이해하고 헤아린 것이다. 적어도 결과적으로는 그렇다.

2011년 칸 광고제에서 그랑프리상을 수상한 홈플러스 지하철역 가상 매장 캠페인도 소비자 경험여정과 관련이 깊다(그림 1-3). 그 출발은 내부의 전략적 목표였다. 소비자들이 마트를 갈 때 가장 중요한 기준은 접근성이다. 이마트에 비해 매장 수가 부족했던 홈플러스는 단기적으로 매장 수를 늘리지 않고 경쟁 열세를 극복할 수 있는 방안을 찾아야 했다.

소비자 입장에서 장보기는 시간이 꽤 들고 정기적으로 해야 하는 귀찮은, 그렇지만 피할 수 없는 활동이다. 하루하루 바쁜 나날을 보내는 현대인에게 장을 보러 마트를 방문하는 시간 비용은 클 수밖에 없다. 장보기는 그 자체로 신나는 경험이라 볼 수도 없어서 가능한 빠르고 편리하게 해결하는 것이 좋다. '소비자들이 매일 지나치는 이동 경로 내에서 장보기를 해결할 수 있다면 시간을 크게 줄일 수 있지 않을까?' 누군가는 이런 생각을 했을 것이다. 그래서 선

그림 1-3 **홈플러스의 가상 매장 캠페인**

택된 장소가 지하철역이었다. 홈플러스는 지하철역 스크린 도어에
커다란 매장 사진을 붙여놓고 QR 코드를 통해 쇼핑이 가능하도록
디자인했다. 이 사례는 하버드 경영대학원에도 혁신 사례로 소개되
었다.

2020년 현재 전기차나 수소차 등 대체 연료를 사용하는 자동차
에 대한 가장 큰 문제는 충전이다. 바빠서 충전소를 지나쳤는데 혹
시나 가다가 멈추면 어떡하지? 장거리 여행을 하는 소비자라면 이
런 불안감은 더 커진다. 현대자동차는 2017년 '찾아가는 충전 서비
스'를 통해 소비자가 고통받고 있을 때 다가가 손을 내미는 공감형
마케팅을 실시했다. 이 사례 역시 텍스트인 자동차에 초점을 두기
보다 사용경험상의 불편함을 해결하는 데 초점을 두고 있다.

소비사슬상의 장애 요인을 통해 얻을 수 있는 혁신 기회는 무궁무진하다. 칫솔을 언제 교체하는 것이 적당한지 궁금해 하는 소비자의 심리를 읽고 교체 시기를 알려주는 기능을 제공한 오랄비 칫솔, 프린터 카트리지를 쓰고 나면 폐카트리지를 어떻게 처리해야 할지 고민스러운 소비자의 불편함을 해결해준 캐논의 카트리지 재활용 사업 등 다양하다. 생활 주변을 둘러보자. 혹시 불편하지만, 그동안 마음속으로 꾹꾹 눌러왔던 불편함은 없는가? 혹시 TV 리모컨을 찾아 헤맨 적은 없는가? 혹시 세차할 시간이 없어서 미세먼지로 까맣게 덮인 차를 몰고 다닌 적은 없는가? 온라인 쇼핑이나 금융 거래를 하며 설치 프로그램을 내려받다 화난 경험은 없는가? 점심시간에 사람들이 몰려 제시간에 식사를 못한 적은 없는가? 관찰해보고, 의심해보고, 질문해보라. 왜 지금처럼 그렇게 할 수밖에 없는지, 그리고 그것이 유일한 방법인지를.

진실의 순간과 마이크로모먼츠

경험여정의 여러 단계 중 특별한 단계, 다시 말해 고객의 인상과 행동에 결정적 영향을 끼치는 순간을 진실의 순간MOT: The Moment of Truth이라 부른다. MOT는 투우사가 소와 결전을 코앞에 두고 있는 생사의 갈림길을 일컫는 용어다. 스칸디나비아항공사SAS의 CEO 얀 칼슨Jan Carlzon이 『The Moments of Truth』[6]를 출간하면서 유명해진 개념이다. 마케터는 MOT를 파악하고 이러한 순간에 소비자에게 감동을 주는 콘텐츠를 제공해야 한다. 존슨앤존슨은 한 증권사e-brokers 사이트에서 종합주가지수가 100포인트 이상 떨어질 때마다Time, 타이레놀 두통약에 대한 배너 광고를 통해 구매 정보를 제공한다. 상품 관련 고객들의 니즈가 활성화되는 특별한 순간을 파악하고 적시에 솔루션을 제공한 사례다.

'커피와 도너츠Coffee and Donuts'라는 카피로 유명한 던킨도너츠. 1920년대 미국의 유명 여배우 메이 머레이May Murray가 뉴욕의 한 점포에서 먹던 도넛을 커피에 우연히 빠뜨린다. 그 맛이 환상적이어서 "던킨Dunk-In!"이라고 외쳤다는 일화에서 브랜드 이름이 유래했다.[7] 스토리 덕분인지 던킨도너츠는 도너츠를 커피에 적셔 먹는 콘셉트를 내세우게 된다. 그러나 한국에서는 커피보다 도너츠 가게라는 이미지가 훨씬 강하다. 그만큼 커피와의 연결고리가 약하다는 뜻이다.

어떻게 소비자들로 하여금 던킨도너츠의 커피를 선택하도록 만들 수 있을까? 2012년 던킨도너츠와 제일기획은 향기 라디오Flavor Radio라는 디지털 캠페인을 기획한다. 일부 서울 시내버스에 커피향이 나는 방향제를 설치했는데, 이 방향제는 던킨도너츠 광고에 삽입된 로고송에 반응하도록 고안했다. 라디오에서 던킨도너츠 광고가 나올 때마다 커피향을 분사해 던킨도너츠와 커피의 연결고리를 강화한다. 동시에 라디오에서는 "던킨 커피가 이번에 내리는 당신을 기다립니다"라는 멘트가 흘러나온다. 버스에서 내리면 눈앞에 던킨도너츠 포스터가, 건너편에는 매장이 있다. 이 캠페인은 커피에 대한 니즈가 활성화되는 출근 시간Occasions에 직장들이 주로 이용하는 버스 정류장Place을 중심으로 향기 마케팅을 활용한 것이다.

실제로 캠페인을 파일럿으로 진행한 후 해당 지점의 매출은 29% 상승했으며 방문객 수는 16% 증가했다.

구글에서는 MOT를 마이크로모먼츠micro-moments라고 부른다. 전통적 MOT와 다른 점이 있다면 '모바일'과 관련된 MOT에 주로 관심을 두고 있다는 점이다. 모바일 시대에 접어들면서 훨씬 세밀하게 정의된 고객과의 접촉 순간을 포착하는 것이 가능해졌다. 구글은 알고 싶어요I-want-to-know, 가고 싶어요I-want-to-go, 사고 싶어요I-want-to-buy, 행하고 싶어요I-want-to-do 등 네 종류로 마이크로모먼츠를 분류하고 있다. 그리고 근접성be there, 유용성be useful, 즉각성be quick이라는 마이크로모먼츠 디자인 3원칙을 제시하고 있다.[8]

근접성 사례로는 글로벌 뷰티 소매업체인 세포라Sephora와 미국 약국 편의점인 월그린스Walgreens를 들 수 있다. 세포라는 많은 고객이 매장 진열대 앞에서 모바일 검색을 한다는 점을 포착했다. 고객들은 상품을 앞에 두고 고객 후기를 검색하거나 지난번 구매한 화장품을 기억하기 위해 모바일을 사용했다I-want-to-know moment. 정보 검색에 대한 고객의 니즈를 바탕으로 세포라는 모바일 웹사이트와 앱의 기능성을 개선한다. 월그린스 역시 자사 앱을 소유한 고객 절반이 매장 내에서 쇼핑하는 동안 앱을 사용한다는 점을 발견하고 I-want-to-buy moment 이를 이용해 고객경험을 향상시켰다. 앱을 사용하면 문자 메시지나 바코드 스캔으로 처방약을 주문하고 수령할 수 있다.

이케아의 '소매 테라피Retail Therapy' 캠페인은 검색엔진 최적화SEO: Search Engine Optimization의 패러다임을 새로 쓴 사례로 유명하다. '생활

그림 1-4 이케아의 소매 테라피 캠페인

이 일어나는 곳Where life happens' 캠페인의 일환으로 이케아는 리테일 테라피라는 웹사이트http://ikearetailtherapy.se/를 만든다{그림 1-4}. 이 사이트에서는 이케아가 판매하고 있는 상품이 올라오는데 상품 이름이 약간 독특하다. 대인 관계와 관련된 주요 검색 키워드 질문을 자사의 상품 이름과 연결한 것이다.[9] 구글에서 '내 파트너가 코

를 골아요My Partner Snores'라고 치면 검색 목록 상단에 이케아의 낮잠용 침대 사이트 링크가 뜬다. 프라이팬은 '결혼 생활법How to Stay Married'으로, 자전거는 '스웨덴 미트볼을 과식했음Ate Too Many Swedish meatballs' 등으로 이름을 바꾼 것이다. 창의적 SEO를 통해 이케아는 '알고 싶어요/행하고 싶어요 모먼츠I-want-to-know/do moments'에서 고객의 곁에 있는 방법을 찾았다.

유용성에 대한 사례로 구글은 네 가지를 소개하고 있다. 리얼터 닷컴Realtor.com은 주택을 구매하는 경험여정이 소비자들에게는 어렵고도 복잡한 일이라는 것을 발견했다. 주택을 처음 구매하려는 소비자들에게 유용한 정보 제공을 위해I-want-to-know moment, 여배우 엘리자베스 뱅크스Elizabeth Banks와 함께 주택 구매 절차를 단계별로 친절하게 설명해주는 2분짜리 동영상을 제작했다.[10]

1972년에 설립된 영국 소매업체 아고스Argos는 '가고 싶어요 모먼트'에 집중했다. 통상 고객들은 매장에서 카탈로그를 본 후 제품을 고르고 창고에서 제품을 받아간다. 그런데 디지털 기술을 활용해 경험여정을 획기적으로 개선했다. 재고 목록을 온라인에 업로드한 뒤, 구글의 지역 재고 광고local Inventory ads를 집행해 소비자들이 모바일을 통해 자신과 가장 가까운 매장의 재고를 확인할 수 있도록 했다. 직장맘이 아고스 광고를 통해 장난감을 보면 스마트폰으로 검색해 온라인으로 예약한 뒤 집에 오는 길에 찾으면 되는 식이다.

'행하고 싶어요 모먼트'에 집중한 대표 사례는 홈데포Home Depot의 하우투how-to 동영상 시리즈다. 홈데포는 주로 DIY 상품을 파는데, 핵심 고객들이 '욕실 바닥에 타일 까는 법' '야외에서 모닥불 피우는 법' 등의 내용을 주로 모바일을 통해 유튜브에서 찾고 있다는 점을 발견했다. 이에 하우투 동영상을 수백 편 이상 제작해 유튜브에 업로드하고 있다. 비슷한 예로는 유니레버가 제공하는 〈헤어에 관한 모든 것All Things Hair〉라는 이름의 유튜브 채널이 있다. 국가별로 헤어와 관련된 다양한 정보(관련 상품, 스타일링 등)에 대해 간결하면서도 신뢰할 수 있는 정보를 제공한다. 이 채널은 10주 만에 유튜브 내 헤어 브랜드 채널 1위로 올라서는 기염을 토했다. 소비자들이 도움이 필요할 때 제공받는 유용한 정보의 중요성은 아무리 강조해도 지나치지 않다.

즉각성을 확보하는 방법으로 구글은 3단계 지침을 제공하고 있다. 불필요한 단계를 과감히 줄이고 고객 니즈를 예측하며 번개처럼 로딩하라는 것이다. 프로그레시브 보험Progressive Insurance은 고객들이 모바일로 보험금 청구를 할 수 있어도, 24단계에 걸친 보험금 청구 프로세스가 복잡해서 대부분 이탈한다는 것을 알게 되었다. 모바일 청구 프로세스를 5단계로 대폭 줄인 결과, 보험금 청구 건수가 무려 7배 증가했으며 앱 내에서 청구를 성공적으로 완료하는 비율이 35% 증가했다.

세계 최대 콘택트렌즈 온라인 쇼핑몰인 1-800 CONTACTS는 고객들이 모바일 디바이스를 통해서도 쉽고 빠르게 렌즈를 주문할 수 있도록 다양한 옵션을 제공했다. 통화연결 버튼click-to-call을 통한 원 클릭 주문, 터치 가능한 상품 목록, 작은 화면에 입력해야 하는 불편함을 줄인 드롭다운 메뉴, 간단명료한 상품 이름, 텍스트를 줄이고 빨리 로딩되는 이미지 등을 새롭게 디자인했다. 지역 기반 네트워크를 통해 현지의 안과 의사에게 진료를 예약할 수 있는 시스템도 구축해 소비자들이 즉각적인 서비스를 받을 수 있도록 노력하고 있다.

거시적 소비자 맥락

거시적 소비자 맥락은 특정 소비자 그룹이 처한 삶의 문제로 정의할 수 있다. 스케이트보더족을 위한 나이키 광고는 스케이트보더를 바라보는 사람들의 편견적 시선을 뒤집는다.[11] 광고에서는 테니스 코트, 골프 클럽에 경찰이 들이닥쳐 운동을 금지시키고 장비를 압수한다. 거리에서 조깅을 즐기는 사람들에게는 티켓을 발부한다. 나이키는 묻는다. "스케이트보더들이 느꼈을 법한 소외감이나 억울함을 일반 스포츠를 즐기는 사람들도 똑같이 느낀다면 어떤 일이 벌어질까?" 단 한 번이라도 불합리한 대우를 받아본 스케이트보더가 이 광고를 본다면 어떤 감정을 느낄까? 아마도 마음속으로부터 감동 받아 눈물을 흘리지 않았을까? 그렇다면 이들을 위한 나이키의 마케팅은 대성공이다. 좋은 제품의 기능을 강조하는 것보다 사람의 마음을 잡는 것이 훨씬 더 강력한 힘을 발휘하는 법이다.

거시적 소비자 맥락을 이해하는 (하위) 문화전략[12]은 타깃 청중을 상품과 연결지어 단순한 구매자나 소비자로 보지 않고 그들의 인간적인 측면을 바라보는 전략이다. 1차적으로는 미시적 소비자 맥락(경험여정)을 파악하는 것이 중요하지만, '세상을 살기 좋은 곳으로 만든다'는 현대 마케팅 개념을 강조하면서도 훨씬 참신한 혁신은 거시적 소비자 맥락을 파악하는 데서 나올 수 있다. 기업이 마케팅하는 상품과 서비스는 그 자체가 우리 삶의 최종 목표는 아니다. 보다 상위의 목표인 자아실현, 행복, 인류 복지 등을 달성하는 과정을 조력함으로써 삶을 풍요롭게 만드는 것은 거시적 맥락을 파악해야 가능하다.

2000년 P&G는 사춘기에 막 접어든 10~20대 소녀들을 대상으로 빙걸닷컴BeingGirl.com이라는 사이트를 개설했다. 일본과 중국을 포함한 46개의 온라인 사이트가 있었지만, 한국 사이트는 없었다. P&G는 이 사이트를 자사의 여성용 생리대(탐폰)인 올웨이즈Always, 탐팩스Tampax를 염두에 두고 만들었지만, 브랜드를 광고하기 위한 사이트는 아니었다. 대신 10대 소녀들의 관심사인 이성 교제, 친구 관계, 사춘기 변화, 외모 등에 대해 유익하고 정확한 정보를 제공했다. 나아가 청소년 심리상담 전문가에게 상담받는 코너도 있었고, 비슷한 문제를 겪는 또래 집단과 비밀 이야기를 공유하는 소통의 공간도 있었다.

한 실증 연구에 의하면, 비슷한 정도의 비용을 투입한 다른 미디어에 비해 효과는 4배 이상이었다. 자신들의 마음을 헤아리는 서비스로 한번 고객이 되면 평생 고객이 될 가능성이 높아지고, 이를 고객 생애 가치lifetime value로 환산하면 그만큼 효과가 높다는 뜻이다. 빙걸닷컴은 상품보다 사람을 바라보는 마케팅의 대표 사례다.

거시적 맥락을 활용하는 방법은 소비를 통해 달성하려는 상위의 목표를 고려하는 것이다. 대부분 상품은 그 자체로 소비자들에게 큰 의미를 갖지 못한다. 마스터카드의 CMO인 라자마나M. V.

Rajamannar는 2017년 '프라이스리스 파서빌리티Priceless Possibilities' 캠페인을 출시하면서 다음과 같이 언급한 바 있다.[13] "우리 브랜드의 포지셔닝은 최상의 결제 수단이었다. 하지만 구매 단계 중 가격을 지불하는 단계는 전혀 감성적이지 않다. 소비자들은 아침에 눈을 뜨자마자 무언가를 구매하기 위해 가격을 지불하는 상황을 상상하지 않는다. 일반 소비자 틀에서 벗어나 인간에 대해 통찰해보기로 했다. 소비 자체는 삶의 일부분일 뿐이며, 삶의 수많은 요소가 상품 소비에 큰 영향을 주기 때문이다. 소비자는 결국 사람이고 사회적 존재로 이해해야 한다."

싱가포르 최대 은행인 싱가포르개발은행DBS: Development Bank of Singapore의 홈 커넥트Home Connect 모바일 앱은 주택담보용 대출 상품인 모기지를 염두에 두고 개발되었다. 미시적 맥락의 소비사슬 분석을 적용한다면 모기지 상품과 직접 관련된 경험여정을 파악해야 한다. 은행 인지 → 고려 → 신청 → 승인 → 시작 → 매달 상환… 등으로 경험여정을 파악하고 고객들의 불편한 점을 개선할 수 있다. 실제로 이 앱에는 고객 편의를 도모하기 위한 다양한 기능이 내장되어 있다. 모기지 이자율과 월 상환액을 계산할 수 있고 소득 수준에 따라 구매 여력을 판단하는 기능도 있다.

그러나 이러한 기능은 다른 은행의 앱들도 제공하기 때문에 차별화 포인트로서 충분하지 않다. DBS는 모기지 상품을 소비하는 상위 목표에 집중하게 된다. 그 목표란 주택 구매 자체다. 특정 지역에 가면 앱에 최근 매물 및 거래 정보가 뜨고, 공공 데이터와 결합해 주변 시설인 학교, 교통, 식당, 마트, 병원 등의 정보를 보여준다.

모기지 상품을 위한 마이크로모먼츠는 주택 매물 탐색을 위해 주변 지역을 직접 방문하는 순간이다. DBS는 그 MOT를 놓치지 않고 소비자들이 진정으로 알고 싶은 유용한 정보를 즉각적으로 제공하고 있다.

공감과 이해의 툴, 페르소나

구매자나 소비자로서의 대상을 넘어 인간으로서의 타깃을 파악하려면 소비자가 처한 다양한 삶의 차원을 통해 그들의 얼굴과 모습을 또렷이 그려볼 필요가 있다. 그것이 페르소나persona의 개념이다. 페르소나는 타인에게 비치는 외적 성격을 나타내는 심리학 용어다. 페르소나는 그리스 고대 연극에서 배우들이 쓰던 가면을 일컫는 말이다. 칼 구스타프 융Carl Gustav Jung에 의하면, 인간은 1,000개의 페르소나(가면)를 지니고 있어 상황에 따라 적절한 페르소나를 쓰면서 대인 관계를 이뤄간다고 한다.

　최근 디자인 사고design thinking에서는 타깃 고객이나 특정 소비자 집단을 가상의 인물로 상정하고 이 인물에 대한 다양한 삶의 차원을 기술하는 것을 페르소나라 부른다. 마케팅에서는 고객 세분화[14]라는 이름으로 고객이나 소비자를 분석하는 툴이 존재했다. 지리적 변수(대륙·국가·지역 등), 인구통계적 변수(연령·성별·직업·소득 등), 행동적 변수(구매량, 충성도, 구매 빈도와 시기 등), 심리적 변수(추구 편익, 라이프스타일 등)를 기준으로 동질화된 니즈를 가진 세분 시장을 파악하는 것이 고객 세분화다. 그러나 이는 지극히 수직적이고 포획적 개념이다. 특정한 마케팅 목표하에 시장을 특정 기준으로 구획하고 우리가 타깃으로 삼는 고객을 포획하기 위해 마케팅 수단을 활용하는 것, 그것이 전통적인 STP 전략이다. 페르소나는 고객 세분화와는 근본 철학이 다르다. 우리가 대상으로 삼는 집단을 온전한 인간으로 상정하고 다양한 삶의 맥락을 통해 공감하려는 수평적 개념이다.

페르소나를 작성할 때는 소비자를 360도 시각에서 공감하는 자세가 필요하다. 전통적 고객 세분화의 기준을 아우르면서도 인지적·감정적·행동적 측면에서 삶의 궤적을 따라 그들의 일상을 기술할 필요가 있다. 그렇게 하면 그들의 문제가 무엇인지, 어떤 생각을 하는지, 무엇을 중요한 가치로 삼고 있는지 등을 알 수 있다. 이 내용이 특정 상품이나 서비스와 직접 연관되지 않을 수도 있지만 보다 근본적으로 대상을 이해하는 것은 물론 풍부한 인사이트를 제공한다. 맥락을 이해하는 문화전략은 불특정 다수나 그룹을 이야기하기보다 개별적이고 구체적인 소비자나 그룹을 대상으로 마케팅을 한다는 의미가 담겨 있다.

한화투자증권은 고객의 재무 포트폴리오뿐 아니라 라이프도 다양하게 포트폴리오 하겠다는 취지로 공식 블로그인 〈라이프 포트폴리오Life Portfolio: https://blog.naver.com/trihanwha〉를 운영하고 있다. 블로그를 들여다보면 흥미로운 코너가 하나 있다. 라이프를 포트폴리오 한다는 목표를 페르소나 정의로 해결하고 있다. 사회 초년생, 일하는 엄마, 은퇴 준비자, 1인 생활자 등 4개의 페르소나로 소비자를 구분해 페르소나별 라이프스타일에 꼭 맞는 금융 정보를 맞춤형

그림 1-5 한화투자증권의 페르소나 활용

01

사회초년생

사회에 내디딘 첫발 야무지게 꿈을 실현하세요.
사회초년생의 첫 금융생활, 한화투자증권이 동행합니다.

BEST CONTENTS

300만원 모으면 1300만원 더 주는 청년내일채움공제 ▶
200만원 받는 신입사원이 외제차 타는 비결 ▶

02

일하는엄마

업무도 육아도 거뜬히 꾸려가는 일하는 엄마의 컨설턴트
집에서도 직장에서도 힘이 됩니다, 한화투자증권

BEST CONTENTS

예비워킹맘의 든든한 지원군 국민행복카드의 모든 것 ▶
일하는 엄마가 받을 수 있는 세금공제 혜택 총정리 ▶

03

은퇴준비자

내 삶 운용 전문가, 주체적인 3040 회사 밖 미래를 설계하다.
능력과 안목을 갖춘 당신, 한화투자증권이 언제나 함께합니다.

BEST CONTENTS

사직서 내기 10분 전 꼭 확인해야 할 9가지 ▶
국민연금 늘리는 7가지 방법 ▶

04

1인생활자

나홀로 멋지게 살기로 결심한 당신!
1코노미 금융 라이프의 첫 걸음, 한화투자증권이 함께합니다.

BEST CONTENTS

화장실에 갇혀 봤니? 혼자 살 때 주의해야 할 점 ▶
혼자 사는데 세금은 더 내? '싱글세'의 모든 것 ▶

으로 제공하고 있다(그림 1-5).

거시적 소비자 맥락을 파악할 때 경영학에서 사용되는 환경 분석과 결합하면 의미 있는 인사이트를 얻을 때가 있다. 우리가 트렌드를 연구하는 가장 중요한 이유는 소비자를 둘러싸고 있는 맥락을 이해함으로써 우리 상품이 그들에게 어떠한 의미를 가질 수 있는지를 파악하는 데 있다. PEST 분석(정치적Political, 경제적Economic, 사회적Sociological, 기술적Technological 환경 분석)을 통해 그들이 처한 거시 환경을 자세하고 꼼꼼하게 분석해보라. 경제적 환경 분석을 통해 소비자들의 잠재적 니즈를 파고든 사례가 있다. 현대자동차 USA의 어슈어런스Assurance 프로그램이다.

1986년 미국 시장에 처음 진출한 현대자동차는 1998년 10년 10만 마일 보증 프로그램을 실시한다. 당시 업계의 우려에도 불구하고 품질에 대한 자신감을 바탕으로 진행한 이 프로그램 덕분에 현대자동차는 미국 시장에서 한 단계 도약하는 발판을 마련한다.[15] 10년이 지난 2009년, 당시 금융 위기로 매출이 급감하는 상황에서 다시 한번 획기적인 프로그램을 선보인다. 실직 같은 재정 위기에 빠지면 1년 내 고객의 차량 반납을 보장해주는 어슈어런스 프로그램이 그것이다. 2011년 3월 프로그램을 종료할 때까지 100만 대 이상의 신차를 판매했지만, 반납 차량은 약 350대에 불과했다. 불확실한 미래 때문에 신차 구매를 주저하는 고객들에게 문자 그대로 마음의 안정을 제공하는 어슈어런스 프로그램 덕분에 최악의 실적을 맞고 있었던 미국 자동차 시장에서 유일하게 현대USA만 두 자릿수 이상의 매출 증가를 올린 것이다.

2016년 9월부터 현대자동차는 국내에서도 어드밴티지Advantage 프로그램을 시작했다. 구매 후 한 달 내 마음이 바뀌면 다른 차종 으로 바꿔주는 차종 교환, 1년 이내 사고를 당하면 동일 신차로 바 꿔주는 신차 교환, 할부금은 남았지만 차가 필요 없어지면 차량 반 납 시 잔여 할부금을 낼 필요 없는 안심 할부가 주요 내용이다.[16] 두 프로그램 모두 상품에 앞서 경제 위기에 따른 소비자의 불안감을 다독거린 사례다.

고객사의 맥락도 읽을 수 있을까

B2B에서도 고객사의 맥락을 파악하는 것이 가능할까? 고객사의 맥락이란 무엇을 말하는 것일까? 고객사가 처한 환경에 대해 가장 중요한 분석은 고객사의 가치사슬value chain이다(표 1-1). 이는 고객 사가 자신들의 고객을 위해 부가가치를 창출하는 과정과 활동을 일목요연하게 정리한 도표다. 다양한 활동 과정에서 감당해야 하 는 많은 비용에 초점을 두고 혁신 기회를 포착하려는 노력은 일반 소비자가 감당하는 TCO를 분석하는 논리와 정확하게 동일하다.

럭셔리 세단으로 명성이 높은 롤스로이스의 주력 상품은 실제 로 트렌트trent 계열의 파워 엔진이다. 자동차 사업은 1973년에 매각 했다. 항공기 엔진을 제조해 보잉이나 에어버스에 납품한다. 1차 고 객사는 항공기 제조사지만 2차 고객사는 항공업을 영위하는 항공 사다. 롤스로이스는 항공사의 가치사슬을 엔진 관점에서 주목하게 된다. 항공사의 가치사슬을 아주 단순하게 표현하면, 항공기 구매

표 1-1 **가치사슬**[17]

지원 활동	기업 기반, HRM, 기술 개발, 구매				
주요 활동	내적 물류 •구매 자재 저장 •데이터 •수집 •서비스 •고객 접근	운영 •조립 •부품 제작 •지점 운영	외적 물류 •주문 처리 •창고 관리 •보고서 준비	마케팅·판매 •판매 인력 •촉진 •광고 •제안서 작성 •웹사이트	사후 서비스 •설치 •고객 지원 •고객 불만 해결 •수리

및 리스 → 운항 스케줄링 → 티켓 판매 → 항공기 운항 → 유지 및
보수 등의 활동으로 구성되어 있다. 단계마다 다양한 종류의 비용
이 발생한다. 초기 항공기 구매 혹은 리스비, 마케팅비, 연료비, 인
건비, 식자재비 등 말이다.

그런데 롤스로이스가 주목한 단계는 스케줄링과 유지 및 보수
단계였다. 스케줄링에 무슨 비용이 발생한다는 말인가? 기본 인건
비 및 장비 관련 비용은 들겠지만, 롤스로이스는 숨어 있는 비용에
주목한다. 스케줄링은 미래에 대한 예측이므로 항상 오차가 발생
한다. 과대 혹은 과소 예측이 발생하는 것을 자원 관점에서 보면 효
율성을 극대화하지 못한다는 뜻이다. 엔진 관점에서 보면 엔진이
라는 자원을 효율적으로 사용하지 못한다는 것이다. 그렇다고 해
서 인간의 기술로는 어쩔 수 없이 발생하는 오차를 없앨 수 없다.

그러면 이 문제를 어떻게 접근했는가? 롤스로이스는 엔진과 관
련한 다른 비용에 집중한다. 항공기 엔진은 소모품이므로 일정량

의 재고를 항상 비축하고 있어야 한다. 따라서 항공사는 재고비용을 부담해야 한다. 성수기야 그래도 덜하지만, 비성수기에는 수십억을 호가하는 엔진을 재고로 보유하는 것이 여간 부담스럽지 않다. 롤스로이스는 항공기 '실제 운항 시간'에 따라 엔진 요금을 청구하는 코퍼레이트 케어Corporate Care 서비스를 고안한다.[18] 이후 토털 케어 서비스를 도입해 엔진 수리 점검, 사전 예방 서비스 등을 위해 전문가를 파견한다. 갑자기 항공기가 고장 나서 운영하지 못한다면 항공사는 큰 비용을 감수해야 한다는 점에 착안했다.

비즈니스 모델의 전환은 우연하지 않게 시작되었다. 1990년대 후반 아메리칸항공사로부터 유지·관리를 포함하는 서비스 계약을 제안받고 제조업에서 서비스업 위주로 사업을 조정했다. 비즈니스 모델의 전환에 따른 정확한 과금과 문제 발생 예측을 위해 사물인터넷IoT: Internet of Things을 활용해 온도, 공기압, 속도, 진동 등 정보를 실시간으로 수집·분석한다. B2B에서는 흔히 TQRDC적인 사고방식이 지배한다. TQRDC는 기술Technology, 품질Quality, 고객 응대Response, 납기일Delivery, 가격Cost의 약자다. 상품과 직접 관련된 측면에 집중하면 마케팅은 별로 필요 없다지만 B2B에서도 기술 범용화와 경쟁 심화로 차원 높은 혁신이 필요하다. 롤스로이스 사례를 비즈니스 모델 혁신이라 부르든, 제조업체의 서비스화servitization라 부르든, 아니면 IoT 비즈니스라 부르든 고객사의 가치사슬 분석은 혁신에 대한 단서를 제공한다.

최근 롤스로이스와 유사한 접근성 기반 서비스access-based services 모델이 증가하고 있다. 암스테르담공항은 필립스 및 에너지 서비스

기업인 코플리Cofely와 협약을 맺고, 공항 터미널 내 조명 시설에 대해 사용량에 비례한 지불 정책을 수립한다. 공구 제조업체인 힐티Hilti는 월 정기 구독료를 받고 전문 공구를 건설업체 등에 빌려준다. 공구에 RFID 칩을 내장해 사용 관련 데이터를 축적할 수 있고, 위치 추적을 통해 도난도 방지한다. 그 외에도 제록스의 복사당 지불pay per copy, 미쉐린의 주행거리당 지불pay per mile, LVMH의 명품 핸드백 구독 서비스, BMW의 자동차 구독 서비스 등도 비슷한 모델을 도입했다.

접근성 기반 비즈니스 모델은 장점이 많다. 첫째, 투입 기반이 아니라 산출 기반이므로 고객과 공급자 모두 공동 이익을 극대화하려는 인센티브가 있다. 상품에 문제가 생기면 고객뿐 아니라 공급자도 손해이므로 둘의 인센티브는 서로 연계되어 있다. 둘째, 상품에 대한 소유권을 제조업체가 가지고 있어 상품 수명 연장과 운영비용 감소에 보다 적극적이다. 실제로 롤스로이스에서는 엔진 신뢰성이 증가하고, 예기치 못한 다운타임도 감소했다. 필립스 역시 75% 수명 연장을 개선한 전등 시설을 개발하고, 에너지 고효율(50% 증가) LED 전구를 사용한다. 힐티는 문제를 예견하는 예방적 유지·보수와 최신 공구의 공급을 통해 고객의 다운타임을 감소시켰다. 셋째, 서비스에 대규모 구매 및 시설 투자비용이 필요한 경우, 비고객을 고객으로 전환시킬 수 있다. 집카ZipCar는 과거 비고객이었던 학생이나 비정기적 사용자로 고객 기반을 확대했다. 넷째, 상품에서 솔루션으로 전환함에 따라 고객 중심 혁신을 강화할 수 있다. 미쉐린은 트럭 고장의 3분의 1이 타이어로 인해 발생하고, 그중

그림 1-6 IBK기업은행의 디지털 경영 지원 플랫폼 BOX

사람과 기업, 기업과 기업을
연결하는 또 다른 세상
디지털 경영지원 플랫폼 BOX

주요 서비스

정책자금 BOX
· 우리회사에 딱 맞는 정책자금 추천
· 세심한 전문가 컨설팅 서비스 제공
· One-stop 추천서등록 및 대출신청

생산자네트워크 BOX
· 아이디어를 쉽게 상품으로 제작
· 새로운 거래처 확보
· 우리회사의 상품/기술 무료홍보 기회 제공

대출 BOX
· 방문이 필요 없는 사업자 비대면 대출
· 2시간 내 대출 가능여부 결정
· (필요시 영업점 대출 상담 지원)

그 외
통관일치 확인, 바이어 대행, 신용도 조사가 나 되는 **해외판로개척 BOX**
신규 거래처가 불안하세요? 거래처의 신용도를 알 수 있는 **거래처모니터링 BOX**
부동산 실거래가를 비교·확인할 수 있는 **기업부동산 BOX** 등 기업경영을 위한 디지털 솔루션을 제공합니다.

기본 서비스

금융기능까지 가능한
자금관리 & 재무브리핑
· 자금기관별 계좌 및 거래내역 조회
· 자금현황 파악이 가능한 일/월간 재무리포트
· 특이거래 알림 서비스로 금융사고 예방 등
자금관리와 관련된 다양한 서비스를
제공합니다.

회사에 특화된 영합 서비스
비즈니스라운지
· 거래처 영합을 관리할 수 있는 솔라카드 제공
· 거래처 관리 및 신규 거래처 발굴
· 플랫폼 내 간편 영합 교환 등
기업간 관계를 발전시키고 새로운 기업관계를
형성할 수도 있습니다.

그 외
외로운 사용기능한 직원공합 서비스 **고객관리**
사내에서 공유하고 싶은 뉴스를 공유, **뉴스스탠드**
일일이 주제별 비즈니스 애기드을 구독·발행 가능한 **기업매거진** 등 기업에 꼭 필요한 콘텐츠를 무료로 제공합니다.

90%가 공기압 문제라는 사실을 발견했다. 공기압 모니터링 시스템을 출시해 트럭 성능을 개선함으로써 고객의 연료비를 절감했다.

소셜 전략을 활용해 고객사의 장애 요인을 효과적으로 해결한 사례도 있다. 아메리칸익스프레스의 오픈 포럼Open Forum은 중소 비즈니스 사업주를 위해 발급하고 있는 오픈 카드Open Card를 보완하기 위한 포럼이다. 아멕스는 이들을 잠재적 카드 사용자로서만 아니라 자영업을 영위하는 상인으로 간주했다. 자영업을 운영하는 데 절대적으로 필요한 독점적 콘텐츠를 제공함으로써 사업 성공을 조력하기 위한 방편으로 포럼을 만든 것이다.

흥미로운 사실은 아멕스가 콘텐츠를 제공하는 주체이기는 하지만 카드 보유자, 즉 다양한 자영업자 간의 협력을 촉진하는 장치를 마련했다는 점이다. 버추얼 롤로덱스Rolodex: 회전 인출식 명함 인덱스 파일라 불리는 커넥토덱스Connectodex를 통해 필요하다면 포럼 구성원 사이 정보를 교환할 수 있도록 했다. 오픈 포럼 사용자들은 비사용자들에 비해 순추천지수NPS: Net Promoter Score[19]가 훨씬 높고 오픈 카드를 유지할 인센티브도 높다. 자신들의 주요 목적, 즉 사업을 운영하는 데 필요한 콘텐츠를 제공받을 수 있기 때문이다.

2019년 8월 1일, IBK기업은행에서도 오픈 포럼과 비슷한 취지의 서비스인 BOXBusiness Operation eXpert를 출시했다(그림 1-6). 이는 국내 최초의 기업 상생 플랫폼이다. 중소기업의 주요 애로사항인 판로 개척(신규 매출), 인력(구인, 관리), 자금(대출, 정부지원금) 등의 문제를 지원하기 위해 온라인 대출, 정부지원금 추천, 인재 구인, 인건비 절감, 해외 수출, 재무관리, 부동산 구매, 업무 경감 등의 솔루션을 제공한다.[20] IBK 박스는 고객사들이 처한 맥락을 이해하고 그들의 장애 요인을 해결하기 위한 목적으로 플랫폼을 구축했다는 점에서 오픈 포럼과 매우 유사하다. 차이가 있다면 오픈 포럼과 달리 모든 콘텐츠를 제공하는 주체가 IBK기업은행 자신이다. 우려스러운 사항은 비용이다. 새로운 서비스에는 비용이 수반되는 법이다. 고객 입장에서야 당연히 좋은 서비스이지만, 서비스 제공 비용을 적절히 관리하면서 양질의 서비스를 제공할 수 있을지 귀추가 주목된다.

고객과 함께 만든 브랜드가 살아남는다

소셜 미디어의 등장과 마케팅의 변화

마케팅스러운 공동창조는 소셜미디어의 등장과 연관이 깊다. 왜 그런가? 먼저 소셜미디어의 근본적 역할과 시사점을 살펴보자. 소셜미디어의 등장은 브랜드와 소비자 간 관계를 근본적으로 바꾸었다. 전통적으로 둘 간의 관계는 브랜드와 개별 소비자가 연결되는 2자dyadic 관계였다. 소비자들 간의 연결은 쉽지 않았고, (동일한 니즈를 가진다고 가정되는) 개별 소비자들은 주로 매스미디어를 통해 브랜드와만 연결되었다.

소셜미디어, 온라인 커뮤니티 등 뉴 웨이브 기술의 발달은 이전에 경험하지 못했던 속도와 범위로 개별 소비자들 간의 연결을 촉발시킴으로써 브랜드-소비자 관계를 3자triadic 관계로 확장시켰다(그림 1-7). 이제는 개별 소비자와의 관계를 관리하는 것을 넘어 집단으로

그림 1-7 소셜미디어의 근본적 역할

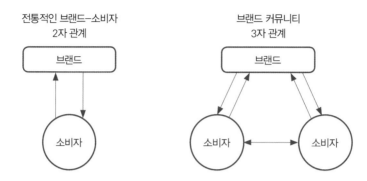

서의 소비자, 즉 소비자 커뮤니티 관리가 중요한 브랜딩 화두로 등장했다. 집단으로서의 소비자는 개별 소비자보다 강력한 힘을 가지고 있어, 훨씬 더 큰 목소리를 낼 수 있다. 이제 마케터는 자기가 하고 싶은 이야기를 근사하게 포장해 (소비자가 듣든 말든) 그들에게 쏟아내는 방식의 커뮤니케이션을 지양할 시점이 도래한 것이다.

누가 뭐라 해도 전통적 마케팅 커뮤니케이션의 핵심 화두는 단연 통제control였다(그림 1-8). 어떻게 하면 내가 원하는 메시지를 원하는 시간에 원하는 채널을 통해 원하는 소비자에게 전달할 수 있는지가 관심의 초점이었다. 주로 광고라는 커뮤니케이션 수단을 통해 전달되는 사전 기획된 메시지는 소비자 생활 속에 순간순간 등장해 수동적으로 광고를 시청하는 소비자의 주목을 끌기 위해 전략적으로 디자인되었다. 광고에 대한 이러한 견해를 방해모델이라 부른다. 그러다 보니 마케팅 커뮤니케이션은 브랜드에서 소비자로의 일방향적일 수밖에 없었다. 커뮤니케이션의 목적은 가장 낮

그림 1-8 **마케팅 커뮤니케이션의 변화**

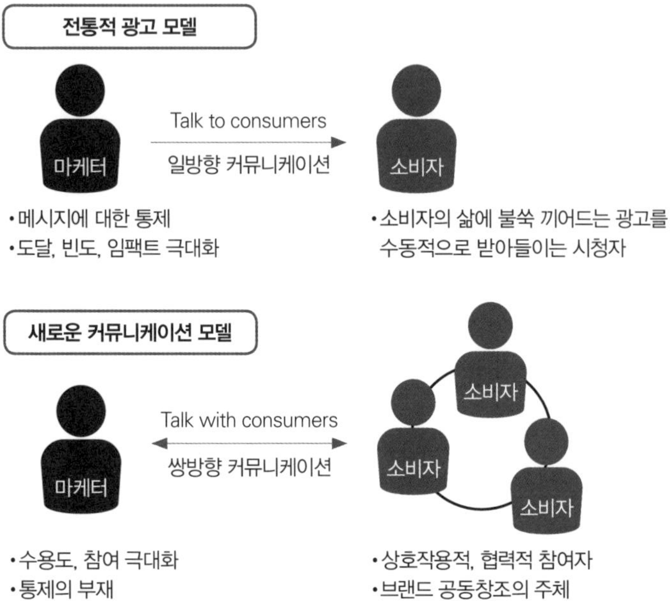

전통적 광고 모델

마케터 → **Talk to consumers** 일방향 커뮤니케이션 → 소비자

• 메시지에 대한 통제
• 도달, 빈도, 임팩트 극대화

• 소비자의 삶에 불쑥 끼어드는 광고를 수동적으로 받아들이는 시청자

새로운 커뮤니케이션 모델

마케터 ← **Talk with consumers** 쌍방향 커뮤니케이션 → 소비자 / 소비자 / 소비자

• 수용도, 참여 극대화
• 통제의 부재

• 상호작용적, 협력적 참여자
• 브랜드 공동창조의 주체

은 비용CPM: Cost Per Thousand으로 타깃 고객에 대한 도달reach, 빈도frequency, 임팩트impact를 최대한으로 끌어올리는 것이었다.

명시적이든 암묵적이든 커뮤니티 내 소비자들은 특정 주제나 브랜드에 대해 상호 의견을 교환하고 때로는 협력하는 자발적 참여자들이다. 이러한 활동을 통해 그들은 커뮤니티에 대한 소속감과 연대 의식을 높이고, 공유 활동(바이럴 과정)을 통해 특정 트렌드를 만들기도 한다. 소셜미디어든 아니면 특정 브랜드를 대상으로 하는 브랜드 커뮤니티이든, 커뮤니티 내에서 다양한 형태로 발생하는 커뮤니케이션들은 마케터가 예상치 못했던 방식으로 브랜드 의미를 만들어내기도 한다. 이러한 현상을 '브랜드 공동창조'라 부른다. 커뮤니티 내 소비자들의 능동적 참여를 통해 브랜드 의미가 생성되는 과정이 브랜드 공동창조다. 브랜드 메시지의 공동창조자로서 메시지 전파자로서 소비자들은 자신만의 방식으로 브랜드 소비를 맞춤화하고 UGCUser-Generated Content를 생산하며 추천 증언이나 스토리텔링을 창출하기도 한다.

소비자에 의한 브랜드 공동창조

커뮤니티와 소통을 하려면 커뮤니티 내 구성원 간의 대화가 어떻게 발생하며 이것이 브랜드 의미에 어떤 영향을 주는지 이해해야 한다. 브랜드란 다양한 의미를 담고 있는 그릇 같은 것이다. 그런데 의미란 항상 마케터가 사전적으로 디자인한 대로 생성되는 것이 아니다. 때로는 발전적으로 진화하기도 하고 왜곡되기도 한다. 극단적으로는 마케터가 의도한 의미가 엉뚱한 방향으로 흐르기도 하는데 이러한 경우를 브랜드가 소비자가 의해 '공중납치hijacked되었다'라는 표현을 쓴다.

　브랜드는 다양한 과정에 의해 공동창조된다.[21] 협상negotiation이란 소비자들이 어떤 목적을 위해 마케터와 적극적으로 합의해나가는 사회적 절차를 말한다. 물론 일반적으로 우리가 아는 협상처럼 양자가 테이블에 앉아 결론을 도출하는 공식적 협상을 의미하지는 않는다. 하지만 여러 경로를 통해 커뮤니티 구성원들은 자신들의 목표를 관철하려고 목소리를 낸다. 애플은 i-시리즈를 출시한 후에야 시장의 주류 브랜드로 거듭났지만, 역사적으로는 니치 마켓Niche market, 틈새시장에 소구하는 언더독underdog 브랜드였다. 시장 핵심에 존재하기보다는 주변부를 공략하는 (바람직한 의미의) 경계성이 브랜드 의미의 중요한 부분을 차지했다. 애플의 브랜드 커뮤니티 구성원들은 지나친 성장이나 점유율 증가에 우려와 반대의 목소리를 내기도 했다. 애플이 지나치게 주류 브랜드가 되는 순간, 오리지널한 문화적 특질이 사라질 가능성이 높기 때문이다. 애플 브랜드 커뮤니티의 경계선은 정통성을 유지하는 보루다. 마케터가 브랜드의 핵심 의미에 반하는 행동을 하는 순간, 커뮤니티 내 저항의 목소리는 커지게 된다. 이러한 내용을 극명하게 보여주는 사례가 포르쉐다.

포르쉐는 2002년 카이엔이라는 SUV를 출시한다(그림 1-9). 그런데 포르쉐의 브랜드 커뮤니티에서는 설전이 오간다. 포르쉐 하면 떠오르는 대표 스포츠카, 911을 소유하고 있는 기존 고객들이 카이엔을 진정한 포르쉐로 받아들일 수 없다고 표명하고 나선 것이다. 카이엔은 레이싱 헤리티지를 담고 있지도 않고, 포르쉐 드라이버와는 맞지도 않는 사커맘축구 같은 과외 활동을 위해 아이들을 데리고 다니는 어머니들이나 타고 다닌다고 주장한다. 포르쉐 열광 팬들의 토론방으로 시작해 아우디, BMW, 람보르기니 고객까지 참여하고 있는 사이트rennlist.com에서는 카이엔 소유자들이 발도 붙이지 못하게 한다.

이에 포르쉐는 카이엔이야말로 포르쉐 브랜드의 패밀리라는 인식을 심어주기 위해 광고 전략을 대폭 수정한다. 카이엔의 으르렁거리는 엔진 소리를 강조하면서 포르쉐 가족임을 주장한다. 이러한 시도는 사이트 구성원들의 분노를 진정시키기는커녕 오히려 거센

그림 1-9 **포르쉐 911과 포르쉐 카이엔 터보 1세대**

반대를 불러일으킨다. 그들은 카이엔을 그저 허세 많은 짝퉁 소비
자들이나 타고 다니는, 마케터의 망상에서 탄생한 역사의 오점이
자 위대한 포르쉐에 대한 모욕이라고 비판한다. 커뮤니티 구성원들
은 자신들을 규정하고 있는 경계선을 공고히 정의하면서 진정한 포
르쉐인ㅅ과 짝퉁 포르쉐인ㅅ을 구분 짓는다.**22** 이 사례는 과연 브랜
드 의미를 규정짓는 주체가 마케터인지에 대한 의구심을 유발한다.
시장에서 고객들이 보이는 반응은 기업 내부의 전략적 의도와 항상 연계되는 것은 아니다. 아마도 포르쉐는 SUV로의 확장 전략을 통해 장기적 성장을 의도했겠지만 엉뚱한 곳에서 역풍을 맞은 격이다.[23]

강력한 브랜드를 가지고 있는 경우, 특히 니치 마켓을 중심으로 브랜드의 경계가 확실히 구분되어 있으면 기업의 전략적 행보가 유발할 고객 반응을 예견해볼 필요가 있다. 브랜드 아이덴티티와 관련된 프로젝트라면 반드시 고객들의 반응을 예측하는 과정이 필요하다. 문제가 발생하고 나면 커뮤니티 전략을 어떻게 끌고 갈 것인지 신중히 고민해야 한다. 기업의 입장을 적극적으로 대변하려면 커뮤니티 내 지위가 높으면서 우리를 지원해줄 수 있는 동지를 찾아야 한다. 무작정 '(브랜드를 만드는 건 마케터니까) 우리가 아니라면 아닌 거야!'라는 식의 접근은 불난 곳에 기름을 붓는 격이다.

반대로 브랜드 커뮤니티의 대화에 자연스럽게 스며들 수도 있다. 만약 대화에 참여한다면 누가 기업의 대변자가 되어야 하는가? 커뮤니티의 반발을 완화할 수 있는 중립적 대변자를 찾을 수는 없는가? 대화를 통해 과연 어디에서 고객 분노가 폭발하는지를 발견해야 한다. 이러한 핫 버튼을 잘못 읽으면 포르쉐의 광고 수정(가족 나무에서 뻗어 나온 또 하나의 나뭇가지, 단 하나의 SUV만이 이 같은 혈통을 가지고 있다) 같은 우를 반복할 수 있다.

두 번째, 경작cultivation이란 주로 미디어를 매개로 이뤄진다. 유튜브나 TV에서 특정 브랜드가 비슷한 소비 상황에 자주 노출되면 소비자들의 마음에는 그러한 사회적 상황과 브랜드와의 끈끈한 연결 고리가 형성된다. 소비자들이 일상생활에서 사용하는 상황 자체가 브랜드 연상을 구성하는 하나의 마디로 자리 잡게 되는 것이다. 게토레이는 스포츠 경기가 벌어지는 곳에는 어디서나 등장한다. 광고하지 않는 시간에도 미디어에서 경기장에 뒹구는 게토레이를 목격하는 게 어려운 일은 아니다. 2005년 미국 슈퍼볼 경기 중에는 게토레이 로고가 거의 7분이나 노출되었다고 보고되었다. 이 정도의 노출 정도를 광고가 소비자에게 보이는 순간을 의미하는 노출 수impression로 환산하면 무려 6억 회 정도가 된다. 이렇듯 TV, 영화, 소셜미디어를 통해 전달되는 사회적 상황에 의해 브랜드 의미는 많은 영향을 받는다.

미디어 내 노출 방법 가운데 하나인 제품간접광고PPL: Product Placement는 자연스러운 브랜드 노출을 목적으로 진행된다. PPL은 노출되는 미디어 콘텐츠의 영향을 상당히 받으므로 기획 시 신중해야 한다. BMW가 '007 영화'에 PPL을 진행한다면(실제로 피어스 브로스넌 주연의 〈007 골든 아이〉 등을 비롯해 007시리즈에 PPL을 했다) 영화의 내용, 주인공의 캐릭터 등이 BMW의 브랜드 콘셉트와 연결되는지 판단해야 한다. 마케터가 PPL을 전략적으로 기획하더라도 미디어 내에서의 실제 노출(시기, 내용)은 통제하기 힘든 경우가 적지 않다. 사전적으로 통제할 수 없으면 관리해야 한다. 항상 미디어를 예의주시하고 어떤 장소에서 브랜드를 사용하고 있는지, 우리 의도와 달리 엉뚱한 맥락에서 사용하고 있지는 않은지 관찰해야 한다. 예기치 않은 일이 벌어지고 있다면 어떻게 대응할지 고민해야 한다.

카페베네(2019년 7월 CAFFÉ BENE로 런칭, 최초 브랜드는 caffé

bene)는 2008년 4월 레드오션이라 불리는 커피전문점 시장에 혜성같이 나타난다. 스타벅스를 필두로 하는 기존의 고급 커피전문점과 차별화하려고 다양한 경영 전략을 실행한다.

첫째, 후발 브랜드로서 부족한 매장 수를 단기간에 확대하기 위해 다수의 브랜드가 사용하는 직영점 모델 대신 프랜차이즈 시스템을 채택한다. 카페베네는 소비자들이 커피전문점을 선택하는 제1기준으로 접근성을 꼽았다. 당시 경제 위기를 맞아 시중의 유동자금을 흡수할 만한 대체재도 마땅히 없었던 터라 프랜차이즈 시스템은 카페베네가 선택할 수 있는 최적의 대안이었다.

둘째, 핵심 고객을 다변화한다. 커피전문점의 핵심 고객은 20~40대 여성 직장인이다. 반면 카페베네는 남녀노소 누구나 즐길 수 있는 공간을 지향했다. 그러다 보니 자연스레 메뉴의 중심이 커피보다는 오곡라떼 같은 음료수, 빵, 젤라토 등 다른 아이템으로 확장되었다.

셋째, PPL과 스타 연예인을 기용한 미디어 광고에 비용을 쏟아부었다. 특히 PPL은 현대물과 역사물을 막론하고 거의 무차별적으로 진행했다. '우리 민족이 조선 초기부터 커피를 마셨던 것도 아닌데, 사극에 웬 PPL?'이라고 생각할 만도 하다. (평가야 어찌 되었든) 물량으로 드라이브를 건 촉진 전략은 사람들 사이에 '카페베네=쿨함'이라는 인식을 단시간에 심어준다. 이러한 전략들은 카페베네가 지향한 콘셉트, 즉 유럽 스타일의 카페와 한국의 사랑방 문화가 결합된 사회 모임의 장소라는 개념을 지원하면서 브랜드를 급속히 성장 궤도로 안착시킨다. 하지만 무모한 해외 진출과 무리한 확장 정책으로 인해 2018년 1월 회생 절차에 들어가는 쓴맛을 보게 된다. 9개월 만에 회생 절차를 조기 종결하기는 했지만 말이다. 생각해보면 커피전문점치고 대량으로 광고하는 브랜드는 거의 없다. 분야를 불문하고 광고 없이 글로벌 브랜드로 성장한 거의 유일한 브랜드가 스타벅스 정도다. 후발주자는 선발주자와 동일한 전략을 펴서는 승산이 없다. 미디어 경작이라는 프로세스를 등에 업고 일약 시장의 다크호스로 등장한 카페베네의 초기 성장 과정은 충분히 평가받을 만하다.

세 번째 프로세스는 정치 조직화polity라 부른다. 소비를 통해 정치적 목소리를 내는 것은 단순히 보이콧 행동뿐 아니라 특정 브랜드를 지지하는가의 문제로 나타난다. 소비자들은 단순히 브랜드를 선택하는 것을 넘어 브랜드를 지지하는 커뮤니티에 참여함으로써 브랜드와 동일시하기도 한다.

우리나라에서 가장 많이 활용하는 정치적 테마 중 하나는 애국심이다(그림 1-10).[24] 2019년 10월 9일 베이직 트렌드 캐주얼 브랜드 TBJ는 특별 이벤트를 개최했다.[25] 제품을 구매한 고객에게 한글 배지와 한정판 쇼퍼백을 선물했는데, 여기에는 한글 자음과 태극 문양을 이용해 감각적인 그래픽 디자인을 적용했다. 기능성 베개 브랜드 가누다는 한글날을 기념해 태극기 게양 캠페인을 진행했다.[26] 소셜미디어에 태극기 게양 사진을 인증하고 해시태그 '#가누다, #가누다베개, #태극기를가누다'를 달면 추첨을 통해 가누다 싱글 세트, 영화 예매권 등 선물을 제공했다. 정치적 목소리를 직접 브랜딩에 활용한 사례도 있다. 인권을 위해 행동하고 폭력에 반대하

그림 1-10 TBJ와 가누다의 한글날 캠페인

는 라이프스타일 브랜드인 마리몬드는 일본군 위안부 피해자를 모티브로 한 꽃할머니 프로젝트와 학대피해아동을 위한 나무 프로젝트를 진행했다. 애국심이나 인권 같은 정치적 주장을 담은 브랜드는 특정 이벤트나 사건이 터질 때마다 소환될 수 있다. 2019년 일본 아베 정권에 의해 경제 전쟁이 일어났을 때, 이러한 브랜드는 사람들 사이에 많이 회자되었다.

브랜드와 관련된 흥미로운 정치 조직화 트렌드 중 하나는 안티브랜드다. 대표주자는 일본의 무지. 무지는 브랜드가 없는 양질의 상품이란 뜻을 가진 무인양품의 일본식 발음 중 앞 두 음절을 딴 단어로 주로 비한자권 국가에서 쓰인다. 설립 목적이 '합리적인 공정을 통해 생산된 제품은 매우 간결합니다'라는 종합 생활용품 브랜드다. 무지는 브랜드의 허상[27]을 경고하면서 상품의 본질적 가치에 충실했다. 무지의 성장은 가성비 트렌드와 관련이 깊다.

비슷한 사례로 독일의 하드 디스카운트 스토어인 알디Aldi가 있다.[28] 알디는 가성비라는 뜻의 알디화Aldisierung라는 신조어를 만들어내기도 했다. 소품종에 집중해 생산하다 보니 가격이 낮아지고 재고 관리비용이 줄었다. 매장 내 효율적인 쇼핑을 유도하기 위해 알디식 쇼핑 동선, 즉 당 제품(사탕, 초콜릿, 잼) → 빵 → 과일 → 채소 → 냉장 코너(육류, 유제품)를 정립하고 재고가 쌓이면 할인을 통해 소진한다. 모든 제품을 알디의 규격화된 팔레트에 맞게 납품받아 물류비용을 최소화한다.

안티소비 문화를 좀 더 적극적으로 표방한 브랜드가 있는데《애드버스터즈AdBusters》가 만든 블랙스폿BlackSpot이다.《애드버스터즈》

그림 1-11 반反나이키 문화: 블랙스폿과 나이키 패러디 광고

는 안티광고, 안티소비자 문화를 표방하는 잡지다. 브랜드 커뮤니티를 구성하고 있는 자사의 멤버들에게 블랙스폿을 마케팅하는데, 메시지인즉 혼란스러울 정도로 정치 편향된 브랜드인 나이키를 과감히 거부하라는 것이다.

2018년 터진 사건을 통해 나이키의 정치 편향성을 들여다보자. 나이키는 콜린 캐퍼닉Colin Kaepernick이라는 전 미국프로풋볼NFL 선수를 광고 모델로 기용하는데, 이를 계기로 소셜미디어에서는 나이키 불매 운동이 일어난다. 그는 인종 차별에 대한 항의 표시로 경기 시작 전 국가를 부르는 대신 무릎 꿇기 시위를 펼친 인물이다. 그의 행동에 대해 미국인들의 반응은 극명하게 갈렸다. 인권을 중시하고 인권 증진에 기여한 인물이라고 평가하는 사람들이 있는가 하면, 보수주의 성향이 강한 사람들은 국가와 국기에 대해 무례함을 보였다고 비난했다.

그 와중에 나이키는 콜린 캐퍼닉을 '저스트 두 잇Just Do It' 30주년 캠페인의 기념 광고 모델로 발탁한다(그림 1-11). 광고의 메시지는 '믿고 따르라. 그것이 모든 걸 희생한다는 의미일지라도'다. 그러나 이 광고는 알카에다 테러리스트, 9·11 테러, 심지어 히틀러와 나치주의에 대한 지지를 호소하는 패러디 광고를 양산시켰는가 하면, 급기야 정치 리스크로 인한 주가 하락(3.2%)까지 유발했다. 도널드 트럼프 대통령 역시 분노와 불매 운동으로 나이키가 망하게 될 것이라 악담을 쏟아냈다. 반면 나이키의 본질은 도전, 불굴의 의지, 인내, 승리이므로 콜린 캐퍼닉을 광고에 기용한 것은 나이키의 영리한 의도라는 평가도 있다. 어찌 되었든 블랙스폿은 소비자들에게 스웨트숍sweatshop이라 불리며 제3세계에서 악행을 저지른 거대 기업을 해체하자고 선전하며 자신들이야말로 진정한 권력 분산을 지향한다고 주장하고 있다.

커뮤니티 내에서는 진실은 아니지만, 커뮤니티의 소망을 담은 소문rumors이 가끔 돌기도 한다. 이러한 소문은 브랜드에 대한 커뮤니티의 이상을 반영한다. 마케터는 이 목소리에 귀를 기울일 필요가 있다. 1997년 폭스바겐의 뉴비틀 출시를 앞두고 퍼진 소문을 보자. 커뮤니티 구성원들은 비틀이 원래 이미지를 잃고 지나치게 여성화되었다고 믿고 있었다. 새로 출시되는 뉴비틀이 브랜드의 오리지널한 뿌리를 되살리기를 바라고 있었고 이러한 소망은 소문으로 퍼졌다. 심지어 출시 한 달 전까지 뉴비틀이 예전의 제품 디자인과 은퇴한 디자이너를 소환했다는 소문이 줄을 이었다. 그러나 이 소문은 진실도 아니었고, 마케터의 전략적 방향과 배치될 수도 있었다.

아무리 소비자 목소리라 하더라도 그것을 100% 수용하는 것이 바람직한 것만은 아니다. 소비자는 기업의 내부 사정을 완전히 알 수 없으므로 단편적인 정보나 주관적 믿음에 매몰될 가능성이 크다. 그럼에도 불구하고 브랜드는 공동창조되는 것이라는 시대 변화를 인식하고 그들과 어떤 형태로든 소통하는 것은 (그것을 반영하든 아니든) 매우 중요한 과정이다.

한국에서 LG전자는 당당함을 내세우는 삼성과는 달리 겸손함으로 유명하다.[29] 스마트폰 V10 베젤에 20K 금도금을 해놓고도 홍보하지 않았다. 980g의 가벼움을 강조한 그램은 실제로 그보다 가벼운 것으로 밝혀지기도 했다. 투명 TV 같은 혁신적인 신상품을 가

전 전시회에 출품하고서도 제대로 홍보하지 않았다. 이러한 사실은 실제로 소비자들에 의해 밝혀진 부분이 적지 않다. '바보 LG'라 폄훼하거나 상품에 비해 마케팅이 부족하다고 아쉬움을 토로하는 소비자들도 많지만, 어느새 소비자가 이를 겸손함으로 포장하고 있다. LG의 약한 마케팅을 보다 못한 소비자들이 직접 나서서 대신하기도 했다. LG의 겸손 마케팅이 처음부터 의도한 바는 아니었으리라. 그러나 시장에서 나타나는 소문에 대해 신중하게 경청하는 자세는 필요하다. 그래야 시장과 코드를 맞추면서 변화를 반영할 수 있다.

커뮤니티는 힘이 세다

브랜드 공동창조를 현명하게 활용하려면 소비자를 개별 소비자로 인식하지 말고 집단 수준의 커뮤니티로 간주하는 것이 필요하다. 개별 소비자와의 관계에서는 마케터가 더 많은 지식과 통제력을 쥐고 군림하지만, 커뮤니티와의 관계에서는 권력의 축이 소비자로 넘어간다. 많은 기업이 강력한 브랜드 커뮤니티를 구축하려고 시도하지만 대개 실패한다. 마케팅 부서의 일이라 치부하고 웹사이트나 앱만 만들면 끝이라고 오해한다. 커뮤니티 전략에서 가장 필요한 것은 마인드셋의 변화다. 수직적인 마인드셋에서 수평적인 마인드셋으로 변화, 그것이 핵심이다. 전통적인 마케팅 전략의 핵심인 STP 전략과 커뮤니티를 대하는 전략은 마인드셋부터 달라야 한다.

　이제 소비자는 공략하고 포획해야 할 타깃이 아니라 적극적 소통의 대상이다. 전통적인 STP 전략의 마인드셋은 철저하게 수직적이다. 시장을 위에서 내려다보며 정태적·동태적 속성에 기반한 동질적인 세분 시장을 설정하고, 특정 세분 시장을 공략해야 할 타깃으로 설정한다. 개인은 마치 기계 부품처럼 세분 시장을 구성하고 있는 하나의 요소에 불과하다. 세분화하고 나면 세분 시장 내 고객들은 동일한 니즈를 가진, 그래서 매스미디어가 지배했던 시절의 개성 없는 고객 같은 존재로 전락하고 만다. 반면 커뮤니티는 동일한 목표를 추구하고 가치 및 아이덴티티를 공유하는 사람들의 집단을 말한다. 내부적으로는 서로 소통하는 사회적 존재들의 모임이다. 마케터와 커뮤니티의 관계는 상호호혜적이다.

먼저 브랜드 커뮤니티에 대해 마케터가 가지고 있는 미신적 오해를 풀자.[30] 가장 핵심이 되는 다음 내용을 기억하라. 소비자의, 소비자에 의한, 소비자를 위한 커뮤니티가 되어야 한다. 반통제 정신에 입각해 개방적 마인드를 가져라.[31] 마치 사회적 관계망 속에서 내 곁에 존재하는 친구처럼 소비자들이 원할 때 필요한 요소를 제공하라. 마케터는 브랜드를 독점 소유하지도 않고 통제하기도 힘들다. 얼핏 들으면 당연한 것 같은데 왠지 실전에서는 많은 마케터가 이러한 정신을 망각한다.

구체적으로 어떤 오해가 있는지 살펴보자. 첫째, 브랜드 커뮤니티가 비즈니스 전략이기는 하지만 브랜드 커뮤니티는 철저하게 구성원 목표에 충실해야 한다. 사람들은 다양한 이유로 커뮤니티에 참여한다. 정서적 지원과 격려(P&G의 빙걸닷컴), 대의명분에 기여(아멕스의 자유의 여신상 복원 운동 참여), 자신의 관심사 개발(하이킹 관련 독일 사이트outdoorseiten.net) 등처럼 말이다. 커뮤니티 브랜드community brands, user-generated brands의 탄생은 커뮤니티가 목적이 아닌 수단이라는 점을 보여준다. 아파치 공개소스 소프트웨어, DIY 컴퓨터 시스템 구축자를 위한 케이스모더Casemodder.de, 스키애호가를 위한 스키빌더스닷컴Skibuilders.com 등이 커뮤니티 브랜드다.[32] 하이킹에 대한 정보 공유를 목표로 시작한 아웃도어자이텐Outdoorseiten.net이라는 독일의 아웃도어 라이프스타일 브랜드 커뮤니티는 ODS라는 브랜드를 만들고 하이킹 관련 상품을 출시했다. 실제 커뮤니티에서 216명을 대상으로 한 실증 연구 결과, 50% 이상의 구성원이 원래 선호하던 브랜드에 비해 ODS 브랜드를 비슷하거나 더 선호한다고 대답했다.[33] 놀라운 결과다. 대부분 소비자가 일반 브랜드와 커뮤니티 브랜드 간의 공동 브랜딩을 긍정적으로 인식했다. 일반 브랜드는 품질이나 디자인, 커뮤니티 브랜드는 친근감과 재미라는 상호 보완적 속성을 가지고 있어 이러한 제휴는 유용하게 활용될 수 있다.

둘째, 커뮤니티 전략에도 관리와 통제는 약이 아니라 독이다. 과거에는 통제, 그것도 과도한 통제가 커뮤니티 관리의 정도正道인 것처럼 여겨진 적이 있었다. 자유로운 목소리를 통제하고 법석 대응의 으름장을 놓기도 했다. 그러나 브랜드 커뮤니티는 기업의 자산도 아닐뿐더러 자산이라는 생각을 버려야 한다. 내 자산이 아니면 통제할 수 있다는 생각은 환상에 불과하다. 물론 통제를 포기한다는 것이 책임감마저 저버린다는 것을 의미하지는 않는다. 다시한번 강조하지만 브랜드 마케터는 커뮤니티를 지원, 장려, 촉진함으로써 커뮤니티가 번창하도록 조력해야 한다.

스케이트보드화로 유명한 반스Vans는 기업이 아니라 팬들을 브랜드 소유주로 인식하고, 자사의 역할을 팬들이 지향하는 커뮤니티를 구축하는 것으로 한정했다. 사설 스케이트장이 폐쇄되자 반스는 자사 소유의 스케이트장을 만들어 고객들에게 제공했다. 반스는 1995년 이래 매년 여름 '워프트 투어Warped Tour'라는 투어형 음악축제를 지원했다. 미국 전역을 투어하는 음악축제인데, 젊은 층이 대부분인 반스 고객의 음악 사랑을 지원하려고 기획한 스폰서십이다. 반스는 후에 아마추어를 위한 스케이트보드 챔피언십 행사가 부재하다는 사실을 깨닫고, 음악제 내에서 이 행사를 기획하는가 싶더니 결국 음악제를 인수해버렸다. 음악제는 스케이트보드 및 BMXbicycle motocross 문화의 새로운 구심점으로 재탄생했다. 반스는 영화나 TV 쇼 등에서 PPL을 하는 대신 상품 씨앗뿌리기 product seeding를 추진했다. 스포츠 각 영역 내 선도 사용자lead users를 발굴해 신상품을 공동 디자인co-design했다. 반스는 신규 팬들과의 연결 지점을 만드는 데도 적극적이었다. 마크 제이콥스를 초빙해 스페셜 라인을 디자인했는데, 이는 그의 패션쇼에서 반스를 신고 등장한 모델에서 영감을 얻었다.

브랜드 커뮤니티의 등장이 브랜드 관리에 던지는 시사점은 무엇인가?**34** 브랜드를 구축하는 것도 중요하지만, 구축된 브랜드 자산을 보호하는 것 역시 중요한 과제로 떠오르고 있다. 브랜드의 취약성을 드러낼 새로운 시장 변화(이를 역량 와해적 환경 변화라 부른다)는 없는가? 우리의 내외부 활동 중 브랜드를 의미 없게 만드는 요소는 없는가? 이러한 위험 요소가 현실이 될 확률은 얼마나 높은가? 그렇게 되면 어떤 결과가 나타날 것인가? 우리는 이러한 위험에 어떤 전략으로 대응할 것인가? 브랜드 공동창조의 시대에서 브랜드 전략은 대개 사전 계획보다 (필연적) 우연에 의해, 능동적보다 반응적으로 발견된다. 따라서 중앙 집중식 관리 시스템보다는 자율과 권한위임에 따른 운영의 묘, 자유로운 상상과 상호 협력에 기반한 끊임없는 실험이 필요하다.

마케터는 브랜드와 관련된 형태, 메시지, 패키지, 플랫폼을 최초로 만들었다는 의미에서 적어도 명목상으로는 브랜드를 창조하는 주체다. 그러나 실제로 마케터가 의도한 대로 소비자의 반응을 불러일으켜 이상적인 브랜드 의미를 만들 수 있는가는 다른 차원의 문제다. 따라서 마케터는 적극적으로 소셜 리스닝을 해야 한다. 소셜이라고 해서 반드시 소셜미디어 같은 온라인을 대상으로 할 필요는 없다. 온·오프라인을 포함한 특정 커뮤니티나 시장 전반적으로 일어나는 소비자들의 행동을 유심히 관찰할 필요가 있다.

젯블루항공JetBlue Airways의 승객들이 폭풍우로 뉴욕 JFK공항에 11시간이나 발이 묶였을 때 CEO 데이비드 닐만David Neeleman은 유튜브를 통해 공개 사과했다. CEO의 블로그나 트위터에 올라온 고객 의견에 적극적이면서도 즉각적으로 반응했다. 유튜브 영상으로 '고객 권리장전A Customer Bill of Rights'을 공개했고, 결항과 지연에 따른 보상을 약속했다.

2019년 3월 시장에 출시한 후 오비-하이트의 양강 구도에 막강한 도전장을 내고 있는 하이트진로의 맥주 테라의 별명은 테슬라다.[35] "여기 테슬라 주세요!" 테라와 참이슬의 합성어인 '테슬라'는 소맥(소주+맥주)의 대명사인 '카스처럼(카스+처음처럼)'을 밀어내고 새로운 고유 명사로 등극했다. 하이트진로는 테슬라 마케팅을 사전에 기획하지 않았다. 단지 테라의 고품질 덕에 소비자가 테라를 소맥의 주인공으로 이름까지 지었다. 이러한 자발적인 구전 활동을 마케터는 유심히 관찰하고 활용할 필요가 있다.

콘텐츠 자체가 전략이다

핵심은 콘텐츠다

권력의 축이 마케터(기업)에서 소비자로 넘어간 시대에 커뮤니케이션의 핵심 화두는 무엇인가? 통제할 수 없다면 소비자들로 하여금 우리가 원하는 방향으로 자연스럽게 끌려오도록 유도해야 한다. 강압적으로 밀지 말고, 자연스럽게 당겨야 한다.

수준 높은 커뮤니케이션 전략의 핵심은 단연 인게이지먼트engagement다. 인게이지먼트도 복잡다기한 뜻을 내포하고 있어 번역이 어렵다. 인게이지먼트는 최소한 두 가지 요소를 가지고 있어야 한다. 첫째는 자발성이다. 남들이 시켜서 억지로 하는 것이 아니라 자기 의지에 의해 스스로 할 때 인게이지되었다고 할 수 있다. 둘째는 단순히 사고하고 느끼는 1차 작용을 넘어 행동이라는 2차 작용으로 연결되어야 한다.[36] 그래서 인게이지먼트를 '자발적 참여' 정도로 번역하는 것이 괜찮을 듯싶다.

소비자 인게이지먼트와 함께 가는 연관 키워드는 콘텐츠다. 콘텐츠의 개념에 대해서는 폭넓은 관점을 가지는 것이 필요하다. 콘텐츠란 고객 가치를 창출하고 전달하는 핵심 요소를 말한다. 4P 혹은 7P(4P+사람People, 프로세스Processes, 물리적 증거Physical evidence)로 표현되는 마케팅 믹스는 콘텐츠를 얹어 보내는 터치포인트다. 예를 들어 유통 채널이 터치포인트인가? 유통 채널 경로상 존재하는 구성원(판매원, 공급업자, 소매업자, 창고형 도매상, 운송시설, 서비스센터 등)은 제조업체가 직접 수행하기 어려운 다양한 기능을 수행함으로써 궁극적으로 부가가치(다시 말해 고객 가치)를 창출한다. 이러한 가치 창출 활동에는 정보 제공과 고객 교육, 재고 관리 및 구색 보유, 금융 옵션 등 편의성 제공, 보증 및 사후 서비스 등을 포함하고 있다. 이러한 활동(콘텐츠)을 통해 부가가치를 창출한다면 유통도 훌륭한 터치포인트다. 콘텐츠를 소셜미디어나 온라인에 돌아다니는 사진이나 영상물로 축소하기보다는 터치포인트와의 연관성 속에서 광의로 해석하는 것이 바람직하다.

콘텐츠는 최근 논의되는 경험여정과 매우 밀접한 개념이다. 하지만 경험여정을 그릴 때 콘텐츠를 명시적으로 표시하지는 않는다. 다만 터치포인트라고 해서 고객과 브랜드가 만나는 접점을 언급할 뿐이다. 터치포인트는 크게 세 종류가 있다. 기술을 포함한 물리적 상품, 임직원, 미디어다. 각 터치포인트에 상응하는 콘텐츠는 기능, 온-브랜드 행동, 메시지다. 쉽게 설명하면 실제 고객이 만나는 접점은 외형적 상품, 사람, 다양한 미디어다. 그것을 통해 가치를 창출하는 핵심 요소는 상품의 기능, 임직원의 온-브랜드 행동(서비스), 미디어에 담겨 있는 메시지다.

소비자는 다른 소비자를 더 신뢰한다

콘텐츠라는 것이 왜 새로운 전략으로 각광을 받고 있는가? 콘텐츠가 중요해진 계기는 디지털 시대 변하고 있는 소비자 의사결정 모델DMP: Decision-Making Process이다. 소비자 의사결정 모델이란 소비자가 상품을 구매하기 위해 거치는 일련의 단계다. 대체로 '필요성(니즈) 인식 → 정보 탐색 → 대안 평가 → 고려 상품군 구성 → 구매 → 구매 후 의사결정'으로 구성된다. 예전 모델은 이러한 과정을 깔때기 모양의 선형적 과정으로 묘사했다. 그런데 디지털 시대가 도래하면서 마케터와 소비자들 간의 커뮤니케이션뿐 아니라 소비자들 간의 커뮤니케이션이 폭발적으로 증가하고 있다. 더욱이 소비자들은 대중의 지혜를 마케터가 제공하는 정보보다 더 신뢰하는 현상이 나타나고 있다. 이러한 현상이 시사하는 바는 무엇인가?

먼저 개인적 구매가 사회적 구매로 전환되고 있다. 이렇게 되면 소비의 양극화가 일어날 가능성이 커진다. 만약 극장 앞에서 무슨 영화를 볼지 고민이라면 어떻게 할까? MZ세대라면 소셜미디어를 통해 친구들의 의견을 구하거나 모바일로 고객 후기를 찾아보지 않을까? 개별 소비자의 선호가 자신의 내적 특성(영화라면 자신이 좋아하는 배우나 장르 같은 선호도)에 의해 결정되기보다는 밴드왜건효과악대차樂隊車 효과: 유행에 동조하는 소비 현상에 의해 영향을 받는다. 개별 소비자의 선호는 이제 독립적이지 않고 상호의존적으로 변한다. 이렇게 되면 잘나가는 상품은 더 잘나가고, 못 나가는 상품은 더 못 나간다. 그다음으로 마케터와 소비자의 경계가 불분명해진다. 소비자가 창출하는 정보가 더 신뢰받으므로 영향력이 큰 인플루언서가 브랜드 앰배서더의 역할을 하게 된다.

디지털 시대의 고객 의사결정 변화를 좀 더 알아보자(그림 1-12).

디지털 기술이 의사결정 과정 중 가장 큰 영향을 끼치는 부분은 구매 후 행동post-purchase behavior이다. 소비자들은 정서가 개입된 감성적 상품이나 자신의 개성을 표현하는 상징적 상품을 구매한 후 타인과의 커뮤니케이션에 대한 욕구가 높아진다. 요즘에는 기능적 상품도 가성비가 매우 높은 상품(예: 샤오미)이나 럭셔리 브랜드(예: 다이슨 무선 청소기)를 구매한 경우 이러한 욕구가 생기는 듯하다. 구매 후 자신의 기분이 얼마나 좋은지를 표현하고, '나는 이런 사람이야'라는 주장에 인정받고 싶은 욕구가 강하다. 이러한 생각과 감정(만족, 자부심, 불만, 후회)의 소통을 통해 삶에 의미를 부여한다. 디지털 이전의 세상에서는 시공간의 제약으로 구매 후 당장의 소통은 주변 사람에게 한정되었다. 나중에 파티나 친목회 등을 통해 자신의 감정을 드러낼 기회가 있지만, 구매 당시의 생생한 느낌은 사라지고 난 뒤다. 소셜미디어를 위시한 디지털 기술은 구매 후 소통의 즉시성과 선택성을 높인다. 구매 후 즉각 소통하는 것도 가능하고, 누구(페이스북 친구, 팔로워, 일반 대중)에게 소통할지 선택하는 것도 가능하다. 결과적으로 구매 후 개인 소비자들의 커뮤니

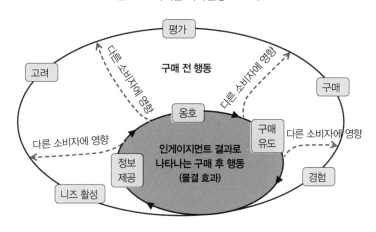

그림 1-12 디지털 의사결정 프로세스

케이션이 다른 소비자들의 의사결정에 영향력을 발휘하는데, 이러한 효과를 물결의 파동이 퍼지는 모습에 빗대 물결 효과ripple effect라 부른다.

구매 후 행동이 다른 소비자의 의사결정에 어떻게 영향을 끼치는지를 화장품 구매를 예로 들어 생각해보자. 특정 브랜드의 페이스북 '좋아요like' 및 고객 후기는 다른 소비자들에게 의사결정의 기폭제로 작용해 웹사이트 및 매장 방문을 유도한다(니즈 활성trigger 단계). 실제로 구매를 위한 방문은 아닐지라도 추가 정보 탐색을 유도하기도 한다(정보 탐색search 단계). 매장에서는 매장 직원의 도움을 받기도 하지만 모바일폰을 통해 소비자 후기를 검색하기도 한다(고려consider 단계). 이후 상품 비교 사이트에서 동일 카테고리 내 다른 브랜드와 비교 후 최종 평가를 한다(평가evaluate 단계). 구매

purchase 단계에서도 가격 비교 사이트 외 후기 정보를 이용해 가격 합리성을 체크하거나 할인 쿠폰 및 로열티 보상을 받을 수 있을지를 체크한다. 구매 후 단계에서는 소셜 플랫폼을 방문해 자신의 경험, 소비 방법, 브랜드 소비 후 자신의 모습, 상품 정보(예: 판촉, 이벤트, 신규 프로그램) 등을 게시한다. 이러한 행동을 통해 자신만의 정보를 남들에게 공유하면서 자기만족과 과시욕을 충족한다. 이제 브랜드와 소비자 간의 관계는 일대일이나 일대다가 아니라 다대다다. 마케터는 더 이상 소비자를 브랜드로 유인하는 유일한 주체가 아니다. 소비자는 브랜드 옹호자이자 앰배서더로, 반대의 경우에는 테러리스트로 작지 않은 역할을 한다.

변하는 의사결정 프로세스상에서 기업은 무엇을 해야 하는가? 기업마다 다양한 미션과 타깃을 가지고 있어 일반화된 답을 생각하기는 힘들다. 세포라 사례를 통해 이를 살펴보자. 과연 세포라는 디지털 의사결정 프로세스상의 어떤 단계에 영향력을 행사하고 싶은가? 어떤 단계에 집중하면 효과를 높일 수 있을까? 이 질문에 답하려면 화장품 카테고리의 특성을 이해할 필요가 있다. 화장품에 대해 소비자가 느끼는 불확실성은 매우 높다. 화장품은 실제로 사용해보기 전 그 효과에 대해 확신하기 어렵고, 다양한 브랜드 간 차별점을 파악하기도 힘들다. 상품 종류가 아주 많아서 선택 자체도 어렵다. 화장품의 경우 기능적 가치 외 정서적 가치와 영감적 가치도 중요하다. 다양한 감각(예: 향기, 색채, 촉감, 소리)을 자극하는 상품의 특징상 정서적 목적(예: 우울한 기분을 없애기 위한 기분 전환용)으로 화장을 하기도 한다. 화장품은 아름다움에 관한 상품이며,

아름다움은 기본적으로 삶에서 갖는 의미가 크다. 적어도 여성에게는 특히 중요하다.

세포라는 이러한 카테고리의 특성을 고려해 다양한 디지털 플랫폼을 구축했다. 고려 및 평가 단계의 불확실성('내 피부에 맞나?' '복장에 어울리나?' '다른 사람들이 어떻게 볼까?' '피부 트러블은 없을까?' '적정량을 바르는 것이 쉬운가?')이 매우 높아서 소비자 후기 정보에 즉각 접속할 수 있는 옴니채널omnichannel을 구축하고자 노력했다. 매장에서는 친절하고 지식이 풍부한 직원들이 있어서 그나마 다행이지만, 온라인 쇼핑을 하는 경우 다양한 정보에 즉각 접속하는 것이 필요하다. 온라인이라 하더라도 '신뢰할 수 있는 뷰티 조언자'라는 세포라의 아이덴티티를 감안한다면 상품 정보를 편리하고 자유롭게 얻을 수 있는 방법을 보다 적극적으로 제시해야 한다.

세포라는 우량 고객인 뷰티 인사이더Beauty Insiders를 위해 뷰티 토크Beauty Talk라는 포럼을 구축했다. 페이스북의 단점, 즉 질문과 답변을 저장하는 것이 어렵고, 민감한 문제를 질문하기 싫어한다는 점을 간파하고, 강력한 검색 기능을 갖춘 자체 포럼을 구축했다. 고객이 익명으로 질문하면 세포라의 전문가 또는 세포라 커뮤니티 Sephora.com의 회원들이 응답하는 환경을 조성한 것이다. 신규 고객이나 간략한 정보를 얻고 싶은 소비자를 위해서는 자사의 사이트를 통해 레이팅스 앤 리뷰Ratings & Review라는 도구를 마련했다. 소비자들은 여기에 상품에 대한 간략한 평가와 후기를 올릴 수 있다. 이러한 플랫폼은 정보 게시자들에게는 구매 후 몰입도를 높이는 역할을 한다.

고객의 관점에 맞춘 브랜드 저널리즘

콘텐츠 마케팅의 결과로 등장한 트렌드가 브랜드 저널리즘[37]이다. 상품을 마케팅하는 브랜드가 온·오프라인상에서 콘텐츠를 생산하고 다양한 미디어를 통해 유통하는 것을 말한다. 좀 더 거창하게 표현하면 단순히 기업이나 상품 홍보에 그치는 콘텐츠가 아니라 기업의 마케팅 활동과 그 결과물에 대해 비판적이고 객관적인 시각을 견지하면서 소비자 시각에서 필요한 정보를 제공하는 것이 브랜드 저널리즘이다.

브랜드 저널리즘이 무엇인지 여전히 궁금하다면 다음 사례를 보자.[38] 레드불은 《레드불레틴Red Bulletin》이라는 브랜디드 매거진을 발간한다. '스포츠, 모험, 문화, 음식, 밤 문화, 혁신과 라이프스타일, 그 이상Sports, Adventures, Culture, Music, Nightlife, Innovation and Lifestyle – beyond the ordinary'이라는 모토를 가지고 있다. 레드불은 액션 스포츠 및 모터스포츠와 동의어다. 그들은 그 잡지가 레드불 세계로 들어가는 관문이라고 말하지만, 정작 잡지를 들여다보면 눈을 씻고 봐도 레드불 이야기는 거의 없다. 그저 익스트림한 인물에 대한 스토리텔링, 스카이다이빙이나 카이트서핑 같은 활동에 대한 시각적 스토리텔링이 있을 뿐이다.

매거진이나 유튜브 같은 브랜디드 미디어뿐 아니라 레드불은 각종 이벤트를 후원한다. 가장 대표적인 것이 '우주 가장자리로의 미션a mission to the edge of space'이라는 스트라토스피어성층권이라는 의미이자, 라스베이거스 스트라토스피어 타워에 설치된 놀이기구 이름 자유낙하 이벤트다(그림 1-13). 우주 가장자리는 지표에서 100킬로미터 떨어진 지점(이를 헝

그림 1-13 **스트라토스피어 이벤트**

가리계 미국 물리학자 테오도르 폰 카르만의 이름을 따 카르만 라인이라 부른다. 이 지점 이후로 대기권 밖이라 부른다)을 말한다. 성층권까지 기구를 타고 올라가 대기권 경계 지점으로 초음속으로 자유낙하하는 시도를 감행한 것이다.

스트라토스피어 이벤트는 고프로GoPro와의 공동 브랜딩 결과다. 고프로는 휴대용 카메라 브랜드다. 레드불과 명목적인 상품 카테고리상 연결 지점은 전혀 없어 보인다. 그러나 그들이 지향하는 가치, 즉 행동 지향적이고 모험적이며, 두려움이 없는 라이프스타일은 매우 유사하다. 액션 스포츠와 연관된 상황에서라면 두 브랜드가 내적으로 완벽한 조합이 될 수 있다. 고프로는 달리기, 스턴트, 액션 스포츠 이벤트를 위한 펀딩과 장비를 제공하고, 레드불은 자사의 경험과 평판을 활용해 이벤트를 개최하고 후원한다. 가장 대표적인 공동 브랜딩 활동이 인간의 한계를 재조명한 스트라토스피어 이벤트였다.

파타고니아하면 트레킹, 아웃도어, 무엇보다 자연이 떠오른다. 아웃도어 의류 및 장비 브랜드인 파타고니아는 환경과 자연의 아름다움을 보전하는 문제에 관심이 많은 활동적인 고객과 소통한다. 그들의 사풍은 다양한 미디어를 통해 전달된다[그림 1-14]. 2007년부터 액티비즘(행동주의), 등산, 문화, 디자인 등에 대해 다양한 콘텐츠를 전달하기 위해 기업 블로그The Cleanest Line를 비롯해, 카탈로그라고 부르는 것은 아예 모욕적이라고 할 정도로 경외감을 자극하는 카탈로그를 활용한다.

창업자 이본 쉬나드Yvon Chouinard는 파타고니아야말로 진정한 사

그림 1-14 **파타고니아의 브랜드 저널리즘**

람과 아름다운 모습을 카탈로그에 처음 담아낸 기업이라 주장한다. 거기에는 상품 소개도 있지만, 그것보다는 훨씬 유익하고 호소력 짙은 정보가 가득하다. 아마도 1972년 최초로 '쉬나드 장비 카탈로그'를 만들 때부터 이러한 전통이 시작된 듯하다. 2017년에는 〈피시피플FISHPEOPLE〉이라는 다큐멘터리 영화도 제작했다. 이 영화는 블루 마인드(월리스 니콜스Wallace Nichols에 의하면 물과 가까운 사람은 행복도가 높다고 한다)를 가진 사람들, 즉 드넓은 바다와 밀접한 관계를 맺음으로써 삶을 변화시키고, 도전하고, 마침내 성공한 사람들의 삶을 보여준다. 바다의 광활함과 거친 야성에 숨어 있는 깊은 의미를 통해 삶을 성찰하는 영상물이다.

에어비앤비는 2016년 말 에어비앤비 트립을 출시함으로써 밀레니얼 여행이라는 새로운 개념을 제시했다.[39] MZ세대는 경험을 중시한다. 가성비를 따지기는 하지만 자신이 원하는 가치에는 충분히 투자한다. 그들은 혼자 여행하는 것을 개의치 않으며, 낯선 사람을 만나 소통하는 것을 즐긴다. 현지 식당에서 식사하고 현지 삶을 체험하고 싶어 한다. 한마디로 탐험심으로 가득 찬 활동적인 휴가를 선호한다. 브랜드 타깃의 맥락과 니즈가 확실하면 콘텐츠의 방향은 설정된 것이나 다름없다. 에어비앤비는 블로그를 운영하는데, 여행 꿀팁 같은 일반 정보뿐 아니라 밀레니얼 세대의 특징을 반영한 코너를 만들었다. '이방인들이 만날 때When Strangers Meet'라는 스페셜 시리즈는 에어비앤비에서 만난 특별한 인연(연인, 친구, 소울메이트 등)을 소개하는 코너다. '현지 들여다보기Local Lense' 기능은 현지인들이 직접 소개하는 장소와 이벤트를 알려주는 가이드다. '아직 알려지지는 않은 곳Not Yet Trending'이라는 코너는 방문객 데이터를 바탕으로 새로운 방문지로 부상하는 장소에 대한 정보를 제공한다. 트립 호스트가 판매하는 상품은 '사하라 사막에서 캠핑하며 베두인족과 함께 살아보기' '북극 여행하기' 등 다양한 문화 공유 및 타인과의 교류에 중점을 둔다.

에어비앤비 트립은 호스트 간 관계 형성에도 상당한 노력을 기울였다. 일례로 주변 국가들 사이의 트립을 포스팅하는 호스트 간 만남 행사를 열어 노하우나 조언을 공유한다.[40] 에어비앤비는《에어비앤비매그Airbnbmag》라는 브랜디드 잡지도 발행한다. '진짜 사람'이 없는 일반 여행 잡지와는 다르다. 최고경영자 브라이언 체스키Brian Chesky는 "여행의 묘미는 새로운 사람을 만나는 것에 있다"고 말한다. 그래서인지 현지인들이나 호스트들의 눈으로 바라본 여행지의 모습을 담아내는 데 집중한다.

한국 기업으로는 무신사가 대표적이다{그림 1-15}. 무신사는 2020년 현재, 국내 최대 온라인 편집숍이자 패션 플랫폼이다. 2019년 세계 최대의 벤처 캐피털리스트인 세쿼이아Sequoia에서 2,000억 원 투자 유치를 추진했고, 기업 가치는 2조 원을 호가한다. 그러나 무신사의 시작은 그리 창대하지 않았다. 무신사는 '무진장 신발 사진이 많은 곳'의 줄임말로, 추억의 커뮤니티인 다음 프리챌에서 2001년 온라인 커뮤니티를 개설하고 스니커즈 마니아(동호회)를 모은 것이 출발점이었다. 처음에는 동대문 신발과 스트리트 패션 사진 등 패션 정보를 공유했다.

2003년에 온라인 사이트를 개설하면서, 패션 브랜드 신상품 소

그림 1-15 무신사의 콘텐츠: 《무신사매거진》과 무신사 TV

식부터 길거리 패션·스타일링 정보를 전하는 미디어이자 패션 브랜드의 마케팅 채널로 영향력을 확대했다. 이후 웹 매거진인 《무신사매거진》을 발간하면서 콘텐츠 제작 역량이 한층 안정화된다. 2019년부터는 유튜브를 통해 무신사 TV를 런칭했다. 최신 패션 트렌드와 스타일링 팁, 브랜드와 디자이너 소식을 전한다. 모델 정혁이 리얼한 거리 패션을 소개하는 온스트릿, 국내외 인기 높은 스니커즈를 리뷰하는 신세계, 패션업계 종사자들의 출근 패션을 공개하는 출근룩, 셀러브리티들의 옷장을 엿볼 수 있는 쇼미더클로젯, 패션 ASMR 콘텐츠 무신소리 등은 무신사만이 가지고 있는 콘텐츠의 진면목을 보여준다. 무신사의 성공은 콘텐츠에서 시작해서 콘텐츠로 완성되고 있다고 해도 과언이 아니다.

2015년 11월 25일, 삼성전자의 공식 블로그 〈삼성전자 투모로우〉가 〈삼성전자 뉴스룸https://news.samsung.com〉으로 개편되었다. 삼성전자는 단순한 제품 홍보를 넘어 기업 가치와 신념을 전달하는 콘텐츠를 생산하겠다는 입장을 밝혔다.[41] 목적이 기업에 방점을 두다 보니 자연스레 〈삼성전자 뉴스룸〉은 소비자 중심의 사고를 전폭적으로 도입하기보다는 '어떻게 하면 우리 기업과 상품을 더 잘 알릴 수 있을까?'라는 PR적 성격이 강해 보인다. 물론 블로그 시설보다는 세부적이고 다양한 관점에서 자사의 전자제품을 실생활과 결부시키고 있다. 스마트오븐을 소개만 하는 것이 아니라 그 제품을 통해 요리하는 사람들에게 관심을 두고 제철 음식 레시피를 제공하는 식이다.

회사 측에서는 〈뉴스룸〉으로의 변화가 브랜드 저널리즘을 시도하는 것은 아니라고 선을 그었다. 그러나 다른 한편으로는 고객과 원활하게 대화하고 소통하는 창구를 만들고 싶다는, 어찌 보면 양립하기 힘들어 보이는 목표도 피력했다. 브랜드 저널리즘이라는 거창한 용어를 들먹거리지 않더라도 지금의 시대는, 적어도 삼성전자 같이 초일류를 지향하는 글로벌 기업이라면 단순한 제품 홍보(1.0)에서 기업 가치와 이미지 제고(2.0)를 넘어 진정한 고객과의 소통(3.0)을 지향하는 적극적 모습을 보여주면 어떨까?

〈삼성전자 뉴스룸〉이 순수한 형태의 브랜드 저널리즘을 지향하지 않는다지만, 전략적 수정이 있다면 어떠한 부분을 고민해야 할까? 아마도 가장 중요한 점은 브랜드 미션과 콘셉트를 얼마나 명확하고 영감을 주는 방식으로 설정하는가의 문제일 것이다(자세한 내용은 '전략 10'을 참고하기 바란다).

콘텐츠, 그중에서도 브랜드 저널리즘은 브랜드의 혼과 정신을 극명하게 보여주기 위한 전략이다. 콘텐츠에 담아야 할 정신이 불분명하다면 콘텐츠 전략이 무슨 소용이 있겠는가? 콘텐츠는 브랜드의 정신을 담아내되 '우리'의 이야기(제품, 브랜드, 기업 등)가 아니라 '그들(소비자)'의 이야기로 프레임 되어야 끌어당기는 매력이 있다. 콘텐츠가 무엇인가? 그것은 고객 가치를 창출하는 요소다. 그렇다면 그들의 눈높이에서 물어봐야 한다. "이걸 알고 나면 유용한 정보가 생기는가?" "이걸 알고 나면 시간 절약이 되는가?" "이걸 알고 나면 마음이 좋아지는가?" "이걸 알고 나면 인생이 윤택해지는가?" 등을 말이다. 그들을 위해 이런 역할을 제대로 수행할 수 있을 때 콘텐츠는 위력을 발휘한다.**42**

소비자와 호흡하는 체험형 콘텐츠

최근 전통적인 미디어 커뮤니케이션인 TV, 인쇄, 라디오, 옥외 광고 등을 벗어나 비전통적 마케팅이 각광을 받고 있다.[43] 잘 통제된 메시지를 매스미디어를 통해 무차별적으로 던지는 광고는 소비자의 이성에 호소한다. 그러나 이제 소비자는 설득 지식persuasion knowledge[44]으로 무장하고 미디어 광고에 대한 거부감을 여과 없이 드러낸다. 실제로 전통 채널의 효과성은 점점 감소하고 있다.[45]

비전통적 커뮤니케이션의 증가는 여러 원인에 기인한다. 먼저 미디어 광고의 비용이 지속적으로 상승하고 있는 반면, 광고주의 통제력은 점점 감소하고 있다. 다양한 방식의 광고 회피 현상(재핑zapping[46], 소셜미디어의 등장)과 미디어의 초세분화로 인해 광고 메시지가 수용되지 않는다는 인식이 팽배하다. 그러나 가장 중요한 원인은 파워의 축이 마케터에서 소비자로 넘어감에 따라 커뮤니케이션 수단도 점점 인게이지먼트 지향적으로 바뀌고 있다는 점이다. 이제는 마케팅 커뮤니케이션과 엔터테인먼트의 경계가 허물어지면서 소비자 참여형 커뮤니케이션이 대세가 되고 있다.

포드 피에스타 무브먼트FFM: Ford Fiesta Movement로 명명된 획기적인 마케팅 캠페인을 살펴보자. 2008년 중반, 포드의 마케팅팀은 서브 콤팩트카인 피에스타의 재출시를 위한 기획에 돌입한다. 피에스타는 1981년 이래 미국 시장에 출시한 적이 없다. 포드는 미국 자동차 시장의 리더이지만 주로 트럭이나 SUV 같은 대형차 분야에서 입지가 강했다. 피에스타는 스포티한 느낌의 서브 콤팩트카이므로 주 타깃은 도시에 거주하는 청년층이다. 이에 소셜미디어를 활용한 마케팅 캠페인을 구상한다. 하지만 당시만 해도 소셜미디어의 위험성에 대해 불확실성이 높은 시절이라 내부적으로 많은 설전이 오갔다. 진통 끝에 6개월짜리 소셜미디어 캠페인이 탄생하는데, 그것이 FFM이다. 소셜미디어에 능통한 피에스타 에이전트 100명을 선발하고, 출시 1년 전부터 피에스타 신차를 제공해 그 소비 경험을 소셜미디어(블로그, 트위터, 플리커, 유튜브)를 통해 공유하도록 장려하는 것이 계획이었다.

에이전트를 선정할 때는 다양한 기준을 적용했는데, 그중에서도 '역동성'이라는 척도를 활용했다. 목적은 새로움(모험과 변화)을 즐기고, 재미있고 영리하며, 소셜미디어 활용도가 높은 타고난 스토리텔러를 에이전트로 채용하는 것이었다. 매달 컨트롤타워로부터 새로운 테마를 전달받으면 각 팀은 테마 내 미션을 개발하고 수행했다. '트위터 택시Twitter Taxi'라는 미션에서 에이전트들은 샌프란시스코까지 이동하는 사람들에게 무료로 차를 태워주는 대신, 카메라로 다양한 이미지를 찍게 했다. '한나절의 운반책Mules for a Day'이라는 미션에서 에이전트들은 피에스타를 이용해 해외 주둔 중인 군인 가족에게 음식이나 선물을 배달했다.

여기에서 흥미로운 대목은 매달 회사에서 지정한 테마에 충실히 미션을 수행해야 한다는 점이다. 보통 체험형 콘텐츠를 실시할 때 기업의 통제력은 약화된다. 기업은 비록 힘들더라도 그것을 감수해야 한다. 물론 강압적이지 않은 방식으로 통제력을 높일 수 있다면 가장 이상적이다. 포드의 에이전트들은 다양한 이유로 캠페인에 참여했지만, 시간이 갈수록 소셜 활동이 늘어날수록 그들의 사회적 자본은 늘어날 것이고, 그렇게 되면 기업이 의도하는 방향대로 움직일 이유는 적어진다. 소기의 전략 방향성을 잃을 문제점을 완화하기 위해 전략적으로 선정된 테마와 미션을 매달 제공하고 이를 가이드라인으로 삼도록 한 실행의 묘미가 돋보인다.

코카콜라는 체험형 콘텐츠의 전형을 보여주는 캠페인을 다수 진행했다.[47] 코카콜라는 100년이 훌쩍 넘는 역사 동안 소비자에게 콘텐츠를 밀어내는 일방향 커뮤니케이션 모델을 지향해왔다. 그러나 2000년대 중반부터 시대 변화를 감지하고 변하는 시대에 걸맞은 쌍방향 소통 모델을 개발하기 위해 커뮤니케이션팀을 재정비했다. 코카콜라가 그간 진행한 캠페인의 일부를 살펴보고 이를 통해 시사점을 얻어보자.

'코카콜라를 나누세요Share a Coke' 캠페인은 2011년 10월부터 2012년 1월까지 오스트레일리아에서 진행되었다. 오스트레일리아에서 코카콜라는 괜찮은 인식(그들의 표현으로는 "predictably good")에 비해 구매 전환율이 매우 낮았다. 인지도는 매우 높지만, 감정적 애착도는 낮았다. 얼마나 많은 젊은 세대들이 '코카콜라야말로 나를 잘 표현해주는 사랑스러운 브랜드'라고 인식하고 있었을까? 오스트레일리아에서는 젊은 층의 절반 정도가 코카콜라를 마셔본 적이 없다는 조사 결과도 있었다. 그래서 코카콜라는 뭔가 세상을 뒤집을 만한 거창한 아이디어를 꿈꾼다. 코카콜라를 1년 동안 한 번도 마시지 않은 24세들을 정밀 타깃으로 한 캠페인 아이디어를 구상한다. 코카콜라 오스트레일리아지사의 광고대행사인 오길비앤마더Ogilvy & Mather는 콜라 캔과 병에 사람들의 이름(가장 인기 있는 이름 150개)을 새기는 '프로젝트 퍼스널라이제이션Project Personalization'을 제안한다{그림 1-16}.

그런데 콜라가 개인화와 무슨 관련이 있는가? 왜 콜라 캔에 이름을 새기지? 이런 회의감이 들 무렵 코카콜라는 공유 및 더불어라는 가치를 떠올렸고, 이는 행복과 연결고리가 있다는 점을 깨달았다. 캠페인에 소셜적 요소를 불어넣기 위해 소비자들이 원하는 사람의 이름을 가상의 코크 캔에 프린트해 친구들에게 보낼 수 있도록 했다. 지인의 이름이 프린트된 코크 패키지는 연락하지 못했거나 만나고 싶었던 사람들과 자연스럽게 연결시키는 초대장 역할을 했다. 소비자들이 메시지를 보내면 시드니 다운타운에 있는 킹스크로스 빌보드에 코크 이미지를 띄우고 그 이미지를 모바일폰으로 전송해주기도 했다. 이 캠페인은 매스 마케팅에서 일대일 마케팅으로 진화한 혁신적인 마케팅이었다.

흥미로운 사실은 코카콜라가 소셜미디어에서 일어나는 대화에 전혀 통제력을 발동하지 않았다는 점이다. 캠페인 최초 출시 후 첫 3주 동안 코카콜라는 의도적으로 사람들과 미디어가 스스로 캠페인에 대해 떠들 때까지 아무런 조치를 취하지 않았다. 이 캠페인을 통해 코카콜라는 111년 만에 4% 매출 신장을 기록했을 뿐 아니라 젊은 고객층이 7%나 증가했다. 코카콜라 페이스북 언급률도 870% 증가했다. 이후 캠페인 포맷은 미국 및 유럽의 여러 나라로 전수되었다. 한국에서도 2014년부터 해를 거듭할수록 다양한 스페셜 패키지가 등장하고 있다{그림 1-17}.

'행복이 다음번에는 어디서 나타날까요?Where Will Happiness Strike

Next?' 캠페인은 행복을 전하는 기계Happiness Machine라는 단순한 아이디어에서 시작되었다. 코카콜라는 2010년 뉴욕시의 세인트존스 대학 캠퍼스에 최초로 이 기계를 설치한다. 평범하게 보이는 자판기 뒤에는 코카콜라 직원이 몰래 숨어 콜라를 구매할 때마다 2리터 콜라, 풍선, 꽃, 거대 샌드위치 등과 같은 예상치 못한 물건을 내보낸다. 이틀 동안 진행한 이 캠페인의 전 과정을 촬영했고 유튜브에 올라간 영상은 일주일 만에 조회 수 100만 회를 기록한다. 물론 이 과정에서 문제점도 발견할 수 있었다. 바이럴의 속성상 새로움의 요소는 식상하기 쉽다. 런던에서 벌어진 동일한 캠페인에 참여한 사람들도 당시에는 열렬한 반응을 보였지만, 정작 유튜브에서는 첫 주에 조회 수 2만 3,000회를 기록할 뿐이었다.

이러한 교훈을 바탕으로 코카콜라는 2011년 '행복을 전하는 트럭Happiness Trucks'을 포함한 다양한 포맷으로 캠페인을 진화시킨다. 레트로 감성을 자극하는 트럭 캠페인에서는 코카콜라와 축구공, 테디베어 같은 선물을 실은 트럭이 골목을 돌다 사람들로 붐비는 곳에 정차한다. 그러면 트럭 뒤에 '누르세요'라 적힌 버튼을 누르기 위해 사람들이 줄을 서고, 버튼을 누르는 순간 코카콜라가 쏟아진다. 2012년 싱가포르에서는 또 다른 자판기가 선을 보였다. 자판기 앞에는 커다랗게 '나를 안아주세요Hug Me'라 적혀 있다. 학생들이 자판기를 껴안자 콜라가 떨어진다.

2013년 3월 행복 캠페인은 또 한 번의 전기를 맞는다. 인도와 파키스탄 국민이 소통할 수 있는 인터랙티브 자판기인 '스몰 월드 머신Small World Machines'을 개발한 것이다. 두 나라는 정치·사회적 이유

그림 1-16 '코카콜라를 나누세요' 캠페인: 오스트레일리아

그림 1-17 '코카콜라를 나누세요' 캠페인: 한국

로 갈등 관계에 있다. 인도 뉴델리와 파키스탄 라호르에 자판기를 하나씩 설치하고, 터치스크린을 통해 두 사람이 동시에 특정 모양 (하트, 평화를 상징하는 모양 등)을 그리면 각자 코카콜라를 받는다. 이 캠페인에 투입한 비용은 애틀랜타에서 제작해 운반한 자판기 제작 비용 65만 달러 정도였다. 그러나 반응은 폭발적이었고 언론의 취재 열기도 뜨거웠다. 이른바 무료 광고zero paid advertising를 실현한 것이다.

2011년 코카콜라는 자사 제품인 코크 제로의 광고에 사용할 댄스 아이디어를 공모한다. 이벤트의 암호명은 '어 스텝 프롬 제로A Step from Zero'. 코크 제로는 다이어트 코크와 달리 건강(무칼로리)과 맛을 동시에 추구하는 10~20대를 위한 음료수다. 2011년 초, 코크 제로를 경쟁 브랜드와 차별화하려고 할리우드 거장인 존 추Jon Chu: 〈지.아이.조 2〉, 〈스텝 업 2: 더 스트리트〉 연출와 안무팀인 'The LXDThe League of Extraordinary Dancers'를 영입한다. 그들의 임무는 새로운 판촉 캠페인의 핵심이 될 안무를 개발하는 것이다. 목적은 누구나 쉽게 배울 수 있는 춤을 찾아 코카콜라의 강력한 스토리에 실어 보내는 것이다.

이 캠페인의 독특한 요소는 댄스 아이디어 개발을 위해 커뮤니티의 힘을 빌렸다는 점이다. 커뮤니티에서 소비자들이 흥미로운 콘텐츠를 개발하면 코크가 큐레이션했다. 커뮤니티와의 상호작용 과정에서 존 추의 영입은 캠페인 신뢰도를 높이는 역할을 했다. 2012년 여름 드디어 '토 태피Toe Tappy'라는 이름의 캠페인이 라틴아메리카에서 통합마케팅커뮤니케이션IMC: Integrated Marketing Communications 플랫폼으로 런칭되었다. '토 태피'는 로스앤젤레스에 거주하는 흑인계 조엘 너클헤드 터먼Joel 'Knucklehead' Turman이 개발해 공모한 춤이다. 당시 부랑아였던 그는 생의 긍정적 순간을 축하하려고 안무를 개발한 것으로 알려졌다. 이 캠페인의 메인 영상과 바이럴 버전은 코크 제로 역사상 조회수 2, 3위를 기록하는 기염을 토한다. 안무 개발자인 너클헤드와 영상에 주인공으로 등장하는 키모Keemo는 일약 대중문화의 아이콘으로 등극한다. 12개월 동안 350만 달러의 큰 비용이 들어간 캠페인을 진행하면서도 초기 단계에서는 커뮤니티와의 협업이 어떤 방식으로 흘러갈지 예측하기가 매우 힘들었다고 담당자는 소회를 밝히고 있다. 그러나 커뮤니티가 보여준 놀랍고도 긍정적인 인게이지먼트, 영상물에 쏟아진 관심, 프로젝트에 대한 사람들의 반응은 소통과 체험의 파워를 보여주기에 충분하다.

코카콜라의 다양한 캠페인 배경에는 2006~2007년을 기점으로 크리에이티브 프로세스를 새롭게 디자인한 노력이 숨어 있다. '생각도, 행동도 현지에 맞게 접근하라Think Local, Act Local'라는 구호가 말해주듯, 이전의 마케팅은 국가별로 산재해 글로벌적으로는 시너지를 내지 못하고 있었다. 코카콜라의 크리에이티브는 '창의적으로 망했다creatively bankrupt'는 비아냥을 늘을 성도였다. 크리에이티브 정비의 첫 과업은, 75:25의 비율로 글로벌 콘텐츠의 개발과 (글로벌 도달 잠재력이 있는) 로컬 콘텐츠의 발굴을 병행하는 것이었다. 2010년, '리퀴드 앤 링크드Liquid and Linked'라는 이름의 글로벌 콘텐츠 가이드라인을 개발했다. 마케팅 활동의 중심도 크리에이티브 탁월성에서 콘텐츠 탁월성으로 진화했다. 콘텐츠 탁월성의 목적은 전파력이 커서 통제가 안 되는 아이디어를 만드는 것이다. 이것이 '리퀴드'의 개념이다. 이러한 아이디어들은 내재적으로 비즈니스 목적, 브랜드 의제, 소비자 관심사에 관련성이 있어야 한다. 이것이 '링크드'의 개념이다.

액체성 콘텐츠는 딱딱하고 변하지 않는 고체성 콘텐츠와도, 수증기처럼 증발해서 곧 사라지는 기체성 콘텐츠와도 대비된다. 액체는 물질을 가지고 있지만, 사물의 틈 속으로 쉽게 스며든다. 비슷한 논리로 액체성 콘텐츠는 소비자의 삶 속에 물처럼 잔잔하게 스며든다. '행복을 나누세요' 캠페인과 행복 캠페인은 소비자들의 삶 속으로 깊숙이 침투한 액체성 콘텐츠다. '어 스텝 프롬 제로'는 소비자들이 좋아하고 신뢰할 만한 요소(감독, 안무팀 및 주제)를 통해 소비자의 신뢰감과 적극적인 참여(인게이지먼트)를 이끌어냈다. 한편 코카콜라의 캠페인은 대부분 행복이라는 키워드를 전달하는 데 최적화되어 있다. 행복은 코카콜라가 추구하는 브랜드 콘셉트의 핵심이다. 행복한 사람들을 이끌어내는 코카콜라의 콘텐츠야말로 브랜드 목적의식과 타이트하게 '링크드'되어 있다.

그렇다고 해서 코카콜라가 항상 혁신적인 콘텐츠만 개발하는 것은 아니다. 코카콜라에는 70/20/10 투자 모델이 있다. TV, 지면 광고, 매장 내 판촉 같은 전통적 콘텐츠 개발에 예산의 70%를, 특별한 그룹을 인게이지하지만 여전히 폭넓게 진행하는 콘텐츠 개발에 예산의 20%를, 이전에 시도하지 않았던 진정으로 혁신적인 콘텐츠 개발에 예산의 10%를 쓴다. 전통적 콘텐츠는 ROI에 대한 예측성이 높아 비교적 안전하다. 여기서 확보한 완충 효과를 통해 상대적으로 위험한 콘텐츠 개발에 과감히 투자한다. 특히 10%의 영역에서는 신기술과 새로운 형태의 스토리텔링을 시도함으로써 지속적인 조직 학습을 추구한다. 그래서 이 영역에서 콘텐츠를 개발할 때는 항상 실패할 준비가 되어 있어야 한다. 영역별로 대상이 되는 브랜드도 다르다. 코크 제로나 다이어트 코크는 극단적인 새로움을 추구하는 것이 좀 더 자유로운 반면, 코카콜라는 운신의 폭이 다소 좁다. 물론 항상 그런 것이 아니겠지만 말이다.

2장

TREND
MARKETING

경쟁의 경계를 허물다

비정형성

여러 브랜드가 당연시하고 있는 클리셰를 발견하려면

당연히 브랜드를 넘나들면서 입체적인 관점으로 수평적 관찰을 해야 한다.

산업 내 하위 구조를 넘나들고, 다른 종류의 고객을 넘나들며

상품의 범위를 핵심상품을 넘어 생각하고

색다른 방식의 가치 전달 방식을 고민하는 작업이 수평형 관찰이다.

시장 구조를
흔들어라

무엇을 어떻게 관찰할 것인가

카테고리 차원에서 와해성 전략을 도출하려면 산업의 어떤 영역을 관찰 대상으로 삼아야 하는가? 카테고리 구조와 업(카테고리)의 개념, 핵심 고객의 범위 및 의사결정 기준, 가치 전달 수단(상품, 가격, 커뮤니케이션, 유통, 서비스 등)이 관찰의 대상이다. 물론 이 대상들은 상호 독립적 관계라기보다 상호 연관성 속에서 시너지를 낼 수 있는 의존적 관계에 있다. 카테고리 구조와 업의 개념은 좀 더 포괄적인 개념으로 다른 영역에서의 혁신을 아우를 수 있는 영역이다. 다른 모든 대상과 연관성이 높은 가장 중요한 개념은 역시 고객이다. 누구를 핵심 고객으로 정할 것인가? 핵심 고객의 범위는 어디까지인가? 누가 비고객non-customers이며 그들은 왜 비고객인가? 고객 가치는 그들의 눈(프레임)으로 봐야 파악할 수 있다는 점에서

표 2-1 **와해성 혁신 전략을 위한 관찰 대상과 방법**

관찰 영역 (대분류)	관찰 영역 (소분류)	수직형 사고 (기존 게임의 룰에서의 점진적 혁신)	수평형 사고 (새로운 게임의 룰을 창출하는 와해성 혁신)
카테고리의 구조	카테고리 내 하위 구조	하위 카테고리 내의 경쟁 위치에 집중	산업 내 다양한 하위 카테고리 간 비교·검토 후 새로운 하위 카테고리 창출/점유
	업(카테고리)의 개념	정해진 게임의 룰 내에서 가격–성능 비율의 극대화에 집중	업(카테고리)의 본질을 변경·재해석해 새로운 하위 카테고리 창출
가치 전달의 대상	핵심 고객의 범위	기존 핵심 고객에 집중	핵심 고객을 새롭게 규정하거나 비고객으로 확장
가치 전달의 수단	상품 범위	핵심상품의 가치를 극대화하는 데 집중	핵심 제품 외 보완재 발굴을 위해 비교·검토
	기타 수단	기존 채널, 가격, 커뮤니케이션, 서비스 내에서 효율성 극대화	새로운 채널, 가격, 커뮤니케이션, 서비스로의 변화

고객은 핵심 중의 핵심 관찰 대상이다.

관찰 시 중요한 점은 대상에 대한 관찰을 우리 브랜드나 핵심 경쟁 브랜드 등 브랜드 수준에서뿐 아니라 전체 카테고리(적어도 특정 하위 카테고리) 수준에서 진행해야 한다는 점이다. 관찰의 목적은 시장 구도를 와해하는 것이고, 그 출발점은 (하위) 카테고리 수준의 클리셰cliché, 즉 경쟁자들이 너무 당연시해 누구나 따르고 있지만, 진부화되어 특별히 차별화된 고객 가치를 창출하지 못하는 게임의 룰을 발견하는 것이다. 블루오션 전략에서는 관찰 방법을 언급할 때, 수직적look into이 아닌 수평적look across으로 하라고 조언한다. 특정 대상을 정해놓고 수직적 관찰을 하다 보면 전체 숲은 보지 못하고 나무만 보는 우를 범하게 된다. 여러 브랜드가 부지불식간에 당연시하고 있는 클리셰를 발견하려면 당연히 브랜드를 넘나들면서 입체적인 관점으로 수평적 관찰을 해야 한다. 산업 내 하위 구조를 넘나들고, 다른 종류의 고객을 넘나들며, 상품의 범위를 핵심상품을 넘어 생각하고, 색다른 방식의 가치 전달 방식을 고민하는 작업이 수평형 관찰인 것이다. {표 2-1}에 관찰의 영역과 마케팅 혁신 방법을 요약해놓았다.

카테고리 구조를 분석하라

산업 내 하위 구조는 몇 개의 하위 카테고리로 설명할 수 있다. 특정 산업의 카테고리 구조는 다양한 형태로 존재한다. 기본적으로 두 종류의 구조를 띤다{그림 2-1}. 수직적 구조는 보통 상위, 중간, 하위 그룹으로 나눠진다. 호텔 카테고리에는 신라호텔, 롯데호텔, 포시즌스 같은 고급 럭셔리 호텔이 있는가 하면, 브랜드 없는 저가 모텔도 존재한다. 상위 그룹은 일반적으로 마이클 포터가 제시한 차별화 전략(우월한 가치 제안+프리미엄 가격)을 지향하고, 하위 그룹은 주로 저원가 전략(가격 민감도가 높은 고객을 타깃으로 저가격+열등한 가치 제안)을 채택한다.

반면 어떤 산업에서는 가격과 성과를 기준으로 카테고리를 이해하는 것보다 수평적 구조를 채택하는 것이 효과적일 수 있다. 아

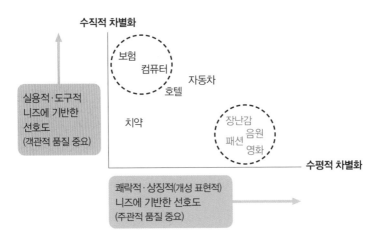

그림 2-1 **수직적 차별화 대 수평적 차별화**

수직적 차별화

보험
컴퓨터
자동차
호텔

실용적·도구적
니즈에 기반한
선호도
(객관적 품질 중요)

치약

장난감
패션 음원
영화

수평적 차별화

쾌락적·상징적(개성 표현적)
니즈에 기반한 선호도
(주관적 품질 중요)

침 식사용 시리얼 카테고리는 성인용, 어린이용, 건강형 등으로 나
뉘질 수 있다. 수평적 구조는 실용적이고 기능적인 상품군(예: 가전
제품, 내구재 등)보다 쾌락적이고 감성적인 상품군(예: 패션, 문화 상
품 등)에서 더 많이 관찰되기도 한다. 하지만 대부분 카테고리는 수
직적·수평적 구조가 혼재되어 있다. 패션 카테고리에서는 명품부
터 일반 대중 브랜드까지 수직적 구조가 존재하지만, 각각의 카테
고리 내에서 다시 수평적으로 확장된 하위 카테고리(예: 보수적 vs.
트렌디)가 존재한다. 경우에 따라 하위 카테고리 간의 이동이나 새
로운 브랜드의 진입 등 역동적인 진화로 인해 산업 내 카테고리 구
조가 매우 복잡하고 산만한 경우를 자주 관찰할 수 있다. 장난감
카테고리를 보자. 지금은 아마존에 인수되었지만, 한때 장난감계
의 선두주자로 전성기를 구가하던 토이저러스에는 레고 같은 블

록, 부루마불 같은 보드게임, 바비 같은 인형, 포켓몬 같은 카드, 킥보드나 자전거 같은 탈것까지 종류도 구색도 다양하다. 한때 인기를 누리던 다마고치 같은 상품이 어느 순간 갑자기 사라지기도 하고, 기존 상품들(예: 레고, 포켓몬 카드, 바비 인형 등)은 주기적으로 변화를 거듭하면서 카테고리는 하루가 멀다 하고 진화를 계속한다. 반면 어떤 산업에서는 몇 개의 뚜렷이 구별되는 카테고리로 나뉘어 매우 안정적(극단적으로는 고착적) 산업 구조가 형성되기도 한다. 대표적 소비재 산업군인 비누, 치약, 케첩 등과 호텔, 비행기, 기차 같은 여행 관련 산업, 가전제품 등에서는 비교적 수직적 구조가 분명하고 카테고리의 경계도 뚜렷하다.

역설적인 사실은 안정적인 구조에서 경쟁하는 브랜드가 유동적인 구조에서 경쟁하는 브랜드보다 위험에 더 취약할 수 있다는 점이다. 유동적인 구조에서 각 브랜드는 작더라도 자신의 고유한 시장 위치를 점유하면서 개성을 표현하기 마련이다. 다양한 니치 마켓이 존재한다는 것은 다양한 경쟁의 룰이 존재한다는 의미다. 서로 다른 브랜드가 서로 다른 게임의 룰을 가지고 경쟁하므로 일률적 기준으로 양적 경쟁을 하는 상황과는 매우 다르다. 물론 전혀 예기치 못한 산업 외적 요인으로 인해 카테고리 전체가 위협을 받을 수 있다. 그러나 산업 수준의 위험을 잠시 접어두면 기존 경쟁자로부터 오는 위협의 정도는 생각보다 크지 않을 수 있다. 대신 유동적인 카테고리 구조를 가진 산업에서는 소비자의 취향 변화에 따른 위험이 더 클 수 있다. 요즘같이 소비자 기호가 급변하는 시대에서는 추락하는데 날개가 없다. 결국 이러한 산업에서는 소비자 트렌드를 유심히 관찰해야 한다.

반면 카테고리 구조가 매우 안정적일수록, 다시 말해 카테고리 구조가 일관되며 정적이고 경계가 확실히 구분되어 있을수록 경쟁으로부터 오는 위협은 훨씬 심각하다. 하위 카테고리 간에는 고가격-고품질, 저가격-저품질의 상충적 균형 관계를 이루고 있고, 카테고리 내에서는 저마다 기준이 되는 가격-품질의 관점에서 양적 경쟁을 한다. 누가 더 세척력이 좋은지, 누가 더 속도가 빠른지, 누가 더 많은 구색을 보유하고 있는지, 누가 더 많은 편의 서비스를 제공하는지, 누가 더 가격이 싼지 등으로 말이다. 이렇게 고착화된 시장일수록 기존 브랜드 간의 역학 관계로 인한 경쟁은 예측하기 쉽다. 하지만 전혀 다른 가격-품질(넓게는 비용-편익)의 조합을 들고나오는 와해성 브랜드로 인해 발생하는 위협에는 속수무책이다. 기존의 룰에 집착한 나머지 기존 브랜드와의 경쟁에 습관적으로 매몰되기 때문이다. 숲이 통째로 변하고 있는데 숲을 보지 못하고 나무에 집착하는 것이 문제다.

요약하면 복잡하고 유동적인 카테고리 구조를 가진 시장에서는 기존 경쟁보다 소비자 기호 변화에 따른 위험이 더 크고, 상대적으로 단순하고 정적인 카테고리 구조를 가진 시장에서는 기존 구도를 새롭게 재편하는 신흥 브랜드에 의한 위험이 더 크다. 산업 내 카테고리 구조에 따라 브랜드가 처해 있는 위험이 다르다면 거시적인 안목에서 산업이 어떻게 돌아가는지 꾸준히 관찰해야 한다. 이러한 관찰을 통해 우리 브랜드가 어떤 위험에 노출되어 있는지를 파악해 능동적으로 대처하면 선제적으로 경쟁우위를 유지할 수 있다.

가치 제안의 진화 방향

전체적인 카테고리 구조와 더불어 관찰의 또 다른 대상은 (하위) 카테고리 수준에서 일어나는 가치 제안의 변화다. 특정 카테고리의 구조와 성격은 개별 브랜드와 마찬가지로 '도입기 → 성장기 → 성숙기 → 포화기'의 생애 주기를 따라 진화하면서 일정한 구조와 성격을 드러낸다.[1] 안정적 구조가 나타나는 원인 중 하나는 카테고리 다이내믹스가 어떤 한 방향을 따라가기 때문이다. 가장 빈번한 방향은 하위 카테고리 수준에서 나타나는 확장성 추세augmentation trend다. 확장성 추세란 카테고리 수준에서 소비자들이 기대하는 가치 제안의 크기와 범위가 점점 확장되는 경향을 말한다.

확장성 추세로 인해 카테고리에는 더하기(+)의 마인드가 팽배해지고 이러한 추세를 따르는 브랜드는 고가격-고품질의 카테고리 전형을 만든다. 이케아가 속해 있는 산업은 명목상 가구 유통업이다. 가구 유통업에 속해 있는 브랜드인 한샘, 일룸, 여러 수입 브랜드 등을 방문한 기억을 떠올려보라. 이들의 가치 제안, 다시 말하면 소비자 편익은 매우 확장되어 있음을 알 수 있다. 어느 브랜드를 가든 가구는 완제품으로 배달·설치해주고 매장에서는 친절한 직원의 컨설팅 서비스를 받을 수 있다. 가격은 비싸지만, 카탈로그에 다양한 구색을 갖춰놓아 고객의 상황에 맞는 가구를 제안한다. 가구가 내구재인 만큼 거의 평생을 써도 부서지지 않는 내구성을 자랑한다. 심지어 쓰던 가구를 처리하는 작업을 도와주기도 한다.

그런데 가만히 생각해보면 이러한 가치 제안을 가구 유통업의 초창기부터 모두 제공한 것은 아니었을 것이다. 가구 구매는 매우 복잡하고 관여도가 높으며, 기능성과 내구성이 중요한 구매 기준이 되는 실용적 의사결정이다. 감정이 개입될 여지는 상대적으로 낮고, 고가격 구매인 만큼 결정에는 부담이 따른다. 고객들의 구매 장애 요인을 완화하고 경쟁에서 앞서기 위해 누군가 새로운 가치 제안을 들고나오면 다른 브랜드들이 모방하고, 이러한 과정을 지속적으로 겪다 보면 가치 제안의 크기가 점점 확장된다. 소비자들이 원하든 원치 않든 편익을 누릴 수 있는 점은 좋지만, 경쟁 관점에서 보면 브랜드 간 구별은 희미해진다. 확장성 추세를 따르지 않거나 따르기 힘든 브랜드와 이름 없는 브랜드들은 저가격-저품질 하위 카테고리를 구성하게 되어 시장은 크게 2개의 하위 카테고리를 가진 안정적 구조를 띠게 된다.

확장성 추세는 경쟁과 모방이 불러온 결과다. 경쟁은 기본적으로 자사 브랜드를 경쟁 브랜드로부터 차별화하기 위해 노력하는 과정이다. 그런데 이 과정에서 브랜드들은 서로를 끊임없이 모방한다. 조금이라도 우리 브랜드보다 경쟁 브랜드가 앞서면 우리 브랜드의 콘셉트에 대한 진지한 고민 없이 무차별적으로 모방한다. 예를 들어 은행 A가 획기적인 카드 상품을 출시했다고 하자. 그 성공을 목격한 경쟁 브랜드들은 너나없이 유사한 종류의 상품을 경쟁적으로 출시한다. 그 결과 성숙기 시장에서는 많은 브랜드의 가치 제안이 별반 달라 보이지 않는 경쟁과 모방의 역설이 나타난다. 경쟁에서 이기기 위해, 차별화하기 위해 모든 브랜드가 새로운 가치 제안을 끊임없이 추가하며 노력해왔는데, 한 걸음 물러서서 카테고리를 바라보면 모든 브랜드가 비슷해지는 역설적 상황이 되는 것이다.

가치 제안은 확대되는데 하위 카테고리 내 차별화 수준은 떨어진다. 은행을 봐도 호텔을 봐도 소비재 시장에서도 가격에 따른 수직적 차별화가 있을지언정, 유사해서 구별하기 힘들고 특별하지 않은 브랜드들로 카테고리는 넘쳐나고 있다. 상품뿐 아니라 광고 같은 커뮤니케이션이나 고객 관련 프로그램 등 모방은 영역을 불문하고 일어난다. 많은 브랜드가 자신의 개성을 잃고 군계일학은커녕 모두가 비슷한 닭으로 전락하고 있다.

카테고리가 이러한 방향성을 갖게 되면 개별 브랜드 입장에서는 트렌드에 동승할 수밖에 없다. 경쟁 브랜드가 새로운 가치 제안으로 무장하면서 계속 고객을 유치하는데 우리라고 넋 놓고 앉아 있을 수 없다. 경쟁적 가치 제안 확장의 수레바퀴에 올라타는 순간, 거기에서 벗어나기는 여간 용기 있는 브랜드가 아니고서는 힘들다. 경쟁이 더욱 극도로 치닫고 경쟁에서 생존하기 위한 비용은 수직 상승하지만 정작 원하는 성과는 점점 더 얻기 힘들다. 대부분의 성숙기 시장에서는 성장세가 둔화되어 제로섬 게임, 즉 시장점유율 싸움이 되는데 시장이 워낙 고착화되어 점유율을 높이기는 매우 어렵다. 우리나라 이동통신업이 대표적인 예일 것이다.

차별화의 답은 역방향에 있다

이케아는 어떤 브랜드인가? 카테고리의 확장성 추세와는 반대 방향으로 움직였다. 빼기(-)의 마인드를 통해 카테고리 수준에서 기대되는 가치 제안(이를 포지셔닝에서 말하는 등가성 포인트points of parity라 부를 수도 있겠다)을 대부분 제거했다. 카테고리의 경쟁 룰이라는 소비자 편익 요소 중 많은 부분을 이케아에서는 찾아볼 수 없다. 배달 서비스가 없고, 가구 조립은 고객이 직접 해야 한다. 상품의 종류는 많지만, 특정 상품군의 구색은 다양하지 않다. 가구의 내구성은 떨어지고 매장에는 직원이 없어 서비스를 받을 수 없다. 이케아는 단순히 저가격-저품질 브랜드와 뭐가 다르단 말인가?

이케아의 독특함은 가구 유통업에서는 들어본 적 없는 새로운 종류의 가치 제안에서 드러난다. 넓게 트인 공간에서 다양한 가구와 소품을 경험할 수 있는 쇼룸, 아이들과 함께 온 소비자들을 위한 놀이방, 스웨덴 음식을 저렴한 가격에 맛볼 수 있는 카페테리아, 다양하고 이국적인 먹을거리 등 일반 가구 쇼핑과는 완전히 다른 체험이 가능한 곳이다. 가구 쇼핑은 딱딱하고 지루한 경험이 아니라 활기차고 재미난 경험으로 탈바꿈했다. 실제로 한국 이케아는 진출 첫해, 가구 및 소품 매출에 비해 카페테리아의 매출 비중이 매우 높았다. 이 정도면 이케아는 가구 유통 브랜드가 아닐지도 모른다. 이케아의 경쟁 상대는 롯데월드, 에버랜드, 잠실야구장, 스타필드 쇼핑몰이라고 해도 과언이 아니다.

이케아 같은 브랜드 포지셔닝을 카테고리 진화 방향과 반대로 움직인다는 의미에서 역방향 포지셔닝reverse positioning이라 부른다.[2] 이 같은 역방향 포지셔닝의 사례는 의외로 많다. 저가항공사 중 하나인 젯블루항공은 여타 저가항공사와 사뭇 다르다. 기내식 서비스, 퍼스트클래스, 왕복 티켓 요금 할인 등을 없앤 점은 다른 경쟁사와 별반 다르지 않다. 그러나 전 좌석에 최고급 가죽 시트를 도입하고, 위성 TV 시스템을 사용해 개인용 엔터테인먼트 서비스를 제공한다. 기내 후방 3분의 2 영역에 있는 좌석은 일반 좌석보다 훨씬 더 넓다. 사우스웨스트항공이나 라이언에어가 서비스 제거를 통해 새로운 하위 카테고리를 만들었다면, 젯블루항공은 이케아처럼 새로운 가치 제안의 조합을 통해 기존 저가항공사와 다시 한번 차별화하는 비즈니스 모델을 디자인한 것이다.

중요한 점은 무조건 새로운 것만이 좋은 것이 아니라 새로운 제안이 누군가에게 정말 매력적인 가치를 창출할 수 있는가 하는 점이다. 최근 많은 항공사는 프리미엄 이코노미라는 제4의 좌석을 신설하고 이코노미 좌석의 1.5~2배 가격을 책정해 수익성을 높이려 하고 있다.[3] 이는 많은 탑승객이 이코노미 좌석의 불편함을 경험하고 있으며, 그것이 불만족의 중요한 원인이라는 점을 암시한다. 어찌 보면 젯블루항공은 이러한 고객의 불편을 경쟁사보다 미리 간파했던 것은 아닐까? 물론 승승장구를 거듭하던 젯블루항공도 최근 항공사 평가에서 그리 좋은 점수를 받지 못하고 있다.[4] 주로 정시성, 지연, 결항, 오버부킹 등 운항 관련 지표에서 좋은 점수를 받지 못한 점이 원인이다. 하지만 여전히 기내 탑승 경험 면에서는 상당히 높은 점수를 받고 있다. 가격이 다른 저가항공사에 비해 상대적으로 높아 성장에 걸림돌이 있기는 하지만, 가격과 고객경험 사이의 적절한 균형점을 다시 평가해보고 운영의 묘를 잘 살릴 수 있으면 앞으로 고객 만족도도 회복할 수 있을 것이다.

역방향 포지셔닝의 가장 극단적인 경우는 여러 가치 중 카테고리가 존재하는 가장 본질적인 가치에 집중하고, 나머지는 과감하게 버리는 것이다. 구글이 등장하던 당시 가장 강력한 포털 서비스는 지금은 없어진 야후였다. 야후의 등장 이후 많은 포털 서비스는 서비스 종류를 확대하는 경쟁을 벌였다. 네이버나 다음의 홈페이지를 들어가보라. 뉴스부터 스포츠, 엔터테인먼트, 쇼핑, 사전, 날씨까지 다양한 서비스 메뉴가 사이트를 어지럽게 장식하고 있다. 언젠가 네이버는 홈페이지를 새롭게 단장하고 UI를 깔끔하게 정리했다고 하지만 그래도 구글과는 달라 보인다. 구글은 다양한 서비스뿐 아니라 광고까지 없애고 검색 속도(0.01초 단위로 검색 시간을 확인할 수 있다)라는 본질을 강조한다. 구글 사이트는 심플하지만, 가끔 신선한 재미를 준다. 특정 기념일마다 구글 로고에 변화를 주는 두들doodles을 통해 소비자에게 소소한 즐거움을 준다. 기존의 가치 제안을 과감히 버리는 동시에 새로운 가치 제안의 조합을 제시하는 구글도 역방향 포지셔닝 사례.

기존의 질서를 흔드는 패러독스 포지셔닝

마이클 포터의 본원적 전략generic strategies은 차별화와 저원가 전략을 서로 양립하기 힘든 전략 대안으로 간주한다. 그러나 전략 옵션에 대한 양자택일적 사고를 깨뜨리는 사례들이 속속 등장하고 있어 전략이론도 수정되어야 할 것 같다. 만약 모든 브랜드가 둘 중의 한 전략을 택한다면 카테고리 수준에서는 크게 2개의 하위 카테고리만 형성되어야 한다. 가로축을 품질(=차별화 반영 지표), 세로축을 가격(=저원가 반영 지표)으로 놓고 브랜드의 위치를 찍어보면, 우상

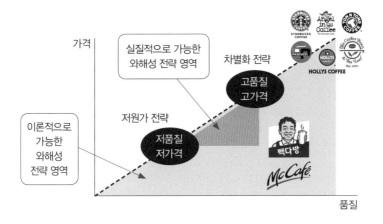

그림 2-2 패러독스 포지셔닝

향하는 일직선을 기준으로 고가격-고품질, 저가격-저품질의 하위 카테고리가 나타난다. 시장에서 이러한 카테고리 구조가 어느 정도 고착되어 있을 때 브랜드가 취할 수 있는 전략은 두 가지로 압축된다. 고품질-고가격 카테고리에 들어가거나 저품질-저가격 카테고리에 들어가서 하위 카테고리의 룰에 따라 양적인 경쟁을 하는 것이다.

반면 저가격과 고품질을 동시에 추구함으로써 기존의 시장 질서를 흔드는 패러독스 포지셔닝도 생각해볼 수 있다(그림 2-2). 역방향 포지셔닝과 다소 차이가 있다면 패러독스 포지셔닝을 취하는 브랜드는 하위 카테고리 수준의 룰을 반드시 깨뜨리지 않는다는 점이다. 역방향 포지셔닝 브랜드는 가치 제안의 새로운 조합을 통해 이전에는 경험하지 못했던 새로운 가치를 소비자에게 제공한다.

그러나 패러독스 포지셔닝 브랜드는 카테고리의 본질적 가치(핵심 편익)에 집중한다. 고품질 브랜드가 본질을 넘어서는 과도한 편익에 집중하고 저원가 브랜드가 가격에만 지나치게 얽매이는 동안 카테고리가 제공해야 할 본질을 망각한 틈을 공략하는 것이다.

스타벅스는 고품질-고가격 카테고리의 대표 주자(이러한 브랜드를 마케팅에서는 카테고리 전형성prototypicality이 높다고 한다)다. 스타벅스 이래로 유사한 전략을 가지고 수없이 많은 미투 브랜드가 등장했다. 커피빈, 탐앤탐스, 엔제리너스 등. 반면 작은 지역을 기반으로 독립적으로 운영하는 자영업 커피집은 저품질-저가격 카테고리를 형성한다. 여기서 저품질이라는 것이 반드시 나쁘다는 것을 의미하지는 않는다. 이러한 시장 구도가 형성되어 어느 정도 시장이 고착될 무렵, 2000년대를 넘어서면서 새로운 브랜드가 등장했다. 맥도널드의 맥카페, 던킨도너츠 등이 저렴하면서 괜찮은 수준의 커피를 내놓았다. '싸고, 크고, 맛있다'라는 점을 내세우면서 등장한 빽다방도 커피전문점 카테고리에서 와해성 전략을 시도한 사례로 볼 수 있다. 이러한 브랜드들은 성격과 상품이 조금씩 다르기는 하지만, 커피전문점의 관점에서 보면 기존 브랜드들과 다른 전략을 감행했고 이러한 전략이 상당히 주효한 것으로 보인다.

비슷한 사례는 서비스업에도 존재한다. 호텔 산업을 생각해보자.[5] 호텔 산업도 럭셔리 호텔과 저가 호텔로 양극화되어 카테고리 구조가 뚜렷한 산업 중 하나다. 2013년 부산 해운대에 처음 오픈한 호텔포레Forêt: 프랑스어로 숲는 중저가 호텔 시장의 선두주자로 등장하며 호텔업계에 반향을 일으켰다. 이 브랜드는 호텔업계의 양극화

속에서 '좋은 입지, 가격 대비 깨끗한 객실과 리넨, 좋은 어메니티 등 가성비 높은 호텔'이라는 콘셉트로 승부를 걸었다. 호텔업의 본질인 안전하고 깨끗하며 맛있는 조식에 중점을 두고 이러한 편익을 중요하게 생각하는 가족 단위 고객을 타깃으로 삼았다. '합리적인 가격에 조식까지 제공한다면?'이라는 근본적인 질문을 시작으로 직영 레스토랑을 통해 조식과 정식, 팥빙수 같은 계절별미를 제공했다. 이러한 시도는 음식 관련 업장이 없는 대부분의 국내 중저가 호텔은 물론 저가격만 강조하는 모델과도 차별화하는 기반이 되었다. 이후 중저가 시장도 경쟁 심화로 가격 전쟁이 붙자 호텔포레는 입지와 시설에 집중함으로써 또 한 번의 차별화를 시도한다. 기존의 호텔포레를 리모델링하는 동시에 서비스 품질을 개선한 프리미엄 브랜드를 출시했다.

한편 최근 인기를 얻고 있는 유통업자 자체 브랜드PB: Private Brand 도 패러독스 전략의 관점에서 설명할 수 있다. 마케팅의 목표가 '고객 가치=고객 편익-고객 비용'의 극대화라고 볼 때, PB가 성장하는 것은 일반 브랜드보다 비용은 저렴하면서도 브랜드 상품과의 품질 차이는 예전보다 더 작아졌기 때문이다. 결국 PB는 가격과 품질의 두 마리 토끼를 잡기 위한 유통업자들의 스마트한 전략인 셈이다. 이마트가 2015년 노브랜드No Brand를 출시한 이후 2018년에는 홈플러스도 심플러스Simplus를 출시해 PB 시장을 뜨겁게 달구고 있다.[6] 예전에는 생산이라는 기능이 중요한 부가가치 창출 요소였지만, 이제는 제조·생산이 대중화되고 기술은 평준화되고 있다. 이에 따라 협상력과 파워의 축이 제조 기업에서 유통 기업으로 이동하고 있고, 필연적으로 유통 기업은 자체 브랜드를 통해 수익을 극대화할 인센티브가 존재한다. 소비 입장에서 보더라도 PB는 가격과 품질을 모두 잡는 패러독스 포지셔닝을 통해 가성비를 중요하게 생각하는 현대 소비자들의 호응을 얻고 있다.

하위 카테고리는 기존 카테고리의 활력소

말처럼 쉬운 것은 아니지만 기존 카테고리와는 다른 새로운 하위 카테고리를 창출하는 것도 가끔 등장하는 혁신 전략이다. 2007년 LS그룹이 국제상사를 인수한 후 출시한 프로스펙스 W가 대표 사례다.[7] 당시는 웰빙 트렌드의 여파로 걷기가 건강 지킴이로 인기를 얻던 시대였다. 그 열풍을 반영하듯 둘레길, 올레길 등이 등장하기도 했다. 프로스펙스팀은 신개념의 신발을 찾기로 하고 다양한 곳에서 걷기와 관련된 사람들의 행동을 관찰했다. 사람들이 걸을 때 신는 신발은 운동화가 많았지만, 스니커즈나 구두도 있었다.

가만히 생각해보면 조깅화나 러닝화도 있고 운동 종목에 따라 농구화, 축구화, 배구화는 있어도 정작 걷기에 특화된 신발은 없었다. 걷기 전용 신발이라고 해봐야 정형외과에서 의료용으로 처방받는 신발이나 마사이족 워킹 신발 정도였다. 그래서 나온 신발이 프로스펙스 W다. W는 워킹Walking을 상징한다. 걷기에 특화된 신발인 만큼 일반 조깅화와는 다른 특징이 몇 가지 있다. 힘차게 걸으면 걸리적거리는 설포를 없애고 옆으로 쏠리지 않도록 측면을 강화했다. 뛸 때와 달리 걸을 때는 신발의 뒷면이 지면에 가장 먼저 닿는데, 충

그림 2-3 **운동화 시장의 하위 카테고리 분석**

전문적 목적 사용자

**전문 선수용
프리미엄 운동화업체**
예: 나이키, 아디다스 등
전문 선수용

**걸음걸이 교정 목적의
기능성 워킹화**
예: 마사이 워킹 슈즈,
정형외과 처방 신발

러닝화/조깅화 ← → 워킹화

중저가 운동화업체
예: 브랜드 운동화 및
시장표 운동화

프로스펙스 W

생활체육 소비자

격 완화를 위해 뒤축을 30도로 깎아낸다. 프로스펙스 W는 시장에 일대 변화를 몰고 왔다. 조깅화 위주의 브랜드들이 앞다투어 워킹화를 출시했지만, 프로스펙스 W는 워킹화 카테고리의 선발주자로 오랫동안 시장의 지배력을 유지한다.

그런데 전략적 관점에서 보면 워킹화 개념을 창출한 것이 단순한 우연이 아니라 의도적 우연이라는 추론에 다다른다. 1980년대만 하더라도 나이키와 어깨를 나란히 할 정도로 잘나가던 프로스펙스였지만, 모기업의 부도를 거치며 브랜드 이미지는 큰 손상을 입는다. LS그룹에서 인수했다지만 브랜드를 재활성화하는 것은 녹록지 않았을 것이다. 게다가 운동화 카테고리의 핵심인 '전문 선수용 프리미엄 운동화'(그림 2-3, 2사분면)라는 하위 카테고리에서 초라한 브랜드로 글로벌 브랜드와 경쟁한다는 것은 무리수에 불과했다.

{그림 2-3}은 일반적인 포지셔닝 맵positioning map처럼 보이지만, 운동화 카테고리를 몇 개의 하위 카테고리로 나눠 분석한 지형도다. 포지셔닝 맵을 그리려면 '사분면별'로 하위 카테고리 내에 속해 있는 경쟁 브랜드를 대상으로 분석해야 한다. 통상 후발주자나 2등 브랜드가 시장 지배력을 높이거나 브랜드 재활성화를 시도하는 가장 효과적인 방법은 뾰족하게 정의된 교두보를 장악하는 것이다. 그 교두보는 니치 소비자일 수도 있고 가치 전달의 수단일 수도 있다. 프로스펙스는 주류 시장에 진입하기 위한 교두보로 워킹화라는 특정 하위 카테고리를 창출한 것이다.

간장 시장의 절대 강자인 샘표가 역설적으로 간장 시장을 뒤엎은 사례가 있다. 새로운 개념의 조미료(사실 새로운 하위 카테고리를 창조했기 때문에 '조미료'라는 이름을 붙이면 안 된다)인 연두然豆를 개발한 것이다. 간장은 크게 양조간장, 한식간장, 산분해간장과 혼합간장(한식간장이나 양조간장에 산분해간장을 섞어 가공한다)으로 구분된다. 혼합간장과 양조간장을 합치면 시장의 95% 이상을 차지한다.[8] 샘표는 국내 간장 시장의 점유율 50% 이상을 차지한 절대 강자다. 판매액 중 혼합간장이 50% 이상을 차지한다. 그러나 2000년 이후 서구식 요리 방법의 확산과 외식 문화의 활성화 탓에 간장 시장은 연평균 1% 이상씩 감소하고 있다. 이러한 시장 상황에 샘표는 양조간장이 아닌 한식간장의 복원을 통한 새로운 아이템 발굴에 주력한다. 콩 발효라는 핵심역량을 바탕으로 음식 본연의 맛에 깊은 맛을 더해줄 새로운 아이템인 연두(자연과 콩에서 따온 이름)를 발견한다.

문제는 포지셔닝이었다. 콩으로 만들었으니 샘표의 주력 상품인 간장이 첫 옵션으로 떠올랐다. 그러나 연두는 간장보다는 액젓에 가까웠고, 그마저 기존 액젓보다 훨씬 깔끔하고 맛이 깊었다. 이에 샘표는 연두가 조미료에 가깝다는 결론을 내린다. 그리하여 1세대 화학 조미료, 2세대 종합 조미료(화학 조미료+천연 재료), 3세대 천연 조미료에서 진일보한, 맛과 건강을 동시에 강조한 4세대 콩 발효 조미료로 연두를 포지셔닝했다. 그러나 2010년 1차 출시 결과는 기대에 미치지 못했다. 간장(특히 양조간장이나 혼합간장)이나 조미료가 아무리 천연 재료를 쓴다고 해도 소비자들의 마음속에는 부정적인 인상이 강했다. '샘표가 콩으로 만든 상품=간장'이라는 인식도 고정관념 속에 자리 잡고 있었다. 이러한 인식으로 인해 커피 상품 진출에 실패의 쓴맛을 보았던 적도 있다. 당시 소비자들은 커피에서 짠맛이 난다고 평가했다.

연두의 상품성은 탁월했다. 실제 요리에 쓰거나 맛을 본 주부들은 음식 맛이 더 좋아진다는 답변 일색이었다. 그러나 마케팅은 실체에 대한 인식이 중요하다. 블라인드 테스트에서 호평을 받은 뉴코크가 처참히 무너진 사례를 알고 있지 않은가! 그래서 고심 끝에 찾은 상품 콘셉트가 요리 에센스(캐치프레이즈는 '재료의 참맛을 살리자')였다.[9] 연두는 기존 간장이나 조미료의 인공적이고 화학적인 느낌과는 완전히 색다른, 요리의 필수불가결한 요소란 의미로 화장품 에센스에서 아이디어를 얻은 요리 에센스로 재탄생한다. 2012년 조미료 시장에 새로운 하위 카테고리가 시장에 탄생한 순간이었다. 연두는 제조 방식이나 원료에 따라 구분되고 있던 간장과 조미료 시장에서 완전히 다른 새로운 하위 카테고리를 출시함으로써 시장의 구조를 새롭게 재편하고 있다.

와해성 전략이 가능할 때

카테고리 구조를 활용한 와해성 전략을 실행하는 것은 항상 가능하지도 않고 항상 유효하지도 않다. 이 전략을 성공적으로 구사하려면 몇 가지 고려 사항을 면밀하게 검토해야 한다.

먼저 기존 카테고리 구조를 명확하게 관찰하고 이해해야 한다. 카테고리 구조가 매우 유동적인 경우, 카테고리 내 하위 구조가 다양하게 존재하는 경우, 특별한 카테고리 다이내믹스를 발견하기 힘든 경우 와해성 전략을 구사하기는 어렵다. 깨뜨릴 대상이 불분명한데 무엇을 깨뜨린단 말인가?

그다음 와해성 전략을 통해 새로운 가치를 제안했을 경우, 그것을 의미 있게 받아들일 만한 타깃 고객을 명확하게 설정해야 한다. 시장 전반에 걸쳐 나타나는 트렌드(예를 들어 가성비)라 하더라도 모든 타깃에게 매력적으로 소구되기는 힘들다. 정확히 누가, 왜 독특한 가치 제안에 매력을 느낄지 충분히 고민해야 한다. 이케아는 가구에 장기간 얽매이기 싫은 고객, 호텔포레는 안전성과 깨끗함을 중시하는 가족 고객, PB는 합리적인 소비를 추구하는 젊은 고객에 소구한다. 누가(타깃 고객) 왜(심리적 동기) 우리 브랜드를 좋아할지 비즈니스 논리를 뚜렷하게 세워야 한다.

마지막으로 이러한 전략을 추구하는 대부분 브랜드는 방식은 달라도 가격과 품질의 적절한 조합을 추구한다. 색다른 혹은 본질에 매우 충실한 고객 가치를 제안하기 위해 필요한 과업은 내부적으로 비용 효율성을 높이는 것이다. 투입물에 대한 절대적 비용을 줄이거나 자원을 효율적으로 사용하는 등 비용 효율성을 높이는 창조적인 방법을 찾아야 한다.

카테고리 구조를 활용한 와해성 전략 브랜드가 있고, 이 브랜드에 대해 소비자들이 매력을 느끼면 결과적으로 기존 카테고리 구조에 중대한 변화가 생긴다. 와해성 브랜드가 인기를 얻는 만큼 비슷한 유의 카피캣 브랜드들이 시장에 뛰어들어 새로운 하위 카테고리 내에서의 경쟁은 점점 치열해진다. 새로운 하위 카테고리가 성장의 격동기를 지나고 나면 그 카테고리는 다시 안정된다. 안정기를 지나 성숙기에 들어가고 고객에게 특별한 가치를 제공하지 못하는 상황이 오면 그 카테고리는 서서히 멸절한다. 이것이 카테고리가 진화하는 패턴이다. 특정 시점, 특히 새로운 브랜드가 등장한 시점을 기준으로 이전과는 전체 카테고리의 구조가 어떻게 바뀌었는지, 이후 새로운 하위 카테고리와 그 와해성 브랜드는 어떻게 진화하는지를 계속 관찰해보라. 그러면 산업에 대한 이해도가 올라갈 뿐 아니라 와해성 브랜드를 창출할 아이디어를 얻을 수 있다.

와해성 전략에 대한 대응법

와해성 전략 혁신에 직접 맞닥뜨리면 기존 기업으로서는 난감할 수밖에 없다. 기존의 논리나 전략으로는 와해성 전략이 이해도 되지 않고 따라 하기도 어렵다. 가장 좋은 방법은 미리부터 시장 흐름을 파악·예측해 남들이 아닌 우리가 먼저 와해성 혁신 전략을 성공적으로 수행하는 것이다. 이는 시장의 선도기업에게 특히 중요하다. 이들에게 후발주자들은 대부분 큰 위협이 되지 않는다. 물론 시장 상황이 급변하면 시장 구도가 흔들릴 가능성이 크지만, 그러한 기회는 미리부터 착실히 준비해온 브랜드에게나 타당한 말이다. 선도기업이든 후발기업이든 미래를 준비하지 않았다면 그들 간의 관계는 그대로 유지될 가능성이 크다. 새로운 경쟁은 비가시권의 이름 모를 누군가로부터 나타날 확률이 높다. 후발주자 역시 와해성 전략을 통해 선발주자를 추격하거나 뒤엎을 수 있으므로 적극 수용할 필요가 있다. 현재의 경쟁에 지나치게 매몰되어 허덕이기만 하다 보면 만년 2등의 멍에를 쓰고 가야 할 것이다.

와해성 전략이 등장했을 때 기존 기업이 대응할 수 있는 전략은 {그림 2-4}에 제시했듯 크게 네 가지다. 어떤 대응 전략을 어떠한 상황에서 사용해야 할까? 이에 대한 대답이 쉽지는 않다. 산업 내 우리 기업의 위상, 핵심역량, 와해성 전략의 수용 속도, 와해성 브랜드의 특성 등 고려해야 할 요소가 아주 많기 때문이다. 유용한 방법은 대응 의지와 대응 능력이라는 두 기준을 적용해 대응 전략을 분류해보는 것이다. 대응 의지는 와해성 전략의 수용 속도 및 우리 사업에 대한 위협 정도에 의해 영향을 받는다. 가장 중요한 요인은 신규 사업이 기존 사업과 전략적으로 연계되어 시너지를 낼 수 있는 지의 여부다. 둘 간의 전략적 연계성이 높을수록 기업의 대응 의지도 높아진다. 비슷한 논리로 기업의 대응 능력은 자원과 역량R&C:

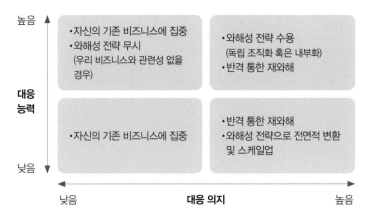

그림 2-4 와해성 전략에 대한 대응 전략[10]

대응 능력 (세로축: 낮음 → 높음)
대응 의지 (가로축: 낮음 → 높음)

- **(대응 능력 높음 / 대응 의지 낮음)**
  - 자신의 기존 비즈니스에 집중
  - 와해성 전략 무시
    (우리 비즈니스와 관련성 없을 경우)

- **(대응 능력 높음 / 대응 의지 높음)**
  - 와해성 전략 수용
    (독립 조직화 혹은 내부화)
  - 반격 통한 재와해

- **(대응 능력 낮음 / 대응 의지 낮음)**
  - 자신의 기존 비즈니스에 집중

- **(대응 능력 낮음 / 대응 의지 높음)**
  - 반격 통한 재와해
  - 와해성 전략으로 전면적 변환 및 스케일업

Resources & Capabilities 및 투입 가능 시기 등에 의해 영향을 받지만, 가장 중요한 요인은 기존 사업과 신규 사업 간의 갈등 정도다. 갈등이 크면 클수록 대응 능력은 더 낮아진다.

기업의 대응 의지가 낮으면 기존 사업에 더욱 집중하거나 와해성 전략을 무시하는 전략을 쓰면 된다. 반면 대응 의지가 높으면 자신의 대응 능력을 동시에 고려해봐야 한다. 대응 의지와 대응 능력이 모두 높다면 와해성 전략 혁신을 모방해 기존 사업과의 통합을 시도해볼 수 있다. 반면 대응 의지는 높은데 대응 능력이 낮으면 모 아니면 도, 즉 와해성 혁신을 전적으로 수용하거나 반격을 통해 궤멸시켜야 한다. 와해성 전략도 약점이 있다. 자신의 강점과 시장의 수요를 연계시키는 방향으로 자신의 상황에 맞는 전략 대응법을 준비하면 기존 기업에게도 승산은 있다.

기존 카테고리를
재정의하라

와해성 혁신 전략의 두 번째 방법은 업業의 개념을 다른 관점에서 바라보는 것이다. 업이란 삼성 이건희 회장이 언급하면서 회자된 개념이다. 산업이나 상품의 본질이 무엇인가를 명확히 규정하는 작업이 업의 개념을 정의하는 것이다. 경영학에서는 사업을 할 때 '대체 우리는 무슨 산업에 속해 있는가?What business are we in?'를 고민하라고 강조한다. 업의 개념을 정의할 때 고려할 요소는 두 가지다. 마케팅 측면에서는 '우리는 고객에게 무엇인가?'라는 고객 가치의 문제이고 전략적 측면에서는 '이 사업을 영위하기 위한 자원과 역량은 무엇인가'라는 핵심역량의 문제다.

우리는 고객에게 무엇인가

하버드대학의 테오도르 레빗Theodore Levitt 교수는 일찍이 마케팅 근시안marketing myopia을 설파했다. 상품 중심의 사고를 뛰어넘어 근본적으로 고객이 원하는 잠재적 니즈를 중심으로 카테고리의 본질을 파악하라는 것이 그의 주장이다.

사람들은 좀 더 나은 쥐덫을 원하는 것이 아니라 약이든 덫이든 아니면 박멸 서비스든 쥐를 잡는 솔루션을 원한다. 더 좋은 상품의 덫에 빠지는 오류를 '우월한 쥐덫 오류better mousetrap fallacy'라 부른다. 비슷한 논리로 '고객이 원하는 것은 드릴이 아니라 구멍을 뚫는 것이다'라는 이 한 문장이 마케팅 근시안을 벗어던지는데 필요한 마인드셋의 정수를 표현하고 있다. 물론 계속해서 질문을 던질 필요가 있다. 고객은 왜 구멍 뚫기를 원하는가? 어쩌면 가구를 설치할 목적이 있을지 모른다. 가구는 왜 설치하는가? 아마도 편리하고 아름다운 환경을 조성하고 싶어서다. 이런 식으로 특정 속성이나 기능에서 추상적인 혜택이나 가치로 올라가며 연결고리를 찾는 작업을 수단–목적사슬모델means-end chain model이라고 부른다. 명목적인 상품 카테고리에 초점을 두면서 '무엇을 팔지'에만 매몰되지 말고 고객들이 근본적으로 '왜 사는지'를 고민해보자.

레블론Revlon의 창업자 찰스 레브손Charles Revson의 어록에 "우리는 공장에서 화장품을 만들지만, 매장에서는 (아름다워질 수 있다는) 희망을 판다"는 유명한 말이 있다. 백화점이 속해 있는 산업은 무엇인가? 유통업인가? 소매업인가? 아니면 부동산 임대업인가? 디즈니는 무슨 산업에 속해 있는가? 영화업? 테마파크업? 호텔 산업? 물론 명목적으로는 그러한 대답이 모두 맞을 수 있다. 그러나 겉보기에는 당연해서 두 번 다시 물을 필요조차 없는 식으로 업을 바라본다면 남들과 무엇이 다르겠는가? 이러한 고정관념적 시각으로는 신선한 인사이트가 나올 수 없다.

사람들이 백화점에 왜 가는가? 새 시즌이면 유행을 체험하거나 새로운 스타일로 변신해볼 요량으로 찾는다. 현대백화점은 자신의 업을 '라이프스타일 제안자'로 규정하고 있다. 그렇게 되면 이제는 단순히 상품을 유통하거나 좋은 브랜드를 유치해 임대하는 것만이 중요한 것이 아니다. 새로운 유행을 발 빠르게 학습해 소비자들에게 삶의 스타일을 제안할 수 있어야 한다. 이렇게 되면 유통업이나 임대업으로 자신을 규정할 때와는 다른 역량이 필요해진다. 전 세계 패션 트렌드를 학습하고 서비스 마인드로 무장해 고객에게 컨설팅 서비스를 제공해야 한다.

디즈니의 본질은 무엇인가? 한국의 재벌도 아닌데 비관련 다각화가 어떻게 가능했을까? 겉보기에 매우 다른 산업처럼 보이지만 디즈니의 본질인 '고객의 행복이라는 기치 아래 가족 고객을 위한 엔터테인먼트 제공'이라는 콘셉트 관점에서 보면 전혀 어색하지 않다. 그렇게 본다면 디즈니 오페라하우스나 디즈니 베이스볼 스타디움 등도 가능하지 않을까?

필요한 역량은 무엇인가

업의 개념을 정의할 때 살펴야 할 두 번째 차원은 핵심역량이다. 전략에서는 '업=핵심역량'의 등식으로 업을 설명하기도 한다. 삼성전자의 부회장을 지낸 윤종용 CEO는 삼성전자 성공의 비결을 사시미 이론으로 설명했다. 마치 생선회가 하루만 지나면 상품 가치가 급락하듯이, 아무리 핫한 신상품이라도 수개월이면 범용 상품화commoditization가 일어난다는 것이다. 그렇다면 업에서 필요로 하는 핵심역량은 스피드다. 고객에게 전달될 때까지 걸리는 리드타임을 최소화해야 신선한 상태일 때 상품을 팔 수 있고 그래야 제값을 받을 수 있다. 삼성전자는 전 세계에서 가장 빨리 재고를 소진할 수 있는 유통 시스템을 구축했다고 알려져 있다.

신라호텔은 어떤가? 서비스업이라 생각하는가? 만약 그렇다면 서비스 마인드가 투철한 직원과 서비스 프로세스 관리에 집중하는 것이 업의 핵심역량을 키우는 방법이다. 그렇지만 신라호텔의 한 임원은 회장의 질문에 고민한 결과 다른 답을 내놓았다고 알려져 있다. 호텔업은 부동산업이자 장치 산업이라는 것이다. 호텔의 경쟁력은 입지(어디에 위치하는가?)와 호텔 내부의 시설물(레스토랑, 수영장, 피트니스 클럽 등)에 의해 결정되기 때문이다.

핵심역량이 확실하면 세상의 변화를 자기 주도적으로 이끌 수 있다. 시장 변화를 학습하고 적응하는 것도 필요하지만 그에 심하게 매몰되면 시장의 뒤를 끝도 없이 따라가기만 해야 한다. 아웃사이드 인outside-in 사고가 고객 중심적 관점을 취하는 데는 유용하지만, 그것이 무작정 시장 트렌드를 따라간다는 것을 의미하지는 않는다. 시장의 기회와 위협 요인을 자신에게 유리한 방향으로 이끌려면 확실하고 차별화된 핵심역량을 가지고 있어야 한다. 구체적인 상품은 외부 환경의 영향을 많이 받고 시대와 환경에 따라 변하기 쉽다. 하지만 나무의 뿌리 같은 자원과 역량(핵심역량)이 튼튼하다면 지속적으로 경쟁우위를 확보할 가능성이 커진다.

핵심역량을 중심으로 한 인사이드 아웃inside-out 사고는 자원기반관점resource-based view에 근거를 둔다.[11] 자원기반관점의 핵심 아이디어는 기업이란 자원과 역량의 합이며 이러한 자원과 역량이 전략의 주요 결정 요인이라는 것이다. 자원은 통상 우리가 가지고 있는 유무형의 자산을 말한다. 기계, 자금, 설비, 부동산 등의 유형 자산과 브랜드, 인적 자산, 고객, 지적 자산, 네트워크 등의 무형 자산을 포괄한다. 역량은 자원을 가지고 우리가 할 수 있는 것을 의미하는데, 보통 경영학의 기능적 분야(예: 디자인, 아웃소싱, 효율적 생산, 유통망, 마케팅, HRM, 전략 기획 및 수립 등)에서의 능력을 지칭한다.

델컴퓨터의 자원과 핵심역량은 무엇이었는가? 비즈니스 고객을 대상으로 직접 판매하는 데 있어 학습 효과를 누적한 결과, 경쟁사들이 쉽게 모방하지 못하는 맞춤형 직접 판매 역량을 구축할 수 있었다. 일반 고객보다 컴퓨터에 대해 높은 지식을 보유한 기업 고객들은 직접 판매 방식을 통해 원하는 사양을 저렴한 가격에 구매할 수 있는 가치를 얻을 수 있었다.

여러 역량 중 핵심역량이란 몇 가지 특정 기준을 충족하는 역량을 일컫는다. 문헌에서는 VRIO(가치Value, 희소성Rarity, 모방 불가능성Inimitability, 조직 실행 가능성Organization), VRIN(가치성Valuable, 희소성Rare, 모방 불가능성Inimitable, 대체 불가능성Non-Substitutable) 등의 기준을 제시한다. 여기서 핵심은 가치('고객의 니즈를 효과적으로 충족함으로써 가치를 창출할 수 있는 역량인가?')와 모방 불가능성('경쟁사가 쉽게 모방하기 어려운 역량인가?')이다. 델의 '직접 판매+매스 커스터마이제이션' 모델이 분명 고객에게 가치를 제공했지만, 남들보다 선도적으로 도입해 누적해온 경험이 진입장벽으로 작용하지 않았다면 그것은 핵심역량이라고 부를 수 없다.

브랜드의 근본 목적, 콘셉트

상품이라 하면 물리적으로 존재하는 형태를 떠올리기 쉽다. 상품은 제품뿐 아니라 무형성이 핵심인 서비스까지 포함하고 있다. 상품의 개념에는 여러 차원이 들어 있다. 우리가 통상 상품이라고 부르는 대상(속성, 디자인, 패키지, 브랜드 이름 등)은 기본 상품basic products이다. 그 외 부가적인 측면(설치, 배달, 보증, 파이낸싱, 사후 서비스 등)은 기본 상품에 추가되었다는 의미에서 확장 상품augmented products이라 부른다.

그런데 상품의 에센스는 기본 상품이나 확장 상품이 아니라 그를 통해 전달하고자 하는 핵심 편익이다. 이를 핵심상품core products 이라고 한다. 자동차 하면 파워 핸들, 엔진, 가죽 시트 등의 기본 상품과 보증, 판매원 서비스, 낮은 이자율의 금융 서비스 등 확장 상품이 있다. 하지만 자동차가 제공하는 궁극적인 편익은 이동과 운송이다. 호텔 서비스의 기본 상품은 침대, 샤워실, 가구 등이고 확장 상품은 룸서비스, 부대시설(피트니스 클럽, 레스토랑), 익스프레스 체크아웃 등이다. 그러나 호텔 서비스의 궁극적 목적은 무엇인가? 숙박과 휴식이다.

그래서 마케팅에서는 다음과 같은 주장을 한다. 소비자들이 왜 상품을 구매하는가? 그것은 속성이나 기능이 아니라 편익이라고. 더 나아가서는 가치라고 말이다.

- 화장품이 아니라 희망을 파세요.
- 옷을 팔지 말고 매력적인 외모를 파세요.
- 보험을 팔지 말고 마음의 평화와 가족의 멋진 미래를 파세요.
- 집이 아니라 안락함, 만족감, 좋은 투자, 소유의 자부심을 파세요.
- 책을 팔지 말고 즐거운 시간과 지식의 결실을 파세요.
- 물건을 팔지 말고 이상, 감정, 자존감, 가족 생활, 행복을 파세요.

어떤 카테고리든 카테고리가 제공하는 기본 편익은 있다. 자동차라면 이동과 운송, 호텔이라면 숙박과 휴식이다. 그러나 카테고리 내 브랜드 수준에서는 차별화의 이름으로 저마다 각자의 개성을 뽐낸다. 이를 브랜드 콘셉트라 부른다. 화장품이 희망을 판다지만, 이상적인 아름다움을 지향하는 희망과 도브가 추구하는 '리얼 뷰티를 통한 새로운 희망'의 메시지는 다를 수 있다. 세단 카테고리에서도 각자의 브랜드 콘셉트는 다르다. 볼보는 안전한 이동에 집중하고, 폭스바겐 비틀은 즐거운 이동(운전의 즐거움)을 이야기한다. 어떠한 콘셉트가 좋은가에 대한 판단은 4C 분석을 토대로 한다. 고객Customers에게는 의미를 주어야 하고, 경쟁자Competitors와는 차별화되며, 기업Company의 미션 및 역량과 적합해야 하며, 시대정

표 2-2 브랜드 콘셉트와 속성[12]

브랜드	브랜드 콘셉트: JTBD (=편익 및 가치)	속성
이케아	• 오늘 당장 입주한 집에서 생활할 수 있도록 새집을 예쁘게 꾸미는 것 • 트렌디한 라이프스타일을 집 안 단장에 적용하는 것	• 다양한 상품과 구색 • 운송과 조립의 용이성을 위한 플랫 팩 • 원스톱 숍
인튜이트	• 실제 업무에 집중할 수 있도록 자영업자들이 재정 관리 업무를 쉽게 처리하는 것	• 거래 항목을 세금 항목으로 자동 분류하는 AI 기능 • 송장 및 임금 지불 기능 통합 • 회계사로부터 얻는 실시간 조언 • 가산세를 피할 수 있는 세금 보고
디즈니 테마파크	• 가족 여행을 갈 때 온 가족들이 마법 같은 경험을 얻는 것	• 다양한 복장의 캐스트(직원) • 테마를 활용한 시설 (호텔, 레스토랑) • 끊김 없는 거래를 위한 매직 밴드
페덱스	• 중요한 택배를 보낼 때 즉시, 손상 없이 배달되어 걱정거리를 더는 것	• 확실한 배송 시간 • 실시간 택배 추적 시스템 • 다양한 배송 옵션

신(콘텍스트Context, 문화Culture, 경쟁 환경Competitive Environments)과 부합해야 한다.

콘셉트를 결정하려면 브랜드의 근본 목적을 고민해야 한다. 이를 소비자의 관점으로 설명하면 '소비자들은 이 브랜드의 소비를 통해 어떤 목적을 달성하고 싶은가?'의 문제다. 이러한 소비자의 목적을 JTBDJob-To-Be-Done라 부르기도 하는데, 포지셔닝에서는 이를 경쟁 준거의 프레임competitive frame of reference 을 정하는 과정이라 부른다(표 2-2). 소비자들은 어떤 목적으로 콜라를 마시는가? 답은 매우 다양하다. 청량감을 느끼려고? 갈증을 해소하려고? 잠을 깨고 싶어서? 소화를 촉진하려고? 청량감이 목적이라면 콜라의 주된 경쟁자는 다른 청량음료인 사이다, 환타 등이다. 갈증 해소가 목적이라면 가장 강력한 경쟁자는 생수다. 잠을 깨기 위한 각성의 목적이라면 커피가 핵심 경쟁자일 것이며, 소화 촉진이 목적이라면 소화제가 핵심 경쟁자다. 경쟁 준거의 프레임은 브랜드가 집중해야 할 핵심 편익과 경쟁의 구도를 명확히 이해하는 데 도움을 준다.

2020년 1월 타개한 하버드대학의 클레이튼 크리스텐슨Clayton M. Christensen 교수는 경쟁 준거의 프레임, 즉 고객의 JTBD를 설명하기 위해 밀크셰이크 사례를 활용했다.[13] 한 패스트푸드 체인에서는 밀크셰이크의 매출 증대에 대해 고심한다. 이 기업은 상품(밀크셰이크)과 전형적 구매자를 인구통계학적 변수를 기준으로 세분화했다. 핵심 고객들에게 가장 이상적인 밀크셰이크의 특징을 설명해보라고 질문했다. 조사 결과대로 상품을 출시했지만, 매출 결과는 신통치 않았다.

연구팀은 자문 의뢰를 받고 이 문제를 JTBD에 입각해 접근해보았다. 한 지점을 택해 온종일 고객을 관찰하면서 누가 언제 구매하는지, 어디(매장 내외)에서 소비하는지 조사했다. 그 결과 40%의 밀크셰이크를 오전 시간 통근 출근자가 구매한다는 점을 발견했다. 흥미로운 사실은 밀크셰이크를 막 구매하고 나가려는 고객들을 인터뷰하는 과정에서 발견되었다.

많은 고객은 길고 지루한 통근 시간을 때울 만한 재미난 것을 찾고 있었다. 당장은 배가 고프지 않지만 10시 무렵이면 배가 고파지므로 점심시간까지 허기를 달래줄 요깃거리도 필요했다. 그런데 작업복을 입고 일하면서도 먹을 수 있는 음료여야 한다는 것이 문제였다. 밀크셰이크는 이러한 고객의 문제job를 해결하기 위해 고용hire되고 있었다. 베이글이나 도너츠보다 깔끔하면서도 허기를 채울 수 있고, 가느다란 빨대를 통해 걸쭉한 음료수를 들이켜는 것이 통근 시간의 무료함을 달래주었다. 이에 연구진은 새로운 모닝 밀크셰이크 콘셉트를 제안한다. 오랜 통근 시간에도 지속할 수 있도록 더욱 걸쭉한 음료에 다양한 과일을 넣어 재미를 더했다.

포지셔닝의 핵심은 차별화differentiation에 있다고 한다. 그래서 경쟁자와의 차별화 포인트POD: Points Of Difference에 집중한다. 그러나 포지셔닝의 가장 중요한 핵심은 경쟁 준거의 프레임을 어떻게 잡는가의 문제다. 경쟁 준거의 프레임이 명확하지 않으면 우리가 고객을 위해 무엇에 집중해야 하는지, 누구와의 경쟁에 집중해야 하는지가 헷갈린다. 그러면 전략은 근본부터 흔들린다. 경쟁 준거의 프레임은 일반적으로 카테고리의 이름으로, 그것도 기능적이거나 외견상 드러나는 특징에만 집중해 정의되는 경향이 있다.

백화점은 높은 건물에 층마다 다른 상품을 모아서 배열하고 일정 공간을 임대해 판매하는 유통업으로 프레임된다. 손목시계는 시간을 알기 위해 사람들이 손목에 차고 다니는 자그마한 물건으로 프레임된다. 이렇게 명목적인 특징에 초점을 두는 프레임은 편협한 사고를 낳는다. 동종 카테고리 내에서도 다양한 니즈가 존재할 수 있고, 동일한 니즈를 달성할 수 있는 방법도 다양할 수 있다. 마케팅에서는 카테고리에 관계없이 특정 니즈를 달성할 수 있는 모든 대안, 즉 대체 가능성이 있는 모든 대안을 경쟁 관계에 있다고 정의한다.

브랜드의 근본 목적(핵심 고객니즈)과 그를 구현하는 방식은 브랜드마다 일률적일 필요가 없다. 전통, 습관, 관행이라는 이름의 클리셰는 브랜드의 근본 목적을 정의할 때도 여지없이 나타난다. 커피숍이란 무엇인가? 커피를 소비하는 장소다. 그래서 많은 커피숍 브랜드가 커피를 파는 장소로 자신을 정의하고 있다. 당연히 '커피 투 고coffee to go'를 주력으로 하는 커피숍들이 크게 성장해 치열한 경쟁을 벌이고 있다. 그런데 커피숍을 가는 고객의 니즈는 무엇인가? 단순히 카페인 음료를 소비하려고 방문하는가? 전통적인 커피숍이 제공해왔던 기본 효용 외 다른 가치는 없는가?

이러한 편견에 반기를 들고나온 브랜드가 스타벅스다. 스타벅스가 지향하는 콘셉트는 그냥 지나치는 커피 구매 장소가 아니라 커피와 관련된 다양한 문화를 향유하는 현실로부터의 사적 탈출 공간이다. 새로운 콘셉트를 구현하려면 당연히 속성이 바뀌어야 한다. 편안한 의자와 책상, 무료 인터넷, 다양하고 질 좋은 커피 메뉴, 유럽풍의 실내 디자인, 고객 지향적인 바리스타 등 모든 것이 새로운 콘셉트를 지향하고 있다.

경우에 따라 고객 니즈는 변함없지만, 그 니즈를 제공하는 수단(핵심역량)이 달라지기도 한다. 서커스란 무엇인가? 1960년대와 1970년대 오리지널한 의미의 서커스를 생각해보면 머릿속에 떠오르는 이미지가 있을 것이다. 곡예사, 동물, 광대, 가판대 위에 물건을 판매하는 직원, 천막같이 생긴 공연장 등을 말한다. 소비자들은 서커스를 왜 관람하는가? 특별한 날 가족 간 즐거운 시간을 보내고 싶어서다. 서커스를 통해 소비자들이 얻고자 하는 니즈는 비슷하지만, 이는 시대와 장소에 따라 다른 방식으로 달성될 수 있다. 곡예사, 동물, 광대가 아니더라도 얼마든지 다른 방식으로 서커스를 운영할 수 있다.

블루오션 전략의 대표 사례 중 하나인 '태양의 서커스'는 연극, 오페라, 아크로바틱, 미술 등을 집결한 현대적인 엔터테인먼트다. 시대가 변하면 새로운 기술이 등장하고, 장소에 따라 다른 문화적 욕망이 존재한다. 소비자들의 니즈 그 자체는 그대로지만 그를 충족하는 양태는 변하기 마련이다. 그 이름과 달리 태양의 서커스는 서커스이지만 서커스가 아니다. 아크로바틱같이 서커스적인 느낌을 주기 위한 요소는 최소한으로 두면서 다른 요소를 시대적 감각에 맞게 바꿈으로써 새로운 브랜드 콘셉트를 제시했다. 그로 인해 서커스 카테고리도 일종의 하위 카테고리가 생긴 셈이다.

변화하는 소비자 니즈를 활용하라

SUV는 2차 세계대전 당시 독일군이 군용차로 개발한 것이다. 한국에서는 지프라 불리던 자동차를 생각하면 이해가 쉽다. 사륜구동으로 비포장도로나 산악 지역 같은 험난한 도로에서도 질주할 수 있다. 이후 미국과 영국을 중심으로 일반 대중을 타깃으로 한 SUV가 출시된다. 미국 포드의 익스플로러와 영국의 랜드로버 등이 대표적 브랜드다. 초기의 SUV는 군용차라는 카테고리의 역사적 전통과 일관된 포지셔닝을 취한다. SUV는 연료를 많이 먹고, 차체가 커서 타고 내리기가 쉽지 않다. 차체가 커서 많은 사람이 안전하다고 인식하지만, 그건 착각이다. 차체가 큰 만큼 무게중심이 높아 충돌 시험에서 높은 점수를 얻지 못하기도 한다. 사륜구동이라 제동 거리도 길다. SUV로 분류되는 브랜드도 실제로는 이륜구동인 경우도 있다. 비포장도로 주행 성능이 뛰어나다지만 오프로드에서 운행하는 것이 주 용도가 아닌 경우도 많다.

그러면 사람들은 왜 가격이 높은데도 SUV를 구매할까? SUV는 이성적 편익이 아니라 감성적 편익에 의해 좌우되는 카테고리다. 오프로드 주행을 하지 않더라도 소비자는 그러한 이미지를 산다. 소비자는 높은 시야와 큰 차체로 도로를 지배하는 듯한 느낌을 즐긴다. 이것이 SUV의 카테고리 포지셔닝이다. 넓은 적재 공간, 안전성에 대한 인식, 높은 시야 등은 미니밴도 공유하지만, SUV는 실용적 목적의 미니밴과 다르다.

초창기 SUV의 핵심 타깃은 프로페셔널 직업군에 속하는 30~40대 부유층 남성이었다. 그러나 이후 시장이 발전하면서 구매자의 프로파일에는 변화가 생겼다. 주부를 포함한 가족 고객이 주 소비자로 등장한다. 미국에서는 사커맘들이 타고 다니는 자동차라는 말이 생기기도 했다. 더불어 자동차 자체도 오일 쇼크를 겪으면서 큰 변화를 겪는다. 비싼 가격과 높은 연료비를 낮추려고 일본 브랜드를 중심으로 일반 세단 차체에 SUV 외장을 얹은 경제적인 SUV가 등장한다.

한국에서도 최근 세단에 비해 SUV의 성장세가 가파르다. 그러나 지금까지는 솔로 운전자들이 대부분의 소비자였다. 대형 SUV 시장은 상대적으로 중소형에 비해 규모가 작다. 현대자동차의 팰

그림 2-5 현대자동차 팰리세이드의 내외부

리세이드는 SUV의 개념을 새롭게 정의했다(그림 2-5). 집은 못 사

도 차에는 투자하는 30~40대 밀레니얼 대디를 위한 '나와 가족의

안식처, 케렌시아querencia: 투우장에서 소가 마지막 일전을 앞두고 잠시 숨을 고르는 공

간'가 핵심 콘셉트다.**14** 매버릭 패밀리maverick family: 밀레니얼 부부를 중심으

로 개성이 강한 다양한 형태의 가족 형태를 위해 그때그때 용도를 바꿀 수 있는

다재다능형 SUV다. 당연히 많은 가족을 수용해야 하는 경우를 대비해 대형 SUV로 포지셔닝한다. 운전자(아빠)와 가족 사용 시 요구되는 다양한 니즈를 충족하기 위해 대중화(가성비)와 고급화(전자식 변속기, 험로 주행 기능, 차로유지보조LFA, 후방교차충돌방지 보조RCCA, 복수의 컵 받침대와 USB 등 최고급 사양)를 모두 잡았다. 가격을 낮추기 위해 싼타페와 제네시스에 들어가는 엔진을 그대로 사용했다. 사전 광고에서는 '당신만의 영역을 찾아서'로 슬로건을 정하고 밀레니얼 대디와 어린아이가 같이 꾸는 꿈을 보여준다.

브랜드 이름은 미국 캘리포니아주 서남부 해변 지역인 퍼시픽 팰리세이즈Pacific Palisades를 따서 지었다. 이번에도 SUV 차량의 명칭을 미국 지역 이름에서 차용하는 전통을 지켰다. 이 지역은 중세 모던Mid-Century Modern 양식을 반영한 건축으로 유명하다. 2차 세계대전이 끝난 뒤 오랜 전쟁으로 부족해진 자원을 고려해 고안한 건축양식이 중세 모던이다. 이 지역에는 그리스 및 로마 시대 골동품을 전시하는 고풍스러운 게티 빌라The Getty Villa와 20세기 모던 가구 디자인의 선구자인 임스 부부Charles and Ray Eames가 만든 임스 하우스가 공존하고 있다. 한마디로 실용성과 간결성, 모던함을 강조하는 중세 모던 양식을 그대로 본 딴 것이 팰리세이드다.

실용적 성격이 강한 카테고리에서는 기본 성능이 중요하다. 냉장고는 신선하게 식품을 보관해야 하고, TV는 방송을 깨끗하고 몰입감 있게 볼 수 있어야 하며, 컴퓨터는 다운되지 않고 빠르게 작업을 수행할 수 있어야 한다. 그러나 이러한 기능은 핵심 중의 핵심이므로 모든 브랜드가 역량을 집중한다. 그렇게 되면 브랜드별로 별반 차이가 없어질 가능성이 크고 차별화 요소로 작동할 가능성도 작아진다. 핵심 기능이 필수불가결한 요소(일종의 등가성 포인트)일지는 몰라도, 역설적으로 여기에 집중하는 것은 경쟁에 별로 효과적이지 않을 수 있다. 문제를 살짝 다르게 바라보면 어떨까? 기능 외 중요한 포인트는 없을까? 실용적 상품이지만 감성, 느낌, 디자인 등이 중요한 쾌락적 상품으로 프레임하는 것은 어떤가?

삼성전자가 2019년 6월 출시한 비스포크bespoke, 맞춤형이란 뜻 냉장고는 가전제품의 개념을 주방 가구로 변화시켰다. 마치 '침대는 과학입니다'라고 프레임한 에이스 침대처럼, 명시적으로 표현하지는 않았지만 '냉장고는 가구입니다'라고 이야기한다. '냉장고=주방 가구'라는 등식을 설정하고 나면 이제는 냉장고 본래의 성능과 크기는 중요한 구매 요소가 아니다.

이제 중요한 요소는 디자인, 다른 인테리어와의 조화, 개인의 취향 등이다. 기존의 냉장고는 '(성능이) 더 나은, 더 넓은' 냉장고가 더 높은 가치로 인식되는 수직적 차별화vertical differentiation 카테고리였지만, 새로운 냉장고 개념은 개인의 주관적 취향이 중요한 수평적 차별화horizontal differentiation 카테고리다. 개인의 취향이 중요한 시장에서는 맞춤화된 상품을 제공하는 것이 필수적이다. 비스포크 냉장고는 9개 타입(기존 냉장고 깊이 922mm보다 줄여 다른 주방 가구들과 매끄럽게 연결할 수 있는 키친핏Kitchen-Fit 697mm 모델도 포함한다), 세 가지 소재, 아홉 가지 색상을 기본 사양으로 사용 맥락에 따라 약 2만 개 이상의 조합을 제공한다.

비스포크의 성공은 시대적 변화를 감안할 때 예견되었다. 첫째,

다양성을 바탕으로 한 비정형의 시대를 반영하듯 가족의 구성도 전통적인 핵가족 외 신혼부부, 비혼 세대, 1인 세대, 조손 가정, 졸혼 가정 등으로 다양해지고 있다. 다양한 가족 구성으로 인해 냉장고에 대한 요구 조건도 다양해지고 있다. 둘째, 맞벌이 가정의 증가로 집밥보다는 외식이나 배달 음식을 이용하는 사람들이 많아지고 있어 대용량 냉장고가 필요 없어지고 있다. 셋째, 최근 공간에서도 비정형의 시대를 반영해서 한 공간을 다양한 용도로 활용하는 멀티 룸 개념이 중요해지고 있다. 주방은 단순히 음식을 조리하는 공간으로서뿐 아니라 나만의 개성을 보여주는 공간이다. 넷째, 최근 소비자는 생애 주기에 따라(예: 취업, 결혼, 출산 등) 취향 변화가 매우 빠르다. 취향이 바뀌면 자연스레 냉장고에 대한 니즈 역시 달라질 수 있다. 내구재인 냉장고를 소비재처럼 활용할 수 있는, 그래서 상황에 따른 적응력이 강한 방식이 맞춤형이다.

그런데 맞춤형이라는 비즈니스 방식이 말로는 쉬워 보여도 실제로 운영하기에는 어려움이 적지 않다. 2만 가지가 넘는 종류를 어떻게 적시에 생산하고 제공할 수 있을까?[15] 이를 위해 삼성전자는 생산 체제의 이원화를 시도했다. 인기가 높은 것으로 예측되는 소재나 모델은 미리 재고를 확보하거나 생산하는 반면, 특이한 소재나 모델은 다품종 소량 생산에 유리한 '주문 후 생산 방식BTO: Build to Order'을 택했다. 생산 모듈화를 위해 모든 냉장고의 높이는 1,853mm로 단일화하고 부품도 동일하게 구성했다. 가구처럼 미세한 틈 없이 설치하기 위해 통상 뒤쪽에 설치하던 열 배출구를 상·하단에 배치하는 식으로 제품 디자인도 바꾸었다.

콘셉팅은 훈련이다

블루오션 전략에서는 새로운 시장을 창출하는 기본 수단으로 ERRC를 강조한다. ERRC는 제거Eliminate, 감소Reduce, 증대Raise, 창출Create의 약자로 주로 속성 수준에서 활용된다. 그러나 이 툴에는 맹점이 있다. 이 툴을 곧바로 적용하기 힘든 상황도 있고, 적용한다고 해서 블루오션 전략에서 주장하는 것처럼 새로운 시장이 자동으로 열리는 것은 아니다.

ERRC는 태양의 서커스처럼 전통적 브랜드와 유사한 니즈(가족 혹은 지인들과의 즐거운 추억 만들기)를 충족하는 것을 목적으로 하되 새로운 속성을 도입할 때 상대적으로 유용하다. 반면 스타벅스 사례처럼 카테고리의 근본 목적 자체에 상당한 변화가 있는 경우 이 툴을 도입하려면 전제 조건이 필요하다. 브랜드가 추구하는 새로운 콘셉트를 명확하게 도출해야 하는 것이다. 하위 수준인 속성의 변화를 통해 상위 수준인 콘셉트를 도출하는 것은 매우 어렵다. 반대로 브랜드 콘셉트를 정하고 나면 이러한 콘셉트를 구현하기 위해 필요한 속성을 결정하는 일은 상대적으로 수월하다.

그렇다면 새로운 콘셉트는 어떻게 도출할 수 있을까? 이 질문에 맞아떨어지는 답은 없다. 어찌 보면 이 주제는 과학보다는 예술의 영역에 가깝다. 대경제학자인 케인스John Maynard Keynes가 언급한 야성적 충동animal spirit 같은 직관이 지배하는 영역일지 모르겠다. 그러나 세상의 다양한 혁신 사례를 곱씹어보면 유용한 아이디어를 얻을 수 있다. 몇 가지 중요한 마음가짐의 요지는 다음의 명제로 표현할 수 있다. '관찰은 인사이트의 어머니고, 질문은 혁신의 어머니다.

그리고 문제의식은 관찰과 질문의 출발점이다.'

스타벅스의 경우 어떤 이들은 우연의 요소를 강조한다. 많은 것을 보고 경험하다 보면 새로운 아이디어가 떠오를 수 있다. 물론 그럴 수 있다. 하지만 무작정 많은 것을 경험한다고 아이디어가 나오는 것은 아니다. 실리콘밸리의 유명한 디자인컨설팅회사인 아이디오IDEO의 혁신 원칙 중 하나는 '목표 있는 혼돈focused chaos'이다. 이에 대한 정확한 해석은 창업자인 데이비드 켈리David Kelly만 알겠지만, 산만하게 흩어지지 않으려면 공통 주제가 있어야 한다. 새롭고 과격한 아이디어를 얻는 것도 중요하지만, 그 아이디어는 공감대가 형성된 주제와 관련성이 있어야 한다. 이를 조금 틀어 생각해보면 관찰이 효력을 발휘하려면 기본적으로 문제의식이 있어야 한다. 문제의식이란 관심 영역과 그 안의 해결하고 싶은 문제를 포괄한다.

현대 사회에서는 하루에도 수백만 개의 정보에 노출되는데 이 많은 정보에 모두 눈과 귀를 열 수 없다. 문제의식은 마치 고기(정보)를 낚는 그물 같은 것이다. 그물이 없거나 그물코가 성기면 고기들이 빠져나간다. 스타벅스의 하워드 슐츠Howard Schultz는 스타벅스에 마케팅 이사로 입사(그는 스타벅스의 최초 창업자가 아니다)한 뒤 스타벅스의 열정과 정신에 반해 이탈리아로 카페 견학을 떠난다. 그의 눈에 들어온 우아하고 능력 있으며 고객들과 격의 없이 지내는 바리스타는 결코 우연히 발견된 요소가 아니다. 가슴에서 터져 나오는 열정과 관심이 있었기에 로맨스적인 이탈리아 커피 문화가 그의 영감을 자극했던 것이다.

문제의식과 더불어 탁월한 경영자가 지녀야 할 덕목은 감수성이다. 세상, 그중에서도 사람에 대한 감수성을 길러야 한다. 최근 누군가를 위해 마음을 졸이거나 눈물을 흘려본 적이 있는가? 사람마다 다르겠지만, 대체로 우리는 나이가 들수록 마음이 메말라간다. 기술이 중요한 시대라지만 사람에 대한 감수성이 없으면 그 기술을 어디에 어떻게 사용할지를 모른다.

첫째, 본인의 문제의식 영역에 있는 사람(예: 의료계 종사자)을 관찰해보자. 그 사람들은 어떤 어려움과 아픔에 직면해 있는가? 조금이라도 고통을 덜어줄 방법은 없는가? 이 질문은 1장에서 논의한 맥락을 이해하는 문화전략으로 회귀한다.

둘째, 시장에서 일어나고 있는 다양한 현상에 대한 감수성을 길러야 한다. 개인적으로 큰 노력을 기울이지 않아도 요즘에는 트렌드라는 이름으로 많은 정보가 쏟아지고 있다. 그러한 정보를 습득하는 것이 시장 변화를 이해하는 데 도움이 된다. 팰리세이드와 비스포크 사례는 시대 변화가 카테고리를 바라보는 소비자들의 인식에 어떤 영향을 주는지 극명하게 보여준다.

그런데 트렌드를 접할 때는 남의 해석을 그대로 받아들이지 말고 꼭꼭 씹은 후 자신의 언어로 되새김질하는 과정이 필요하다. 주어진 정보를 수동적으로 받아들이지만 말고 능동적으로 재해석해봐야 한다. 그 과정이 없으면 남의 도움 없이 혼자서는 두 발로 설 수 없는 피동적 인간으로 전락한다.

훌륭한 경영자가 되려면 기존의 고정관념을 버리는 훈련unlearning을 끊임없이 해야 한다. 이름을 붙이자면 낯설게 바라보기defamiliarization라 할 수 있겠다. 우리가 해외여행을 가는 이유 중 하나도 익숙한 것들을 새롭게 볼 수 있기 때문이다. 낯설게 보려면 어떻게 하는 것이 좋을까? 효과적인 방법 중 하나는 대상에 부여된 이름을 제거하고 실체적 모습을 있는 그대로 바라보는 것이다. 문명은 자연 상태로 있는 대상에 이름을 부여한다. 이름은 대상에 의미를 부여하는 과정이다. 그런데 문제는 이름을 붙이는 순간, 그 대상은 하나의 이름에 종속된다는 점이다. 노자는 이를 두고 "도가도비상도 道可道非常道"라 설파했다. (실체적) 도를 (언어적) 도라고 규정짓는 순간, 그것은 (항상스러운 실체적) 도가 아니다. 현대 뇌과학에서도 언어의 해상도는 인식의 해상도보다 낮기 때문[16]에 언어는 세상을 온전히 인식하는 완벽한 방법이 될 수 없음을 말하고 있다.

이름을 떼고 생각해보라. 나는 학생들에게 강의하면서 "수업하는 동안만이라도 제발 나를 서울대학교 경영대학 교수로 생각하지 마라"고 부탁한다. 나를 권위가 부여된 대상으로 인식하면 생각하는 그들의 자유로움이 침해를 받는다. 물병은 항상 물병인가? 자동차는 왜 자동차인가? 학교가 정말 학교인가? 의심의 여지가 없는 것들에 의문을 품어라 Question the unquestionable.[17]

낯설게 바라보기와 더불어 우리의 상상력과 창의성을 좀 더 체계적으로 발현할 수 있는 구체적인 방법은 질문, 특히 와해성 가설 what if? why not?을 던지는 것이다. 와해성 가설을 생성할 때는 제약 조건을 이용하면 좋다.[18] 제약이 없으면 제약 조건을 추가하고 제약이 많으면 제약 조건을 없애고 생각해보는 것이다.

먼저 제약 조건을 추가하는 경우를 생각해보자. 이런 다소 황당한 상황들이 벌어진다면 어떻게 될까? 새로운 법률이 제정되어 현재 고객에게 우리 상품을 팔 수 없는 상황이 벌어진다면 어떻게 수익을 창출할 것인가? 현재 고객의 가처분소득이 절반으로 줄어든다면 우리 상품이나 서비스를 어떻게 변화시켜야 할까? 항공 운송서비스가 존재하지 않는다면 우리는 사업을 어떻게 변화시켜야 할까? 애플의 아이팟은 "셔츠 주머니 안에 쏙 들어가면서도 수만 곡을 담을 수 있는 MP3 플레이어를 만든다면 어떨까?"라는 질문의 결과이고, 애플스토어는 "일반 규모의 가전 매장을 소수의 애플 상품만으로 채우면 어떨까?"라는 질문의 산물이다. 유니레버(자세한 내용은 '전략 1'을 참고하기 바란다)가 젊은 여성을 이용한 직접 판매 채널을 구축한 것은 "전통적인 유통망, 광고, 인프라 없이도 어떻게 하면 오지 마을에 상품을 팔 수 있을까?"라는 질문의 결과다. 이처럼 적절한 제약 조건은 상자 밖의 사고out-of-box thinking를 촉발한다. 창의성은 제약 조건을 사랑한다.

반대로 제약 조건을 없애는 것도 와해성 가설을 도출하는 데 도움이 된다. 우리가 원치 않는 매몰비용sunk cost을 제거할 수 있다면, 과연 우리는 어떻게 할 것인가? 우리가 만약 이 직원을 채용하지 않았더라면, 이 설비를 설치하지 않았더라면, 이 프로세스를 시행하지 않았더라면, 이 비즈니스를 인수하지 않았더라면, 이 전략을 추구하지 않았더라면, 만약 그랬더라면 새로운 조건에서는 이 일을 어떻게 할 것인가?

제약 조건의 하나로 현재 비즈니스 모델의 근간이 되는 암묵적 룰도 제거해볼 수 있다. 과거의 규범이나 전통, 관행을 무시하고 오늘 다시 비즈니스를 시작한다면, 지금의 수요·기회·니즈·기술을 고려한다면 카테고리는 어떻게 정의해야 하는가? 더 나아가 약간은 비현실적인 미래의 상황을 상정한다면 카테고리는 어떻게 정의해야 하는가? 만약 특정 기술이 모든 기업과 소비자들에게 접근 가능해진다면 무슨 일이 벌어질까? 과연 그들의 행동은 어떤 방식으로 변화될까? 극단적으로는 "예산이 전혀 문제되지 않는다면 당신은 무엇을 어떻게 하겠는가?"라는 질문을 던질 수 있다. 스티브 잡스는 직원들에게 항상 꿈을 크게 꾸라고 조언했다. 애플의 탁월성에는 암묵적으로 돈에 대한 제약에서 벗어나 자유롭게 상상할 수 있는 자유로움이 이면에 숨어 있다.

마지막으로 새로운 아이디어를 얻고 싶을 때 기존에 개발된 혁신 방법론을 의도적으로 이용하는 것도 가능하다. 수평형 마케팅 lateral marketing[19], 트리즈TRIZ[20], 스캠퍼SCAMPER[21] 같은 혁신 방법론을 참고할 수 있다. 이 방법들은 서로 유사성이 매우 높아 모든 방법론을 공부할 필요는 없다. 자신의 선호에 따라 하나만 학습하는 것으로 족하다.

이종 카테고리의 색다른 연결

브랜드의 근본 목적, 즉 콘셉트를 다르게 재정의하는 다른 방법은 연관성 있는 이종 카테고리의 특성을 레버리지하는 것이다. 카테고리의 기존 정의에 도전하려면 발상의 전환이 필요하다. 공학·기술적 지식은 물론이고 인문학적 상상력과 창조적 사고를 이끌어내야 한다. 사전적이고 명목적인 카테고리의 의미가 아닌 새로운 의미를 부여하는 연습을 해보자.

스와치는 시계인가, 아닌가? 스와치는 시계지만 시계가 아니다. 이름도 스위스 시계Swatch=Swiss+Watch라는 뜻인데 말이다. 이게 무슨 말인가? 시계의 모양과 기능이 있다는 의미에서 누가 보더라도 스와치는 시계다. 그러나 그러한 접근은 지나치게 당연해서 아무도 깨뜨릴 수 없는 만고불변의 진리처럼 보이지만, 시계도 시계가 아닐 수 있다는 생각으로 사고를 전환하지 않으면 스와치 같은 파격적이고 신선한 브랜드 콘셉트는 만들 수 없다. 스와치는 시계가 아니라 패션 액세서리다. 1983년 스와치는 기존의 손목시계 개념과는 전혀 다른 패션 액세서리 카테고리의 개념을 차용했다.

스와치 이전의 시점으로 돌아가 손목시계 산업의 경쟁 구도를 살펴보자. 1950년대 이전에 시계는 곧 보석이었다. 보석 장인이 만든 시계는 보석상에서 판매했고 사용되는 보석 재료의 가치에 따라 가격을 매겼다. 이때부터 이어진 명품 브랜드의 대명사가 롤렉스다. 그러다 1951년 무렵 타이멕스라는 기능성 시계가 등장해 손목시계 산업의 지형을 변화시킨다. 저가의 기계식 시계를 대량 생산할 수 있는 능력이 생김으로써 시계는 이제 대중적 상품이자 하나의 도구로 인식되기 시작했다.

1970년대 들어 시계 산업은 쿼츠quartz 기술의 등장과 함께 또 한 번의 변모를 겪는다. 롤렉스 같은 보석 시계와 유사해 보이지만 진짜 보석이 아닌 모조 보석을 사용하는 아류 브랜드들이 등장했다. 대표 브랜드가 일본의 세이코. 타이멕스가 불러온 변화보다는 폭이 훨씬 작았는데, 이번에 새로 생긴 카테고리는 보석류 카테고리의 하위 카테고리로 인식할 수도 있기 때문이다.

이후 10년 이상 스위스 시계 산업은 정체기에 들어갔다. 이때 카테고리를 혁신한 브랜드가 스와치다. 스와치는 기존 시계와 달리 이종 카테고리인 패션 액세서리를 레버리지했다. 보석 카테고리와 패션 액세서리의 성격은 여러모로 다르다. 보석은 진지하고 복잡한 구매 과정을 거치고 상품의 가치는 보석 품질에 따라 객관적으로 결정된다. 패션 액세서리도 수직적 차원의 차별화를 논할 수 있지만, 주관적이고 충동적이며 순간의 느낌이 중요한 수평적 차별화 카테고리다. 혹시 이해가 잘 가지 않으면 주변의 여성분들에게 물어보라! 이러한 카테고리 연상 차용은 스와치의 모든 마케팅 믹스에 반영되어 있다. 순간의 느낌, 주관적인 감성이 중요한 카테고리인 만큼 디자인과 색상이 다양하고 화려하다.

수많은 모델이 매년 쏟아져 나오지만 가격 차이는 거의 없다. 최초로 출시되었을 당시에는 단일 가격 정책을 실시했다. 단일 가격 전략에는 '스와치는 개인에 따라 상황에 따라 주관적인 기준으로 평가하라'는 메시지가 녹아 있다. 전통 미디어 커뮤니케이션ATL: Above-The-Line 보다는 비전통적 커뮤니케이션BTL: Below-The-Line 활동을 많이 하고 홍보와 구전을 적극 사용했다. 유통 채널로는 보석상보다 미니 부티크 형태의 독립 매장이나 매장 내 독립 공간shop-in-shop을 쓴다. 이러한 전략들은 패션 액세서리로서의 브랜드 콘셉트를 전방위적으로 지원해 소비자의 인식을 바꾸는 역할을 했다.

이러한 전략을 이종 카테고리 개념을 차용했다는 의미에서 일탈 브랜딩break-away branding이라 부른다.[22] 일탈 브랜딩은 브랜드 확장의 관점에서도 이해할 수 있다. 브랜드 확장이란 모⺟브랜드 자산을 활용해 완전히 새로운 상품군에 신상품을 출시하는 전략을 말한다. 예를 들어 BMW가 2019년 가을 출시한 E-스쿠터가 브랜드 확장에 해당한다.[23] BMW는 퍼스널 모빌리티 개념이 생소하던 2014년, 로스앤젤레스 오토쇼에서 미니 시티서퍼Mini CitySurfer 콘셉트 디자인을 선보인 바 있다(그림 2-6). 자체 공장 직원의 이동을 도와주기 위해 세그웨이형 전동 킥보드를 생산하기도 했다. E-스쿠터는 자동차에 접어 휴대하다가 자동차로 이동하기 힘든 곳에 갈 일이 생기면 사용할 수 있도록 고안되었다. 최근 글로벌 자동차 회사들이 앞다투어 개인용 소형 이동 장치를 만드는 것은 모빌리티 사업으로 사업을 확장하고 있다는 것을 증명한다.

일탈 브랜딩의 숨겨진 힘

브랜드를 확장할 경우 모브랜드와 새로이 출시하는 상품의 관계는 크게 세 가지로 나눠진다.[24] 애플 브랜드의 핵심 콘셉트는 재미와 사용자 친화성이고, 이러한 콘셉트를 그대로 살린 상품이 매킨토시다. 애플 아이맥은 애플의 핵심 콘셉트에 다양한 색상이라는 차원을 부가한 유사 관계similarity이고, 애플의 스마트폰인 아이폰은 재미를 유지하면서 우월한 특징(배터리, 메모리, 앱)을 덧붙인 전환 관계transformation다. 반면 기존 핵심 콘셉트와 모순되는 연상을 부가하는 경우를 상반 관계contradiction라 부르는데, 지극히 복잡하고 불편한 기능을 담았던 애플의 PDA 뉴튼이 그 예다. 애플 뉴튼은 당연

그림 2-6 BMW의 퍼스널 모빌리티 사업:
미니 시티서퍼, 세그웨이형 전동 킥보드, E-스쿠터

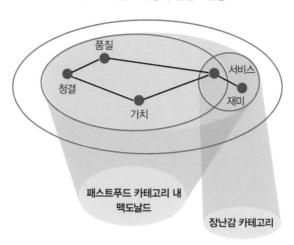

그림 2-7 브랜드 확장과 일탈 브랜딩

품질
청결
가치
서비스
재미

패스트푸드 카테고리 내
맥도날드

장난감 카테고리

히 시장에서 처참하게 실패한다. 물론 장기적인 관점에서 보면, 애
플이 기능보다 쾌락적 니즈에 집중하는 방향으로 신상품 출시 궤
도를 선회(아이팟, 아이폰, 아이패드의 진화)하는 데 도움을 주었지
만, 뉴튼 그 자체로는 완전한 실패다.

이 세 가지 관계 중 전환 관계를 잘 활용하면 이종 카테고리를
레버리지하는 것이 가능하다. 예를 들어 맥도날드라는 브랜드를 생
각해보자. 맥도날드 브랜드의 핵심 콘셉트를 이루고 있는 개념에는
청결, 품질, 가치, 서비스 등이 있다. 와해성 전략 혁신을 위한 방법
으로 이종 카테고리의 연상을 끌어오는 것이 가능하다(그림 2-7).
예를 들어 장난감 카테고리를 레버리지한다면 그 카테고리의 핵심
인 재미와 유쾌함, 어린이라는 연상을 레버리지할 수 있다. 이를 도
입함으로써 아이들을 위한 다양한 종류의 즐길거리(애니메이션, 인

형, 장난감)가 있고, 생일이나 어린이날, 크리스마스 등 특별한 날에 방문하는 곳으로 맥도날드를 재포지셔닝할 수 있다. 이렇게 본다면 이종 카테고리의 연상을 레버리지함으로써 시장 경쟁 구도를 재편하는 것은 브랜드 확장과 그 개념적 원리를 공유한다고 볼 수 있다.

여기서 중요한 문제는 전환 관계에서 모브랜드의 콘셉트와 신상품의 콘셉트 간 서로 연관성을 인지할 수 있는 장치를 마련하는 것이다. 스와치가 패션 액세서리 카테고리의 연상을 레버리지한 데는 그만한 이유가 있다. 소비자들이 두 카테고리 간의 연관성을 쉽게 인식시킬 수 있기 때문이다. 손목시계도 손에 착용하는 것이고, 패션 액세서리 중에서도 반지나 팔찌 등 손에 착용하는 것이 많다. 브랜드 확장이든 와해성 전략이든 핵심은 의미 부여sense-making를 통해 콘셉트 간의 연관성 인식을 높이는 것이다. 연관성은 고정불변의 개념이 아니라 게임의 룰과 마찬가지로 기업의 마케팅 노력 여하에 따라 충분히 달라질 수 있는 가변적 개념이다.

조금 특이한 예를 브랜드 확장에서 끌어와보자. 헬로키티라는 브랜드는 무기, 약물, 담배를 제외하고 거의 모든 상품으로 나왔다고 할 정도로 확장의 범위가 넓다.[25] 심지어 키티 와인까지 나왔을 정도다. 그런데 헬로키티 헬스케어센터[26]가 있다면 믿겠는가? 이는 그저 상상만의 아이디어가 아니다. 실제로 2015년 홍콩에서는 헬로키티 테마를 이용한 헬스케어센터를 개원했다(그림 2-8). '예방이 치료보다 낫다'는 모토 아래 임산부, 학생, 부모, 직장인 등을 대상으로 공중보건 및 질병 교육을 하고, 주요 전염병 예방 접종을 제공한다. 진료 대기실, 체중계, 반창고 등에는 키티 이미지가 새겨져

그림 2-8 헬로키티 헬스케어센터

있다. 주로 유아를 대상으로 하지만, 성인에 대한 독감 예방 접종, 알레르기 테스트 및 탈민감화 요법 등을 제공함으로써 홍콩인의 사랑을 받고 있다.

이 사례는 헬로키티라는 모브랜드를 헬스케어센터라는 새로운 카테고리로 확장한 사례다. 헬로키티 굿즈와 헬스케어센터는 카테고리 차원에서 보면 전혀 유사성이 없다. 그런데 어떻게 이러한 확장이 성공할 수 있었을까? 물론 어린이들을 수 타깃으로 한다는 측면에서 연결고리가 있기는 하다. 하지만 헬로키티의 귀엽고 낙천적인 이미지가 환자들의 불안감과 공포를 줄이는 데 도움이 된다는 점을 센터에서 적극적으로 알리고 있다는 사실에 주목할 필요가 있다. 그들은 자신들의 설립 목적을 '고객들이 친근하고 따뜻한 분위기에서 긍정적인 의료 서비스를 경험하게 하는 것'이라고 설명한다. 모브랜드와 신상품 카테고리 간의 연결고리를 자연스럽게 인식할 수 있도록 커뮤니케이션에 신경 쓰는 것이다. 이 사례를 와해성 전략의 관점에서 반대로 뒤집어 생각하면, 의료 기관이 특정 캐릭터의 연상을 레버리지함으로써 새로운 감각의 헬스케어센터를 만든 것으로 이해할 수도 있다. 이렇듯 연결고리에 대한 논리를 지원함으로써 이종 카테고리의 연상을 레버리지하는 것은 새로운 브랜드 의미를 창출하는 데 중요하고 효과적인 방법이다.

고객의 니즈를
프로파일링하라

핵심 고객을 파악했는가

기업은 고객의 존재를 전제로 한다. 그래서 고객 니즈, 고객 세분화, 고객 생애 가치 등 마케팅의 핵심 개념에는 고객이라는 말이 따라다닌다. 그런데 고객에도 종류가 다양함을 간과하는 경우가 적지 않다. 구체적인 고객의 종류는 어떤 기준을 적용하는가에 따라 달라지겠지만, 산업을 B2C와 B2B로 구분해보자. B2B의 고객은 통상 기업(그래서 고객사라 부른다)이다. 그런데 고객사에서 의사결정에 관여하는 주체는 매우 다양하다. 구매를 직접 관리하는 구매자도 있지만, 구매한 상품을 사용하는 사용자(생산팀, R&D팀 등), 구매 의사결정을 최종적으로 내리는 의사결정자(CEO, CFO 등), 구매 의사결정 과정에 영향을 끼치는 영향력 행사자(기술자)도 있다. 의사결정에 관여하는 모든 이해관계자를 일컬어 의사결정 단위DMU:

그림 2-9 **힐티의 공구 관리 프로그램**

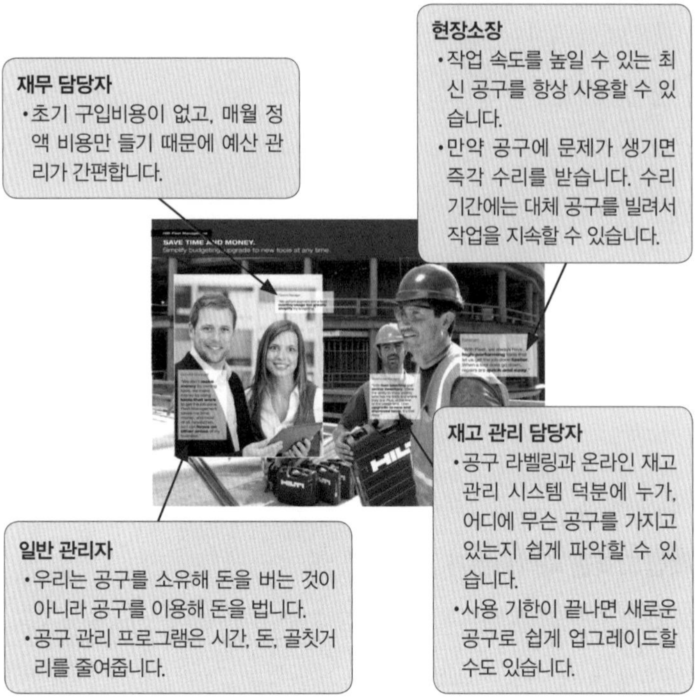

재무 담당자
- 초기 구입비용이 없고, 매월 정액 비용만 들기 때문에 예산 관리가 간편합니다.

현장소장
- 작업 속도를 높일 수 있는 최신 공구를 항상 사용할 수 있습니다.
- 만약 공구에 문제가 생기면 즉각 수리를 받습니다. 수리 기간에는 대체 공구를 빌려서 작업을 지속할 수 있습니다.

일반 관리자
- 우리는 공구를 소유해 돈을 버는 것이 아니라 공구를 이용해 돈을 법니다.
- 공구 관리 프로그램은 시간, 돈, 골칫거리를 줄여줍니다.

재고 관리 담당자
- 공구 라벨링과 온라인 재고 관리 시스템 덕분에 누가, 어디에 무슨 공구를 가지고 있는지 쉽게 파악할 수 있습니다.
- 사용 기한이 끝나면 새로운 공구로 쉽게 업그레이드할 수도 있습니다.

Decision-Making Unit 혹은 구매센터buying center 라 부른다.

그런데 의사결정 단위에 속하는 다양한 구성원은 자신의 이해관계나 니즈에 집중한 나머지 다른 구성원의 관심사를 외면할 가능성이 있다. 따라서 B2B 기업이 고객사 의사결정 단위의 각 구성원을 대할 때는 맞춤형 소구점을 제시하는 것과 동시에, 다른 구성원들이 중요하게 생각하는 편익도 존재한다는 사실을 충분히 알릴 필요가 있다. 힐티의 공구 관리Hilti Fleet Management 프로그램을 살펴보자

(힐티의 비즈니스 모델은 '전략 1'을 참고하기 바란다). {그림 2-9}에서 보는 것과 같이 힐티의 월정액 공구 구독 서비스는 다양한 이해관계 자들에게 다양한 편익을 제공한다. 구매를 직접 담당하는 구성원을 응대할 때 그들의 관심사에 맞는 편익(예를 들어 낮은 초기 비용과 예산 관리의 용이성)을 맞춤형으로 소구하는 것도 중요하지만, 다른 구성원들에게 득이 되는 편익도 추가로 소구함으로써 담당자의 긍정적 의사결정을 효과적으로 이끌어낼 수 있다.

힐티처럼 의사결정 단위의 구성원들에게 모두 긍정적인 편익을 제공하면 이상적이지만, 그렇지 않은 경우가 많다. 심지어 어떤 구성 원에게는 편익으로 간주되는 것이 다른 구성원에게는 비용으로 인식되기도 한다. 이 경우 우리 상품을 통해 가치를 제공할 핵심 대상이 누구인지 파악하는 것이 필요하다.

세계 유수 비즈니스 정보 제공업체인 《블룸버그》는 핵심 고객에 대한 기존 업계의 관행을 깨고 새로운 고객을 타깃했다.[27] 기존에 온라인 금융 정보를 제공하는 업체들은 대부분 IT 관리자를 핵심 고객으로 삼고 있었다. IT 관리자는 서비스를 구매하는 담당자다. 그러나 정작 금융 정보를 사용해 고객사에 수익을 가져오는 구성원들은 애널리스트와 트레이더들이다. IT 관리자는 관리의 용이성, 즉 표준화된 시스템을 주요 편익으로 삼는 반면, 애널리스트와 트레이더는 사용의 효과성과 용이성, 즉 정보를 빨리 검색하고 중요한 분석을 빠른 속도로 수행할 수 있는 기능을 더 중요하게 생각한다. 《블룸버그》는 타깃 고객을 애널리스트 및 트레이더로 재정의하고 이들이 중요하게 생각하는 속성에 집중해 경쟁우위를 창출했다. 부가적

으로 그들의 행동을 관찰하던 중 뜻하지 않은 새로운 니즈도 발견
했다. 주식 시장이 한산한 낮시간에는 이들의 업무가 별로 없음을
발견하고 사용하기 편한 쇼핑 및 정보 서비스를 제공함으로써 부가
적인 가치를 창출했다.

비슷한 사례로 노보 노르디스크Novo Nordisk가 개발한 인슐린 상
품 노보펜NovoPen도 타깃 고객을 재정의한 사례다.[28] 제약회사의
1차 고객은 병원이다. 그중에서도 의사가 핵심 고객이다. 그런데 실
제로 의약품을 쓰는 최종 소비자는 환자다. 의사도 환자도 질병 치
료나 통증 관리에 공통으로 관심 있지만, 세부적으로 들어가면 전
문가인 의사와 일반인 환자들이 중요하게 생각하는 상품의 속성은
다를 수 있다. 의사들은 치료 자체에 주로 관심을 두므로 인슐린의
순도에 주목한다. 그러나 1980년대 초반 인슐린 정제 기술은 급격
히 발전해 순도 위주의 경쟁은 더 이상 의미가 없어졌다.

환자가 인슐린을 바라보는 프레임은 의사와 확연히 다르다. 경구
약에서 주사약으로 넘어간다는 것은 당뇨병의 정도가 심각해진다
는 시그널이므로 감정적 위기의식이 다가온다. 매번 정확히 인슐린
의 양을 투약하는 것은 여간 복잡하고 힘든 일이 아니다. 행여 주변
에서 주사기로 자신의 다리에 인슐린을 맞는 장면을 보기라도 한
다면 여간 창피스러운 경험이 아닐 수 없다. 노보 노르디스크는 쉽
게 휴대할 수 있고 정확한 투약 양이 내장되어 있으며, 누가 보더라
도 주사기가 아닌 만년필 모양으로 생긴 노보펜을 개발한다.

B2B와 마찬가지로 B2C에서도 상품이나 서비스를 사용하는 소
비자 외에 의사결정자와 비용 지불자, 영향력 행사자 등이 따로 있

을 수 있다. 마케팅 커뮤니케이션을 진행할 때 누구를 타깃으로 할지의 문제는 상황에 따라 달라질 수 있다. 핵심은 항상 최종 소비자만이 타깃은 아니라는 점이다. 중고등학생들이 좋아하는 문화상품 (예: 게임 관련 상품, 음원 서비스, 캐릭터)은 사용자와 비용 지불자가 다르다. 의사결정은 사용자 본인인 청소년이 하겠지만, 비용은 주로 부모가 지불한다. 혹시라도 우리 상품이 부모의 관심사에 부합하는 편익을 가지고 있다면 그들에게 적극 소구하는 것도 도움이 될 수 있다. 닌텐도 Wii는 일반 게임과 달리 두뇌 계발 같은 교육적 성격이 가미된 게임을 출시했다. 상대적으로 중독성이 강한 온라인 게임에 비해 닌텐도는 어쩔 수 없이 아이들의 성화에 이길 수 없는 부모에게 비교적 호의적인 반응을 불러낼 수 있다.

미국 최대의 여성용 란제리 브랜드인 빅토리아 시크릿의 고객은 누구인가? 상품을 소비하는 30~40대 여성? 당연히 그들이 주요 고객이다. 하지만 아내나 여자 친구를 위해 선물용으로 상품을 구매하는 남성 고객도 중요하다. 창업자인 로이 레이몬드Roy Raymond는 여성 속옷 매장에서 아내를 위한 선물을 고를 때 남편들이 느끼는 창피함에 아이디어를 얻어 1977년 처음 매장을 열었다. 핵심 고객의 범위를 남성 고객으로 확장한다면 다양한 아이디어가 나올 수 있다. 남성 고객은 상품에 대한 지식이 낮고 쑥스러움이라는 감정적 비용도 감수해야 하기 때문에, 친절하고 능력 있는 직원들이 편안하게 드나들 수 있는 매장 환경에서 서비스하는 것이 필요하다.

핵심 고객의 범위를 규정하는 문제는 신상품 출시나 브랜드 확장과 비슷해 보이지만 다르다. 빅토리아 시크릿은 기존의 핵심 고객

층인 30~40대보다 좀 더 어린 20대를 겨냥해 '핑크PINK'라는 브랜드를 출시했다.[29] 핑크는 20대 여대생을 대상으로 섹시함과 귀여움을 동시에 추구한다. 언니들의 성숙함을 따라 하고 싶은 10대와 동생들의 귀여움을 얻고 싶은 30대까지 흡수한다. 그런데 일반적으로 신상품 전략은 새로운 고객에 소구하기 위해 상품 자체를 따로 만들어 출시하는 전략이다. 따라서 동일한 제품에 핵심 고객을 다각도로 재정의하는 문제와는 성격이 좀 다르다.

이제 비고객을 공략하라

경영학에서는 타깃 고객이 매우 중요하다. 누구를 타깃하는가에 따라 가치 제안의 성격과 경쟁 구도, 필요한 자원과 역량의 성격 등이 달라진다. 그런데 기존 고객에 집중하다 보면 고객의 범위를 확장할 수 있는 기회를 놓칠 수 있다.

고객 관점에서 보면 성장의 기회는 크게 세 가지다. 기존 고객의 충성도를 높임으로써 구매량과 금액을 증가하는 전략, 경쟁사의 고객을 유인하는 전략, 마지막으로 카테고리를 아예 소비하지 않는 비고객非顧客을 유인하는 전략이다. 비고객은 왜 비고객인가? 왜 그들은 카테고리를 소비하지 않는 것일까? 먼저 비고객의 원인을 분석하는 것이 필요하다. 이 분석은 특정 브랜드를 대상으로 할 수도 있고, 특정 카테고리를 대상으로 할 수도 있다. 스타벅스의 비고객을 분석할 수도 있지만, 더 넓게는 커피전문점의 비고객을 분석할 수도 있다. {표 2-3}은 비고객의 원인을 다섯 가지로 분류하고 있다.

표 2-3 비고객의 발생 원인[30]

장애 요인	설명	예제	필요한 분석
기술	• 문제 해결을 위한 전문성 부족: 소비자 스스로 사용할 수 없음	• 장·노년층의 디지털 기기 활용	• 상품이나 서비스의 소비사슬 분석 • 핵심 스킬이 부족해 시장에서 소외되고 있는 소비자 파악
예산	• 기존 솔루션의 높은 비용	• 저비용, 간편 검색 광고 (구글의 애드워즈ad-words) 개발 이전의 광고 • 세일즈포스 등장 이전의 고객관계관리CRM 소프트웨어	• 소비 피라미드 분석을 통해 상품이나 서비스의 침투력이 낮은 시장 (주로 피라미드 하층부BOP)을 파악 • 피라미드 단계별로 나타나는 상품 및 서비스 침투력 차이가 예산에 기인하는지 파악
접근성	• 특정 환경에서만 소비 가능 • 솔루션의 다양성 부족	• 넷플릭스 등장 이전의 비주류 영화, • 아마존 등장 이전의 비주류 도서 • 아이팟 등장 이전의 비주류 음원	• 기존의 상품이나 서비스를 사용할 수 없는 경우를 분석 • 원하는 솔루션이 접근하기 힘들거나 존재하지 않는지 분석
시간	• 지나치게 긴 소비 시간	• 특정 취미(예: 골프)에 드는 시간과 간편 서비스 (예: 스크린 골프)의 등장 • 친구 및 이성을 사귀는 시간 부족과 스타트업 (틴더Tinder, 여보야 등) 등장	• 이탈 고객 분석을 통해 시간 부족이 소비 중단에 끼치는 영향을 분석 • 상품이나 서비스 복잡성 증가로 사용하기 위해 드는 시간 분석
이미지	• 심리적 편견 • 추구 이미지와 부적합	• 기성세대 전유물 (예: 전통 미디어)에 대한 MZ 세대의 회피 반응 • 부정적 편견이 강한 카테고리(예: 보험)	• 특정 상품 및 서비스에 대한 비고객들의 심리 상태 이해: 에스노그라피, 관찰 등 정성적 연구 필요

비고객의 원인을 분석했으면 육하원칙을 따라 소비자의 니즈를 프로파일링함으로써 새로운 핵심 고객을 발견할 수 있다. 특정한 상품을 대상으로 누가, 언제, 어디서, 어떻게 소비하는지 생각해보는 것이다. 이러한 프로파일을 통해 궁극적으로는 왜 그러한 소비를 하는지(숨은 동기)를 알 수 있다.

크루즈 여행 하면 어떤 모습이 떠오르는가? 아마도 퇴직한 노부부의 여유로운 여행이나 갓 결혼한 부부의 신혼여행 정도 아닐까? 그러나 크루즈 여행에 대한 니즈를 가진 소비자 집단은 훨씬 다양할 수 있다. 활동적인 성인 고객who이 새로운 삶의 경험what을 얻기 위해 휴가 기간when에 새롭고 이국적 장소where에서 다양한 모험how을 즐기는 크루즈를 생각할 수 있다.[31] 혹은 어린아이와 가족who이 마술 같은 환상적인 경험what을 얻기 위해 휴가 기간when에 이국적 장소where에서 다양한 오락과 관광how을 즐기는 크루즈도 생각할 수 있다. 이러한 비고객들에게는 자신들이 추구하는 니즈나 이미지가 기존 크루즈와는 잘 맞지 않았던 것이다. 첫 번째 비고객을 타깃한 브랜드가 로열 캐리비안, 두 번째 비고객을 타깃한 브랜드가 디즈니 크루즈다.

최근 미디어계에는 뉴스 큐레이션의 바람이 불고 있다. 고객이 원하는 분야를 선정하면 해당 분야의 필요한 뉴스를 선정해 뉴스레터 형식의 이메일로 제공한다. 기존의 뉴스 서비스는 정치·경제를 중심으로, 핵심 고객인 중년 남성을 대상으로 제공되어왔다. 최근 연령이나 세대 외 개인의 취향에 소구하는 다양한 뉴스레터 서비스가 생겨나고 있다.[32] 독서(리딩리딩www.rglg.co.kr), 재테크(어피

그림 2-10 **어피티와 뉴닉**

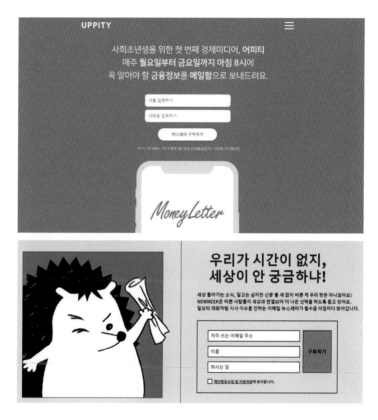

티 머니레터https://uppity.co.kr), 문화(앨리스미디어www.alicemedia.co), 시
사(뉴닉https://newneek.co), 예술(줌줍), 디자인(디독) 등 분야도 다양
하다. 그중 MZ세대를 대상으로 한 어피티와 뉴닉을 살펴보자(그림
2-10).

우선 어피티'건방진'이란 뜻의 타깃 고객은 사회 초년생 3년 차 이하
직장인이다. 연봉 3,000~4,000만 원 정도의 25~34세 여성 직장인

이 핵심 타깃이다. 전통적으로 뉴스의 핵심 고객은 40~50대 중년 직장 남성인 점을 감안하면 완전히 새로운 집단을 타깃으로 하고 있다. 어피티는 젊은 여성들이 거의 모든 영역에 자신감이 있지만 유독 돈 관리에 관해서는 위축된다는 점을 간파했다. 기존 경제 콘텐츠는 매우 남성스럽다는 인사이트도 발견했다.[33]

뉴닉은 일주일에 3건의 엄선된 뉴스를 5분 안에 읽을 수 있도록 가공해 전달하는 뉴스레터 서비스다. 어피티와 마찬가지로 뉴닉 역시 기존의 레거시 미디어들이 MZ세대들에게 외면받는 원인을 분석했다. 시간은 없는데 뉴스는 넘쳐나고, 전통 뉴스는 재미도 없거니와 뉴스를 공유하는 사람들끼리 공감대도 형성하기 어렵다. 뉴닉의 핵심 타깃인 뉴니커(그들은 독자를 이렇게 부른다)는 바쁘지만 여전히 세상이 궁금한 2030 밀레니얼 사회 초년생이다.[34] 지금까지 차근차근 구축해온 뉴닉의 '뉴' 하고 '유니크'한 브랜드를 극명하게 보여주기 위해, 귀엽고도 핵심을 치르는 뾰족한 느낌의 고슴도치를 활용해 '고슴이'라는 캐릭터도 만들었다. 그들의 슬로건은 유쾌하면서도 핵심을 찌른다. '이러다 오늘도 유식하겠는데? 우리가 시간이 없지, 세상이 안 궁금하냐?'

어피티와 뉴닉 사례는 비고객 분석의 중요성을 보여준다. MZ세대들은 전통적인 미디어를 소비하지 않는다고 한다. 그러나 그들의 미디어 사용 패턴이 달라졌다고 해서 뉴스에 대한 니즈까지 변화했다고 보기는 어렵다. 기술이 발전할수록 소비의 양식이 바뀌는 것이 근본적인 소비자의 니즈까지 없어지는 것을 의미하지는 않는다. 오히려 MZ세대들은 치열한 생존 경쟁에서 살아남기 위해, 시대에 뒤처지지 않기 위해, 타인과 소통을 하기 위해 뉴스에 대한 니즈가 더 클지 모른다. 문제는 기성 언론과 뉴스 콘텐츠가 그들의 삶의 방식과 부합하지 못한다는 점이다.

두 브랜드는 다음과 같은 성공 방정식을 보여준다. 그것은 비고객의 원인이 카테고리 자체보다는 그 소통 방식에 문제가 있다는 인사이트를 발견하고, 특정 영역에 대해 뾰족하게 정의된 상품을 새로운 느낌으로 확실하게 정의된 타깃 고객에게 전달한 것이다.

통하지 않으면
방법을 바꿔라

이제 가치 전달의 수단과 관련된 혁신 방법을 살펴보자. 가치 전달의 수단은 전통적 개념으로는 4P라는 마케팅 믹스, 고객경험 프레임워크에서는 터치포인트를 의미한다. 이러한 수단 역시 카테고리 내에서 브랜드 간 차이가 없고 정형화되면 클리셰로 전락할 수 있다. 경쟁사와는 다르면서도 소비자의 마음을 쿡 찌를 수 있도록 칼날같이 뾰족하게 가치를 전달하라! 그 방법은 마찬가지로 클리셰의 발견과 와해성 가설 수립에서 시작한다. 가치 전달 수단에 관한 혁신은 범위가 다소 좁다. 좁다는 것이 나쁜 것은 아니다. 전체를 한꺼번에 바꾸기는 어렵지만 좁은 영역에서의 변화는 상대적으로 쉽다. 혁신은 경계에서, 아주 좁게 정의된 영역에서 나오는 경우가 많다.

만족도를 높이는 보완재

로레알은 2012년 프레퍼런스Preference 브랜드 하위에 와일드 옴브레Wild Ombré라는 가정용 염색 키트 상품을 출시했다. 옴브레는 프랑스어로 무지개란 뜻이다. 2012년 이전만 하더라도 염색은 크게 두 가지로 구분할 수 있었다. 머리 전체를 한 색상으로 염색하거나, 뿌리부터 머리카락 끝부분까지 염색하되 머리카락의 일부분만 염색하는 하이라이트마치 머리카락에 줄을 그은 듯한 모양으로 염색하는 방식가 대세였다.

그런데 구글과 협업을 통해 로레알은 당시 새로운 유행이 태동하는 것을 발견한다. 소셜 리스닝social listening을 통해 '옴브레ombré' '딥다이dip-dye' 등의 키워드 검색률이 급증하는 것을 발견한 것이다. 이후 유튜브 채널에서 해당 염색법과 관련된 영상물이 속출한다. 유튜브 동영상을 분석한 결과, 옴브레 염색과 관련해 로레알은 몇 가지 흥미로운 인사이트를 얻는다.

첫째, 옴브레 방식은 헤어스타일리스트의 도움 없이 집에서 혼자 하는 것이 매우 힘들다. 둘째, 기존 염색법에 비해 위험성이 낮다. 턱 부분에서 머리카락 끝까지만 염색하므로 마음에 들지 않으면 쉽게 자를 수 있다. 셋째, 염색 과정이 복잡하고 힘들어 집에서 염색할 경우 친구나 가족의 도움을 받아야 한다. 따라서 옴브레 염색 과정은 일종의 사회적 의례 활동으로 인식되고 있었다.

옴브레 염색과 관련된 인게이지먼트(블로거들의 트렌드 언급, 인플루언서들의 동영상 게시 등) 현상을 활용하려면 커뮤니티와의 관련성을 높이는 것이 중요하다. 브랜드가 커뮤니티 내 대화의 중심을 차지하도록 만들려면 커뮤니티에서 쓰는 언어(이 사례의 경우 옴브레(ombré)를 사용하는 것이 효과적이다. 로레알은 역사적으로 기술적 혁신이나 탁월성을 나타내는 용어를 브랜드 이름으로 써왔다. '와일드 옴브레'라는 이름을 만들기 전 최초로 고려했던 브랜드 이름은 '인텐스 디그레이드(Intense Degrade'였지만, 커뮤니티에서 소비자들이 쓰는 용어인 '옴브레'를 브랜드 이름으로 차용한다.

둘째, 옴브레 스타일을 구현하기 위해 거쳐야 하는 복잡한 과정을 해결하기 위한 솔루션을 개발했다. 옴브레 스타일이 등장하기 이전에는 염색을 위해 칫솔, 미술용 붓, 빗, 장갑 등이 필요했다. 복잡한 염색을 쉽게 하도록 사용이 편리한 브러시를 고안하고, 옴브레 키트를 사용하는 염색 과정을 심플렉시티(Simplexity: 복잡한 문제를 간단하게 해결한다라 명명한다. 이후 소셜미디어에는 브러시에 대한 호의적인 반응이 폭발적으로 증가한다. 핵심상품도 중요하지만 경우에 따라 보완재를 통해 가치를 창출하는 것도 중요함을 보여주는 사례다.

통상적으로 상품 하면 핵심상품만 떠올리기 쉽다. 스타벅스는 커피전문점이므로 핵심상품은 커피다. 그러나 상품이 소비되는 맥락을 이해하면 다양한 종류의 보완재를 떠올릴 수 있다(자세한 내용은 1장의 소비사슬을 참고하기 바란다). 소비사슬에서 소비자들이 겪는 장애 요인은 무엇인가? 보완재를 제공함으로써 이 장애를 제거할 수 있을까?

운동화 카테고리를 생각해보자. 많은 브랜드가 운동화를 핵심상품으로 규정하고 상품 위주의 혁신에 몰입한다. 다양한 모델과 스타일을 선보이고 기능 향상을 위한 새로운 속성도 개발한다. 그러나 운동화는 소비자 관점에서 보면 운동 경험을 구성하는 일부분에 불과하다. 운동을 통해 건강이나 기록 향상을 추구하는 진지한 소비자는 이러한 목표 달성에 필요한 요소를 갈구한다. 자신의 운동 관련 기록과 신체 상태를 체크하고 운동에 대한 동기부여를 자극받는 것과 같은 요소 말이다. 그래서 나온 개념이 나이키플러스Nike+와 애플워치다. 나이키플러스는 나이키와 애플의 공동 브랜딩 사례다. 공동 브랜딩이나 협업은 보완재에 숨어 있는 잠재적 기회를 활용할 수 있는 중요한 방법이 될 수 있다.[35]

합리적인 가격 차별화

소비자들도, 브랜드들도, 시장의 그 누구도 지금의 가격 책정 방식에 별로 의문을 달지 않지만, 카테고리 수준에서 비교해보면 재미있는 현상이 있다. 아마도 가장 복잡한 가격 책정 시스템을 보유한 업계는 항공업일 것이다. 일정, 채널, 고객, 경로 등에 따라 수만 가지의 가격 차별화가 이뤄지는 곳이 항공업이다.

서비스업의 특성상 한 번 팔리지 않는 좌석을 재고로 보유했다가 추후에 판매할 수 없으므로 예기치 않은 저가로 나오는 티켓도 적지 않다. 어차피 승객을 1명 더 태울 때 드는 한계비용이 거의 제로에 가까워 공석으로 갈 바에야, 평균 가격보다 훨씬 낮더라도 좌석을 채우는 것이 유리하다. 이유야 어찌 되었든 항공업계에서는 가격 차별화가 일종의 규범이다. 그런데 그 차별화가 복잡해도 과하게 복잡하다. 이 규범을 깰 수는 없을까? 단일 가격제로 전환하는 것은 어렵겠지만 지금보다 더 단순하고 투명한 가격 구조로 바꾸는 것은 불가능할까?

반대로 영화업을 보자. 물론 시간(조조·심야 할인)이나 시설(부티크관 대 일반관)에 따른 가격 차별화가 존재하지만, 영화관람료는 대체로 일정하다. 브랜드에 따른 차이도, 지역(대도시 대 중소도시)에 따른 차이도, 관람관 내 좌석의 위치에 따른 차이(스크린 앞에 앉아 영화를 제대로 보지 못한 경험이 있는 분이라면 누구나 공감할 것이다)도 거의 없다. 영화마다 제작비, 상영 시간, 장르가 다르고 극장마다 수익 구조가 다르며 소비자의 좌석 선호도 역시 다를 텐데 왜 영화 관람료는 동일할까? 비슷한 문화업인 뮤지컬이나 연극만 하더라도 작품과 좌석에 따라 가격이 다른데 왜 유독 영화는 가격이 일정할까? 영화 관람료는 극장주 협의회 및 문화관광부 등의 유관 기관들의 협의를 통해 결정한다.

추론컨대 가격이 일정한 이유는 크게 세 가지 정도다.

첫째, 라이브로 제공하는 공연예술과 달리 영화는 필름이나 디지털 같은 동일한 미디어와 조건하에 상영하는 표준성이 있다. 이는 아마 정부기관의 논리인 듯싶다.

둘째, 영화는 개봉 수나 종류가 많아 가격 차별화는 비용 상승과 그에 따른 관람료 상승을 유발할 가능성이 있다. 이는 극장주들의 논리인 것 같다.

셋째, 소비자 사이에서는 가격 차별화가 가격 상승의 편법이라는 인식이 있는 듯싶다. 실제로 CGV는 2016년 시간대·좌석별로 관람료 차별화를 시도했는데 이를 두고 가격 상승을 위한 묘책이라는 비판이 있었다.[36] 물론 가격 차별화 구조의 합리성을 담보해야 하지만, 그렇다고 가격 차별화 자체가 문제가 있는 것은 아니다. 만약 소비자가 느끼는 가치가 상황에 따라 달라진다면 가격도 변하는 것이 이상적이다. 이를 고객 가치에 따른 가격 설정법이라 한다. 앞으로 항공업이나 영화업같이 가격 구조가 독특한 곳에서도 새로운 가격 설정 방식이 나올지 궁금해진다.

과거와 현재를 잇는 커뮤니케이션

여러분은 자동차 광고 하면 어떤 기억이 떠오르는가? 자동차 광고는 대부분 브랜드가 지향하는 이미지를 전달한다. 그 이미지는 대개 자동차 자체의 기능이나 성능과 관련 있는 것이고, 대부분 특별한 맥락 없이 우리에게 전달된다. BMW나 메르세데스벤츠 같은 고급차는 럭셔리 이미지를, 기아자동차의 K-시리즈는 역동적이고 활기찬 이미지를 전달하려고 노력하지만, 맥락이 없으니 감흥이 별로 없다.

그런데 소비자의 머릿속에 아련하게 남아 있는 향수(맥락)를 되살려 자동차가 추구하는 상징적 이미지를 효과적으로 전달하는 광고가 있다. 2019년 선보인 현대자동차의 그랜저 광고 캠페인 '2020 성공에 관하여'가 그것이다. 프리런칭 광고는 1990년대 아이돌 듀스의 「나를 돌아봐」를 배경 음악으로 성공에 관한 시대적 개념을 부각하고 있다.[37] 1993년 어느 날 일단의 고등학생들이 등장한다. 캠코더로 영상을 찍고 있던 친구가 다른 친구들에게 묻는다. "우리 이다음에 성공하면 뭐할까?" 그때 옆으로 당시 모델인 각 그랜저가 유유히 지나간다. 질문을 받은 친구는 빙그레 웃으며 "그랜저 사야지"라고 답한다.

이후 출시된 5편의 광고는 2020년 시점의 성공을 이야기한다. 전파를 탄 광고는 퇴사하는 날(자기 사업을 시작한 박 차장), 동창회(성공한 동창), 유튜버(성공한 유튜버), 아들의 걱정(승진한 아버지), 어려지는 신체 나이(몸 관리에 성공한 40대) 등 5편이다. TV에서 이 5편의 광고를 한꺼번에 내보내는 새로운 전달 방식도 선보였다.

현대의 물질주의[38] 사회에서는 성공을 가늠하는 척도로 브랜드의 역할을 중요시한다. 그중에서도 자동차는 보편적으로 인식되는 성공의 척도다. 그랜저 광고는 이러한 인사이트를 정확히 꿰뚫어본 동시에 복고 이미지를 활용해 향수를 불러일으켰다. 그랜저를 타면 모두 성공한 사람이냐는 비판을 받고 있기도 하다.[39] 하지만 '그랜저=성공'이라는 상징성에 레트로retro 감성에 덧입혀 현재에 되살리는 뉴트로new+retro 광고를 기획한 것은 가히 혁신적이다. 자동차 광고지만 자동차를 말하기보다 자동차를 통해 투영된 소비자의 욕망을 말하는 광고. 그것이 여타 자동차 광고와 다른 점이다.

그랜저 광고는 복고 마케팅의 정석을 보여준다. 최근 복고 마케팅의 유행은 오늘날 시대 현실과 무관하지 않다. 우리는 지금 잊을 만하면 반복되는 전 세계적인 경제 위기와 글로벌 스케일로 진행하고 있는 장기 저성장이 뉴노멀이 되는 불확실성의 시대를 살고 있다. 그 속에서 치열한 경쟁을 온몸으로 감당하며 자신을 드러내기위해 부단히 노력해야만 살아남을 수 있는 극심한 생존 경쟁에 내몰리고 있다. 지금의 소비자, 특히 인생의 무게를 오롯이 감내해야하는 30~50대는 힘든 현실을 버틸 수 있는 에너지를 절실하게 필

요로 한다. 불안과 걱정, 무지막지한 경쟁의 틈바구니에서 잠시나
마 지나온 과거를 되짚을 수 있는 기회를 갖는 것만으로도 삶을 위
한 인생의 에너지를 재충전할 수 있다. 실제로 많은 연구가 과거에
대한 회상은 현재의 나란 존재를 보다 의미 있게 만들며, 소속감에
대한 욕구를 충족시켜 안정감을 줄 뿐 아니라 삶에 대한 행복까지
향상시킬 수 있다고 밝히고 있다.

　그러나 우리가 보다 중요하게 생각해야 할 점은 과거에 대한 향
수를 활용하는 목적을 분명히 해야 한다는 것이다. 추억에 대한 회
상은 어려운 현실로부터 자신을 힐링하는 데 도움을 주지만, 현실
의 어려움으로부터 도피하기 위한 목적으로 활용하는 것은 바람직
하지 않다. 자신의 정체성을 확인하고 현재에 대한 새로운 관점과
통찰을 얻기 위한 목적으로 활용할 때 삶의 질이나 행복감을 훨씬
더, 그리고 지속적으로 증진시킨다. 복고를 활용하고자 하는 마케
터들은 단순히 과거를 그대로 재현하거나 복사하지 말고 과거를 통
해 현재에 대한 영감을 제공할 때 소기의 목적을 거둘 수 있다. 이러
한 측면에서 1993년을 통해 2020년의 성공을 투영한 점은 그랜저
광고를 높게 살 수 있는 이유다.

신선함으로 이어진 유통

2020년 신선 식품의 온라인 마켓은 스타트업[마켓컬리, 헬로네이처
(SK플래닛이 인수했다가 편의점 CU의 지주사인 BGF가 2018년 6월
다시 인수했다)]뿐 아니라 대기업 유통 3사(이마트, 홈플러스, 롯데

그림 2-11 마켓컬리의 샛별배송과 콜드체인

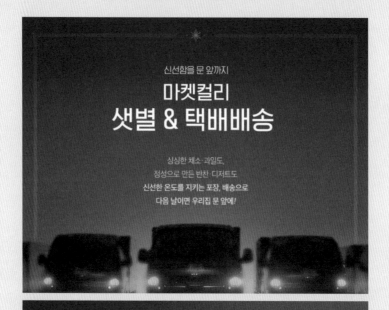

신선함을 문 앞까지

마켓컬리
샛별 & 택배배송

싱싱한 채소·과일도,
정성으로 만든 반찬·디저트도
신선한 온도를 지키는 포장, 배송으로
다음 날이면 우리집 문 앞에!

산지부터 문 앞까지 최적의 온도로 신선하게

FULL COLD CHAIN

- Story & Event -

살아있는 전복이 완도부터 서울까지
그대로 배송될 수 있는 비결, 풀콜드체인.
문 앞까지 최상의 품질을 유지하기 위한 컬리의 노력을
영상으로 만나보세요. 신선한 할인 혜택도 함께 드립니다.

마트)와 소셜커머스 3사(쿠팡, 위메프, 티몬)의 가세로 그야말로 춘추전국시대다. 후발주자의 가세로 뜨거운 시장이 만들어진 것은 누군가 새로운 가치 창출을 통해 성장 가능성을 보여주었기 때문이다. 그 주인공은 마켓컬리다. 2016년 마켓컬리가 출시되던 당시 온라인 식품 시장은 전체 식품 시장(91조 원 규모)의 단 10% 수준이었다. 거꾸로 생각해보면 그만큼 성장 가능성이 높았다고 볼 수 있지만, 다른 한편으로 성장이 더딘 합당한 이유가 있기에 위험성도 컸다. 새롭게 떠오르는 신흥 시장에는 성장의 기회와 실패의 위협이 공존한다. 우리는 부정적인 측면(현실적이지 않다는 반응이 다수이며 주로 높은 비용, 규제 장벽 등의 이유를 든다)을 실현 가능성이라는 이름으로 거론하지만, 부정적인 측면을 말하기 시작하면 새로운 시장에 과감하게 도전하는 용기와 혁신적인 비즈니스 모델은 절대로 나오지 않는다.

그렇다면 마켓컬리는 고객 가치를 높이려고 어떤 도전을 했는가? 마켓컬리의 고객 가치를 대변하는 두 가지 개념은 샛별배송과 콜드체인이다[그림 2-11]. 샛별배송은 전일 밤 11시까지 주문받은 상품을 익일 새벽 고객의 문 앞까지 배송하는 서비스다. 샛별배송의 메인 색상을 새벽을 연상케 하는 보라색으로 정한 것도 돋보인다. 콜드체인은 가치사슬의 전 단계(원자재 공급부터 주문 처리와 배송까지 배달의 전 과정)에 걸쳐 사업자가 원하는 적정 온도를 유지하는 역량을 말한다. 고객 입장에서 신선 식품 장보기는 항상 즐거운 경험은 아니다. 정기적으로 봐야 하니 귀찮고 한꺼번에 많은 양을 구매해놓고 쓸 수도 없다. 아침 일찍 일어나 식사를 준비해야 하는 소비자들은 일반 배송을 시킬 수 없다. 일반 배송은 주로 오후 시간에 이뤄지기 때문이다. 당연히 소비자 입장에서 '매일 새벽 내가 원하는 음식과 식재료를 때맞춰 배송하는 서비스가 있으면 얼마나 좋을까?'라는 생각을 했으리라. 마켓컬리는 샛별배송과 콜드체인을 통해 소비자의 불편함에 대한 감수성을 사업으로 연결시켰고 소비자들은 당연히 이에 열광할 수밖에 없다.

그런데 왜 이러한 서비스가 과감한 혁신으로 인정받는가? 업계에서 안 된다고 고개를 가로저은 문제에 용기 있게 뛰어든 덕이다. 샛별배송부터 보자. 창업 당시 국내 택배 시스템은 허브 앤 스포크 Hub and Spoke 시스템으로 익일 주간배송을 하고 있었다. 쿠팡의 로켓배송이나 인터파크의 당일배송 같은 시스템이 도입되고 있었지만, 여전히 새벽배송이라는 개념은 존재하지 않았고 실현하기도 어려웠다. 배송의 전 과정에서 콜드체인을 구현할 업체는 전무한 상황이었다.

사정이 이렇다 보니 포기할 법도 한데 마켓컬리의 김슬아 대표는 '샛별배송+콜드체인' 시스템을 직접 구축하기로 한다. 새벽배송 대행업체인 데일리쿨을 인수하고 정기배송 대신 직매입 시스템을 도입한다. 직매입 후 판매하는 시스템은 정기배송에 비해 비용이 많이 든다. 정기배송은 재고비용을 최소화할 수 있고 예측에 기반한 효율적 배송이 가능하다. 그러나 고객 입장에서 정기배송은 사전결제라는 부담이 있고, 주문을 미리 해야 하므로 필연적으로 배송 시간이 길다. 직매입 제도는 매입한 상품이 판매되지 않으면 매입자가 재고 부담을 져야 한다. 하지만 직매입 후 판매는 주문 마감

시간을 늦출 수 있고, 배송 시간 단축이라는 고객 편익을 제공한다. 마켓컬리는 이것이 식품 신선도를 담보할 수 있는 유일한 해결책이라고 단언하고 이를 정착하기 위해 다양한 방안을 고안했다.

이제 대기업을 위시한 유통업체들이 새벽배송 시장에 뛰어들고 있다. 이전에 구축한 마켓컬리의 경쟁우위가 더는 경쟁우위로 작동하지 않을 가능성이 높아졌다. 마켓컬리가 과연 지속적으로 이 시장에서 살아남을 수 있을까? 답은 마켓컬리에게 달려 있다. 만약 새벽배송과 콜드체인만으로 경쟁우위를 달성할 수 없다면 새로운 우위 요소를 다시 발굴해야 한다. 기존과 마찬가지로 우수한 중소업체와 협력해 다양한 아이템을 개발하는 것이 필요하다.

마켓컬리는 초기 장안농장(유기농 채소 브랜드 겸 유기농조합법인), 본앤브레드(마장동 소재 프리미엄 소고기 유통·판매 매장), 오월의종(이태원 소재 유명 빵집) 등 입소문으로 알려진 우량 브랜드를 입점시킨 것이 성공에 큰 도움이 되었다. 자사 상품을 주력으로 판매할 것으로 예상되는 대기업 브랜드와 차별화를 위해서는 특이하면서도 품질 좋은 아이템 발굴이 중요하다. 새벽배송이 필요 없고, 최근 매출 비중이 높아지고 있는 비식품 카테고리(유아동, 헬스케어, 반려동물, 리빙)의 아이템 발굴도 향후 비스니스 싱징을 도모할 것으로 예상된다.[40]

한편 배송비를 낮추는 것도 중요하다. 샛별배송과 콜드체인은 고객에게는 좋은 제도이지만 그만큼의 비용을 수반한다. 최근 여러 브랜드가 크라우드 배송 개념을 도입하고 있는 점은 눈여겨볼 대상이다. 쿠팡은 전문택배인(쿠팡맨)이 아닌 일반인도 배송을 하

그림 2-12 신종 배송 서비스의 등장

그림 2-13 뉴로의 월마트 배송 자율주행차

는 쿠팡플렉스Coupang Flex를 도입했다. 음식배달업에서는 일반인이 음식을 배달하는 쿠팡이츠(쿠팡), 배민커넥트(배달의민족), 부릉 프렌즈(메쉬코리아)가 등장했다(그림 2-12).**41** 통신업계에서도 LG U+의 사내 벤처인 디버Dver팀이 당일배송 플랫폼 디버를 출시하고 일반인을 배송기사로 채용했다. 미국의 월마트는 로봇 스타트업인 뉴로Nuro, 자율주행차 스타트업인 유델브Udelv, 구글의 웨이모Waymo와 협력해 자율주행차로 신선 식품을 배달하는 서비스를 테스트하고 있다(그림 2-13).

고객을 위한 서비스의 혁신

음원 서비스 플랫폼 브랜드인 플로FLO는 2018년 출시 후 1년 만에 레드오션으로 불리는 음원 서비스 시장에서 월간 실시간 사용자 수MAU: Monthly Active Users를 50% 이상 늘렸고, 시장점유율도 20% 이상을 차지했다. 2020년 현재, 음원 플랫폼 시장은 멜론, 지니, 플로 등 톱 브랜드가 점유율의 85% 이상을 차지하고 있다.

그런데 플로를 제외한 나머지 브랜드는 공통점(클리셰)이 있다. 가장 두드러진 공통점은 실시간 인기 음원 차트를 메인 화면에 제공한다는 점이다. 음원 차트는 고객 선택에 가이드와 큐레이션을 제공한다는 측면에서 긍정적이다. 하지만 음원 차트의 부작용 역시 만만치 않다. 고객 입장에서는 인기 차트에 한정된 편협한 음악 소비를 불러일으킨다. 공급자 측면에서는 인지도는 다소 낮지만 훌륭한 음악들이 빛을 볼 확률이 낮고, 음원 사재기나 스트리밍 돌리

그림 2-14 플로의 OCR 서비스와 버스 광고

그림 2-14 플로의 OCR 서비스와 버스 광고

기 같은 비정상적인 현상이 만연하게 된다. 그런데 이상하게 플로의 첫 화면에는 음원 차트가 없다. 옆으로 넘기면 둘러보기 하단에 차트가 있기는 하다. 대신 메인 화면에 구독자 맞춤형 플레이리스트를 내세운다. 플로에 처음 접속하면 소비자는 자신이 선호하는 아티스트를 체크하고, 사이트는 선택한 아티스트와 비슷한 아티스트의 음악을 골라 메인 홈에서 보여준다.

최초 설정했던 아티스트 외 청취 이력과 '좋아요'를 눌렀던 음악을 바탕으로 '오늘의 FLO' '아티스트 FLO' '나를 위한 월간 FLO' 등 빅데이터 및 AI 기술이 사용자에게 맞는 음악도 추천해준다. 사용자 선택에 따라 매일 달라지는 맞춤형 추천 플레이리스트나 차트로 시작화면을 설정할 수도 있다. 개인화 추천 플레이리스트 사용자 비율은 1년 새 40%까지 증가한 것으로 보고되었다.[42] 개인화된 추천 서비스로 사용자들은 고민 없이 자기 취향에 맞는 음악을 들을 수 있다.

플로의 또 다른 획기적인 서비스가 있는데 '이사 서비스'다(그림 2-14). 음원 서비스에서 제공하는 음원은 표준화된 상품이다. 어떤 플랫폼에서 제공받는지에 관계없이 동일하다. 따라서 고착된 시장 지위를 깨는 것은 매우 어렵다. 브랜드를 전환해야 할 인센티브가 없기 때문이다. 심지어 전환비용-switching cost도 매우 높다. 새로운 브랜드로 갈아타면 기존에 저장해놓은 나만의 플레이리스트를 처음부터 다시 구축해야 한다.

플로는 2019년 8월, 광학문자인식OCR: Optical Character Recognition 기술을 적용한 '캡처 이미지로 플레이리스트 만들기' 기능으로 경쟁 플랫폼 사용자들의 브랜드 전환비용을 낮췄다.[43] 플로는 OCR 서비스 출시 후 이사 프로모션을 진행했는데, 두 달 동안 총 490만 곡이 플로로 이동했고 MAU 역시 1년(2018년 11월~2019년 9월) 만에 72%나 증가했다. 공중파 TV 광고 외에 '저 이번에 갈아타요. ~(~는 경쟁사를 암시하는 그림으로 제시한 점도 흥미롭다)에서 FLO로'라는 재미있는 카피로 시내버스 광고도 진행했다.[44]

3장

TREND
MARKETING

기회는 불안과 함께 온다

불안정성

마케팅의 목표는 무엇인가?

대부분 매출, 이익, 성장이라고 답할 것이고

고객 만족이나 지속 가능성을 말할지도 모르겠다.

그렇다면 마케팅과 경영의 본질은 무엇일까?

정답은 없겠지만 가장 가까운 답은 '가치'가 아닐까?

불확실한 미래가 불안할수록 본질에 주목해야 한다.

사회적 가치는
또 다른 혁신이다

존경받는 브랜드의 조건

인간의 동기 요인을 언급할 때 가장 많이 쓰이는 모델이 심리학자인 에이브러햄 매슬로Abraham Maslow가 주장한 욕구단계설이다(그림 3-1, 오른쪽). 마케팅에서는 고객 니즈라는 개념으로 인간의 동기를 설명하니 고객 니즈도 일반화하면 5단계가 있다는 결론을 도출할 수 있다. 동물로서의 인간을 생각해보면 생리학적 욕구(음식, 휴식, 잠 등)와 안전에 대한 욕구가 가상 기본적이다.

그러나 문화와 경제가 발전할수록 생존에 필수불가결한 생물학적 욕구에 대한 중요성은 점점 줄어든다. 사회가 성장하고 성숙할수록, 인간이 보다 인간답게 행복한 생활을 원하는 동기 요인이 점점 중요해진다. 궁극적으로 인간은 자아실현을 위한 존재다. 그래서 2020년 대한민국에서는 매슬로의 피라미드를 역피라미드로 그

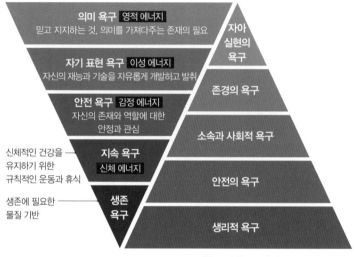

그림 3-1 **매슬로의 욕구 단계설 피라미드와 역피라미드**

인간의 기본적인 욕구

의미 욕구 영적 에너지
믿고 지지하는 것, 의미를 가져다주는 존재의 필요

자기 표현 욕구 이성 에너지
자신의 재능과 기술을 자유롭게 개발하고 발취

안전 욕구 감정 에너지
자신의 존재와 역할에 대한
안정과 관심

신체적인 건강을
유지하기 위한
규칙적인 운동과 휴식

지속 욕구
신체 에너지

생존에 필요한
물질 기반

**생존
욕구**

자아
실현의
욕구

존경의 욕구

소속과 사회적 욕구

안전의 욕구

생리적 욕구

매슬로의 욕구 5단계

리는 것이 더 합당할지 모른다(그림 3-1, 왼쪽). 그런데 자아실현인
自我實現人의 특징(예: 객관적인 지각 능력, 수용적 태도, 인간적 유대감,
공감과 애정, 독립성과 자율성 등)은 꽤 연구되었지만, 어떠한 요인이
자아실현에 기여하는지에 대한 설명은 다소 부족하다. 아마도 개
인마다 가치관과 라이프스타일이 매우 다르기 때문일 것이다.

　인간은 누가 뭐라 해도 사회적 동물이다.[1] 전통적인 경제학에서
는 사적 이익을 극대화하는 합리성을 기초로 한 인간상을 가정하
고 있다. 그러나 심리학, 인류학, 사회학 등 사회과학에서는 사회적
존재로서의 인간을 중요하게 생각한다. 인간의 이타성(순수한 이타

성뿐 아니라 사적 이타성도 포함)[2]에 기반을 둔 사회적 경제 개념이 새롭게 부각하고 있다.[3] 매슬로가 제시한 자아실현의 욕구는 개인적 차원을 넘어서는 사회적 차원의 문제 해결에 기여함으로써 충족할 수도 있다. 가깝게는 가족의 삶, 더 넓게는 지역 사회, 나아가서는 국가와 인류의 삶, 이 세상 모든 것(우주)을 보다 이롭게 하는 것은 (자아실현이라는 기제를 통해) 소비자들에게 어필할 수 있는 효과적인 방법이 될 수 있다.

사회적 차원이 중요한 이유는 개인의 사회적 정체성social identity 과 관련이 깊다. 사람들은 개인적 정체성personal identity: 능력, 성격 등 주로 자신의 고유한 특성과 관련된 정체성 외 타인과의 관계에 의해 결정되는 사회적 정체성을 가지고 있다. 사람들이 속한 사회적 집단(예: 교사, 학생, 주부, 동호회, 종교 집단, 성별, 민족 등) 및 구성원들과의 관계에 따라 그들이 자신에게 부여하는 의미는 달라진다. 타인과의 연결을 통한 소속감은 자신의 존재 의미를 제고하는 데 도움이 되며 행복을 결정하는 요인이 되기도 한다.[4]

사회적 정체성이 정말 소비에 영향을 끼치는지 몇 가지 사례를 통해 알아보자.[5] 일렉트로룩스는 소비자 조사 결과를 바탕으로 세탁기 렌털 개념을 도입했다. 스마트 기술을 이용해 사용 횟수에 따라 비용을 청구하는 방식이다. 초기 구매비용을 절감할 수 있고, 무료 업그레이드가 가능하며, 자체 진단 기능이 장착돼 있어 고장 시 수리가 빠르고 정확한 등 렌털 모델은 편익이 크다. 그런데 정작 이 비즈니스를 출시했을 때 수요는 거의 없었다. 시장 조사 시 소비자는 시장 조사 응답자로서의 정체성을 띠어 이성적으로 행동한다.

그러나 렌털 비즈니스는 실제 사용자로서의 정체성과 맞지 않았다. 중산층 소비자들은 가전제품을 임대하거나 세탁할 때마다 비용을 지불하는 것이 자신들의 이미지와 잘 어울리지 않는다고 생각한다. 취약 계층 또는 자취생들이나 쓰는 서비스라고 생각한다.

유니레버는 물 소비량을 획기적으로 줄이는 섬유유연제 콤포트 원린스Comfort One Rinse를 인도, 태국, 베트남, 인도네시아 등 물 부족 국가에 출시했다. 놀랍게도 예상 매출을 달성하지 못했을 뿐 아니라 물 소비량도 줄이지 못했다. 이 지역에서는 주부들이 공공장소에서 공동으로 빨래를 하는데, 물을 적게 소비하는 것이 가족을 위하지 않는 게으른 주부라는 이미지를 형성했다. 이에 유니레버는 '물을 적게 쓰는 주부=현명하고 요령 있는 살림꾼'이라는 정체성을 각인시킨 결과 매출이 크게 성장하는 결과를 얻었다.

사회적 정체성을 잘 활용하면 브랜드에 대한 존경심을 이끌어낼 수 있다. 고객 가치 중 브랜드에 대한 존경심을 결정하는 영감적 가치는 정체성과 밀접하게 관련 있다. 영감이란 '나는 누구인가Who am I?' '나는 어떻게 살아야 하는가' '내 존재 의미는 무엇인가?' '나는 어디에서 왔고, 어디로 가는가?' 등에 대한 인문적 인사이트를 얻을 때 발생한다. 그래서 단순한 기능이나 정서를 넘어 철학과 이념, 명분 같은 무형의 추상적 가치가 중요하다. 또한 존재와 관련된 영감적 가치는 대개 사회적 관계에서 형성된다. 나라는 존재는 가족·친구·사회·인류·자연을 포함한 우주에 대해 무엇이며 어떤 의미를 가지는가? 사회적 정체성을 활용한 소비자 니즈의 고도화는 마케터가 가져야 할 최고 수준의 역량이다.

최근 사회적 가치의 중요성이 부각되고 있는 이유는 MZ세대를 중심으로 개념 있는 가치 소비가 확산되고 있기 때문이다.[6] 사실 가치 소비는 유럽을 중심으로 예전부터 확산되어왔다. 한국으로 치면 386세대들이 태어난 1968년 무렵, 베트남전쟁의 여파로 기존 질서에 회의를 품은 프랑스 청년들에 의해 촉발되어 전 세계로 퍼져나간 68혁명이 기폭제가 되었다.[7] 이 혁명이 내건 기치는 모든 권위로부터의 해방, 다시 말하면 민주화 그 자체였다. 정치·경제·사회·문화 등 모든 부문에서의 탈권위적 해방이 이뤄졌다. 심지어 인간 권위로부터의 자연 해방까지 그 범위는 광범위했다.

MZ세대는 최근 10여 년 동안 정치·경제·사회·기술 분야에서 일어난 모든 급진적 변화를 최전방에서 온몸으로 맞으며 성장해온 세대다. 이제는 맞지도 않는 예전의 제도나 관습으로부터 해방하고 싶은 욕구가 있다. 전통, 규범, 제도의 이름으로 자신들에게 강요되는 모든 억압에 반항하는 심리는 의미 있는 가치를 추구하는 형태로 나타나고 있다.

착한 기업의 목표

사회적 가치를 자신의 존재 목적, 즉 미션으로 정한 기업을 사회적 기업social enterprise이라 부른다. 대표적인 사례가 탐스TOMS 슈즈다. 그 이름도 '내일을 위한 신발Shoes for Tomorrow'에서 유래했다. 소비자가 신발을 한 켤레 구매할 때마다 탐스는 한 켤레의 신발을 맨발로 다녀 피부병이 생긴 제3세계의 어린이들에게 기부한다. 탐스 신발은 모양은 나쁘지 않지만, 기능성이 다소 떨어진다. 얇은 천으로 제작한 까닭에 보온성과 충격 흡수성이 매우 낮다. 그러나 탐스를 신고 다니는 소비자들은 개념 있는 소비자로 인식되며 본인 스스로 심리적 만족감을 느낀다. 물론 탐스는 내부적 혁신 없이 소비자들에게 기부 신발가격을 전가해 점점 차가운 시선에 직면하게 되었다.[8] 그러나 적어도 많은 소비자의 주목을 받으며 초창기 급성장한 이유는 사회적 가치의 창출이 자아실현의 한 축으로 중요한 역할을 한다는 점을 시사한다.

파타고니아는 등산용 아웃도어 의류를 생산·판매하는 브랜드로 한국에도 가로수길에 입점해 있다. 홈페이지에는 브랜드 미션이 명확하게 적혀 있다. '최고의 상품을 만들고, 불필요한 해악은 유발하지 않으며, 환경 위기에 대한 솔루션을 자극하고 실행하기 위해 비즈니스를 사용하는 것'이다. 그런데 이러한 주장은 누구나 할 수 있다. 의미 없이 허공에 흩어지는 언어의 유희가 아니라 진정으로 비즈니스 곳곳에 스며들 때 미션은 가치를 발휘한다. 따라서 브랜드 미션은 그 행동에 드러나야 한다. 그것도 명확하고 확실하게 말이다.

그 유명한 파타고니아 광고를 보자. 파타고니아는 미국에서 소비의 최성수기인 블랙 프라이데이에 인상적인 광고를 선보인다. 최대 할인 기간에 자사의 상품을 구매하지 말라고 주장한다. 이 카피 한마디에는 그들의 철학이 고스란히 녹아 있다. 자신이 하고 싶은 말을 대비 효과를 통해 역설적으로 각인시키고 있다. 광고 카피에는 그들이 진행해온 '공동자원활용운동Common Threads Initiative'을 소개해놓았다(그림 3-2). (불필요함을) 감소Reduce하고, 수선Repair하

그림 3-2 파타고니아의 5R 이니셔티브

고, 재사용Reuse하고, 재활용Recycle하는 4R을 통해 다시 상상해보라Reimagine. 무엇을? 자연만이 대체해줄 수 있는 것을 소비하는 세상을 말이다. 파타고니아는 미국 전역을 돌며 소비자들이 소유한 중고 의류와 새 의류를 교환해주거나 수선해주는 업사이클링 프로젝트를 진행했다.⁹ 파타고니아를 입는 소비자는 스스로 환경을 중요시하는 의식적인 소비자라 생각하며, (파타고니아를 알고 있는) 다른 사람들에게 그러한 사람으로 인식된다.

탐스 슈즈와 유사하게 1+1 기부 전략을 사용하는 사회적 기업 중 와비파커Warby Parker가 있다. 와비파커는 미국 와튼경영대학 MBA과정에 재학한 4명의 학생이 만들었다. 안경 제조비용과 소매가격 사이의 간극과 이로 인한 소비자 불만에 놀란 그들은 '안경 산업에서 온라인 유통을 활용해 가격을 낮출 방법은 없는가?'라는 문제의식에 사로잡힌다. 창업자들은 '고품질+저가격'의 브랜드 안경테는 시장에 없음을 인지하고, 95달러의 파격적인 가격으로 안경을 제공하기로 한다. 온라인으로 안경을 구매하는 것이 익숙지 않은 소비자들을 위해 몇 가지 정책을 구상한다. 무료 배송 및 조건 없는 30일 취소 같은 고객 친화적 정책과 더불어 시용try on 프로그램을 도입했다. 회사 부담으로 5개의 안경테를 소비자 가정으로 배달하면 고객은 이를 일주일 동안 마음껏 써볼 수 있다. 최근에는 앱을 통해 가상 안경테를 착용해볼 수 있으며 아이폰X 사용자는 3D 심도센싱 카메라를 통해 얼굴 형태를 스캔해 상품을 추천받을 수 있다.

와비파커의 브랜드 아이덴티티는 네 가지 핵심 요소로 이뤄진다.¹⁰

- 미美: 와비파커는 무엇보다 패션 브랜드
- 가격: 처방 안경 가격은 95달러
- 고객경험: 무료 배송, 무료 환불 등의 고객 친화적 정책
- 사회적 미션: 안경 하나가 판매될 때마다 안경 하나를 기부

와비파커는 안경 산업을 와해하려는 의지를 확실하게 보여줄 방법으로 사회적 미션을 채택했다. 힘든 상황에 놓인, 그렇지만 안경이 절실히 필요한 사람들에게 안경을 제공한다는 구상은 안경 산업을 근본부터 바꾸겠다는 그들의 목적의식을 함축적으로 보여준다. 사회적 미션은 와비파커의 진정성과 혁신 이미지를 동시에 보여주는 쿨한 전략이다. 소비자들은 상품 성능과 디자인에 의해 소구되기도 하지만 브랜드와 연상되는 이미지에 설득되기도 한다. 와비파커는 패션에 주로 관심이 있으면서도 사회적 이슈에 대해 의식 있는 소비자들을 끌어당긴다. 내부적으로 와비파커는 착한 기업을 만드는 것이 그들의 비전이라고 주장한다. 의사결정 과정에서 고객, 임직원, 환경, 지역 사회를 모두 고려하는 이해관계자 중심의 모델을 만들기도 했다. 온실가스 배출량을 감축하기 위한 친환경 노력도 기울이고 있다.

그런데 (럭셔리) 패션 하면 모두를 위한 사회적 가치보다 자아 중심적 가치가 연상되기 쉽다.[11] 하지만 요즘에는 사회적 가치 자체가 개성을 드러내는 수단으로 인식되기도 한다.[12] 소비 양향성 ambivalence 을 자연스럽게 받아들이는 MZ세대들에게는 상호 모순적으로 보이는 가치들이 그렇지 않은 경우가 많다. 자아 중심적 가

그림 3-3 구찌의 목적의식 문화

"GUCCI IS COMMITTED TO A
CULTURE OF
PURPOSE
PUTTING POSITIVE
ENVIRONMENTAL
AND SOCIAL IMPACT
AT THE VERY HEART OF THE BRAND"

MARCO BIZZARRI

GUCCI

구찌는 환경 및 사회에 긍정적 영향을 주는 것을 브랜드 가슴 깊이 새기면서 목적의식 문화에 전념합니다.
—마르코 비자리 구찌 CEO

WE BELIEVE IN
GIRLS'
EMPOWERMENT.
WE ARE A FOUNDING PARTNER
OF UNICEF'S GIRLS'
EMPOWERMENT INITIATIVE

GUCCI

우리는 여성의 역량에 대한 믿음이 있으며 유니세프 여성 임파워먼트 운동의 창립 파트너입니다.

WE ARE GOING
FUR
FREE
STARTING FROM THE
SS 2018 COLLECTION

GUCCI

우리는 SS 2018 컬렉션부터 동물 모피를 상품에 사용하지 않습니다.

치를 추구하는 럭셔리가 사회적 가치를 표방하더라도 전혀 이상할 것이 없다. 그러한 주장을 뒷받침하는 사례가 구찌의 변신과 성공이다. 구찌는 패션업계에서 선도적으로 목적의식 문화Culture of Purpose를 표방하며 환경, 인류, 새로운 비즈니스 모델의 균형을 통해 지속 가능한 사업 계획을 발표했다. 자사의 상품에 동물 모피를 쓰지 않고, 비현실적으로 깡마른 모델을 기용하지 않으며, 성 평등과 포용성을 중요한 가치로 내세우면서 청년층들의 압도적인 반응을 얻고 있다(그림 3-3).

와비파커의 비즈니스는 1+1 모델을 기반으로 한다. 이 모델은 사회적 문제의 증상(예: 신발, 안경 부족)을 완화할 수는 있어도 근본 원인(예: 헬스케어의 부족)을 해결하지는 못한다. 그런데도 개념이 직관적이고 이해하기 쉬워서 다수의 사회적 기업이 사용하고 있다. 와비파커는 비전스프링VisionSpring[13]이라는 비영리법인을 통해 저렴한 가격의 안경과 무료 안과 진료를 제공한다.

창업자들은 안경에 대한 접근권과 경제적 생산성에는 직접적 관계가 있다는 믿음을 가지고 있다. 그들의 기부 모델에서 흥미로운 점은 무료로 안경을 배포하는 대신, 저소득층들도 부담할 수 있는 저렴한 가격으로 판매한다는 것이다. 고객들이 원하는 디자인과 패션을 충분히 반영해 수혜자의 존엄성도 세심하게 배려했다. 이후 와비파커는 특정 대의(예: 유방암과의 전쟁, 내전으로 붕괴된 중앙아프리카 회생)와 연동된 안경을 제작하고 일부 반품된 상품을 비영리 기관에 기부하기도 했다.

그러면 와비파커는 저렴한 안경을 판매할 수 있는 비용을 어디에서 충당했을까? 비즈니스 모델의 내부적 특성, 즉 운영비용의 감소를 어떻게 확보했을까? 1+1 모델에서 기부비용을 충당하기 위해 사용하는 방법은 주로 세 가지다. 상품에 높은 가격을 책정하는 방법, 프로세스 혁신을 통해 운영비용을 낮추는 방법, 사회적 대의를 이용해 박리다매판매량은 늘리는 대신 낮은 마진을 감수하는 방법이다.[14] 와비파커는 운영비용의 감소를 통해 기부를 지원하고 있다. 몇몇 쇼룸을 제외하고 오프라인 안경점을 두는 대신 온라인을 통해 직접 판매한다. 이를 탈중개화라 부른다. 그래서 제작이 어렵고 반품 비율이 높은 다초점 안경은 취급하지 않는다.

정리하면 와비파커는 비즈니스 모델 혁신을 통해 내부 운영비용을 감소했고 이를 통해 확보한 자원을 활용해 기부했다. 그런데 단순한 기부, 즉 박애 정신에 입각한 시혜적 활동이 아니라 우수한 상품을 저렴한 가격에 제공하는 시장 메커니즘을 통해 사회적 문제를 해결하고자 했다. 착한 기업이 되려는 목표는 단순히 누군가를 돕는 것뿐 아니라 안경 산업을 와해하는 과정에서 필연적으로 추구할 수밖에 없었던 미션이었다.

선한 기업의 똑똑한 마케팅

사회적 기업이 아니더라도 사회적 가치를 바탕으로 선한 기업을 지향하는 것은 기업 성과에 도움이 될 수 있다. 신발 소매업 브랜드인 스케처스는 탐스를 모방해 BOBSBenefiting Others by Buying Shoes라는 브랜드의 신발을 출시했다. 설득 지식이 작동해 반감을 살 수 있다는 우려가 있었지만, BOBS는 폭발적인 판매와 그에 따른 기부 성과를 보여주었다. 세포라, 키엘, 아베다, 홀푸드마켓, 니만마커스, 이케아 등도 1+1 기부 활동에 동참하고 있다. 중요한 것은 대기업인지 중소기업인지 혹은 주류인지 비주류인지가 아니라 의도의 진정성을 바탕으로 우수한 품질과 유니크한 스토리를 담아낼 수 있는가다.

지금은 아마존에 인수된 홀푸드마켓은 1980년 창립해 유기농 상품을 전문 판매하는 슈퍼마켓 체인이다. 창업 후 급성장했다. 1995년 12월 31일부터 2006년 6월 30일 사이 주가가 1,800% 상승했고 2007년부터 2012년까지 매출 증가율은 12%에 달했다. 홀푸드마켓은《포춘》500대 기업이자 가장 존경받는 기업에도 이름을 올렸다. 창업자인 존 맥키John Mackey는 무정부주의자(유통업계의 와해자), 트리허거(환경보호자), 비건(채식주의자) 등의 별명을 가진 업계의 괴짜로 통한다. 별명에 걸맞게 당시 식료품 유통업계의 관행과 달리 의식 있는 자본주의Conscious Capitalism을 표방했다.[15] 홀푸드의 모토인 '건강한 음식, 건강한 사람, 건강한 지구'는 이윤보다 높은 목적을 위해 기업을 경영하는 그의 철학을 요약적으로 보여준다.

홀푸드마켓은 다양한 이해관계자와 기업의 이익을 조화롭게 통합시키고자 노력한다. 고객, 직원, 투자자, 협력업체, 공동체, 환경이라는 6자의 이해관계자에게 득이 되는 방식으로 기업을 경영한다(이를 윈-식스win-6라 부른다).[16] 전 직원의 급여를 공개하고 CEO의 연봉은 직원 대비 19배까지로 제한하고 있다. 직원들이 느낄 불평등과 박탈감을 최소화하기 위함이다. 맥키 본인은 2006년 이후 소유한 지분을 기부하고 연봉은 1달러만 받는다. 이러한 CEO의 과감한 실천은 미션에 대한 열정을 만천하에 공개적으로 보여준다. 대부분 대기업에서 임원들이 스톡옵션을 보유하는 것과 달리 홀푸드에서는 스톡옵션의 93%를 직원들이 보유하고 있다.

모든 매장의 주요 의사결정은 팀 단위의 직원들에게 일임한다. 신입사원 채용이나 근로 규칙 결정도 팀에서 결정한다. 중요한 전략 의사결정도 이해관계자들과 공동 논의한다. 1988년 이후 5년에 한 번씩 '퓨처 서치Future Search'라는 이름의 회의를 개최하는데, 경영진은 물론 고객, 직원, 공급자, 투자자 등 150명이 모여 홀푸드의 중장기 계획을 수립한다. 2003년 해외 진출도 이 회의에서 결정되었다고 알려져 있다. 이 회의를 통해 참가자들은 각자가 그리는 원대한 미래의 모습을 생생하게 마음속으로 그려본다. 그야말로 비전을 비전답게 수립하는 것이다.

홀푸드마켓은 홀플래닛재단을 통해 식품을 공급하는 지역 농민을 지원하고 친환경 재배법을 교육한다. 잔인하게 도살하거나 우리에 갇혀 있던 고기는 취급하지 않고, 멸종 위기의 생선은 구매하지 않는다. 매장 관리자들은 재량권을 부여받아 지역에서 생산되는 품질 높은 상품 공급원을 확보한다. 홀푸드는 매장 반경 80킬로미터 이내에 있는 학교에 샐러드바를 무료로 설치해준다. 어린 시절의 식습관이 건강한 라이프스타일로 연결된다는 믿음에서 이 활동을 시작했다. 환경 관련 전담팀인 '그린 미션 팀'을 두어 에너지 절약을 실천하고 있으며, 매년 지역 사회와 비영리 기구에 세후 이익의 5%를 기부한다.

개념 있는 자본주의 정신의 실천은 1981년 홀푸드마켓 1호점에

닥친 위기 극복 과정에서 빛을 발했다. 텍사스주 오스틴에 70년 만에 최악의 홍수가 들이닥쳤다. 피해액만 40만 달러. 당시 27세의 맥키는 여유 자금도 보험도 없었다. 그야말로 모든 것이 끝났다며 절망에 빠져 있었다. 그러던 중 고객, 직원, 이웃은 물론이고 심지어 투자자, 공급자, 채권자들까지 팔을 걷어붙이고 기업 회생에 힘을 보탰다. 직원은 임금을 포기했고 공급자들은 외상으로 물건을 공급했으며 투자자들은 자금을 지원해주었다. 주거래 은행에서는 구매비용을 위해 추가로 대출해주었다. 모두의 도움으로 홀푸드는 단 28일 만에 정상 영업을 재개했고, 6개월 만에 모든 빚을 청산한다.

또 하나의 감동적인 에피소드가 있다. 2007년 12월 31일, 코네티컷주 웨스트하트포드 매장에서 계산대가 갑자기 작동을 멈췄다. 계산대가 멈추자 담당 팀원들은 (팀장이나 상부의 허락이나 승인 없이) 조속히 의사결정을 내린다. 극심한 눈보라에 한시가 급한 고객들을 기다리게 할 수는 없었다. 계산대가 멈춘 30여 분 동안 4,000달러에 해당하는 식료품을 무료로 담아주고 서둘러 고객을 귀가시켰다. 눈보라에 안전히 귀가하라는 당부와 함께 말이다. 재미난 사실은 나중에 이러한 결정에 이의를 다는 사람도 징계를 내리는 상사도 없었다는 점이다. 며칠 후 지역 신문사에는 그날의 일화에 대한 제보가 끊이지 않았다. 만약 모든 기업이 홀푸드마켓처럼 사업한다면 우리는 과연 어떤 세상에 살게 될까?

한국에서는 SK 그룹이 사회적 가치 추구에 앞장서고 있다.[17] 2018년부터 사회적 가치 3.0을 발표하고 더블보텀라인DBL: Double Bottom Line[18] 경영을 본격화했다. 2019년부터는 관계사 핵심성과지표KPI 가운데 사회적 가치 비중을 50%까지 늘리겠다고 선언했다. 2017년 주요 계열사는 정관에서 이윤 창출이라는 단어 대신 사회적 가치 창출을 적시한 바 있다. 최태원 회장은 딥 체인저로서 역할을 할 사회적 기업 10만 창업론을 발표했다. SK그룹의 사회적 가치 추구의 구체적 방식은 기업의 유무형 자산을 사회적 가치 창출을 위한 인프라로 활용하는 공유 인프라, DBL의 성과 측정을 위한 지표 마련, 사회적 기업 생태계 조성으로 구성된다.

공유 인프라의 대표 사례는 SK에너지 및 GS칼텍스의 주유소 네트워크를 물류 허브로 활용한 O2O[19] 택배 서비스 '홈픽Home Pick'이다. 택배 발송자가 네이버, 카카오톡, SK텔레콤 AI 서비스 누구, CJ대한통운 앱, 홈픽 홈페이지나 앱으로 택배를 접수하면 주유소에 상주하는 '라이더'가 1시간 내 집으로 찾아간다. 이후 택배를 450여 개 거점 주유소로 운반 후 보관한다. 보관된 택배는 CJ대한통운이 배송지까지 운송한다. 부피나 무게에 상관없이 단일가격인 5,500원을 적용하며 원하는 시간에 보낼 수 있다. '언제 어디서나 1시간 이내 방문 픽업' 전략은 소비자의 뜨거운 반응을 이끌어냈다. 2019년 7월 기준, 월 72만 건 이상 주문이 이뤄졌다. 경쟁사와 협력을 도모했을 뿐 아니라 기존에 존재하는 전국적 규모의 주유소 네트워크를 생활 인프라로 활용한 점이 돋보인다.

SK에너지는 이어 주유소 내 보관함 서비스 큐부Qboo를 선보였다. 큐부는 '큐브(스마트 보관함)야 부탁해'의 줄임말이다. 이 서비스를 이용하면 무인 택배 보관뿐 아니라 중고물품 거래 시 대면 접촉 없이 거래가 가능하다. 세탁소 오픈 시간 이전 세탁물을 맡기는 것도 가능하다. 주유소는 고객 증가에 따른 매출 확대와 스마트 보관함을 이용한 광고 활용이 가능하다. 큐부 서비스에는 다양한 스타트업이 참여해 사회적 기업 생태계를 조성하고 있다. 스마트큐브는 스마트 보관함 제작, 소프트웨어 개발 및 시스템 운영을 맡는 스타트업이다. 리화이트는 세탁 서비스, 마타주는 물건 보관 서비스를 각각 큐부와 연계해 운영한다. 중고품 거래 사이트 중고나라도 동참한다. SK에너지는 향후 우체국, 전기·수소차 충전소 등을 결합해 주유소를 미래형 복합 허브로 개발한다는 계획을 가지고 있다.

이외에 SK그룹은 사회적 가치 창출을 통한 다양한 혁신 기회 모색에 적극적이다. SK하이닉스는 반도체 생산 과정에서 불순물을 처리하는 워터프리 스크러버scrubber를 혁신적으로 개조해 하루 7만 9,000톤의 폐수를 절감했다. 사회적 가치 창출액은 540억 6,000만 원이다. SK텔레콤이 2016년 선보인 티맵 운전 습관 서비스는 교통사고 예방에 일조했다. 사회적 가치 창출액은 487억 원(=서비스 사용에 따른 평균 사고율 차이×가입자 수 58만 명×교통사고 피해 처리비용 930만 원)이다. SK이노베이션의 자회사 SK루브리컨츠가 개발한 고급 윤활기유 유베이스YUBASE는 연비 개선과 온실가스 저감에 효과가 큰 것으로 나타났다. 사회적 가치 창출액은 1,315억 원이다.

SK그룹은 사회적 이익과 비용(오염 물질 배출, 통신 장애 발생 등의 부정적 사회적 가치)을 모두 반영해 사회적 가치를 측정하는 회계 시스템을 도입했다. 2018년 SK이노베이션, SK텔레콤, SK하이닉스가 창출한 사회적 가치는 연간 12조 3,327억 원에 이른다. 사회적 가치 창출은 사회 문제 해결 성과를 3대 분야로 나눠 측정한다. 구체적으로 경제 간접 기여 성과(기업 활동을 통해 국내 경제에 간접적으로 기여하는 가치로 고용, 배당, 납세 등이 있다), 비즈니스 사회 성과(제품·서비스 개발, 생산, 판매를 통해 발생한 사회적 가치로 환경, 사회, 거버넌스 등의 세부 항목이 있다), 사회 공헌 사회 성과(지역 사회 공동체를 위해 창출한 가치로 CSR 프로그램, 기부, 구성원들의 자원봉사 관련 실적으로 구성된다)로 구분된다. 사회적 가치는 부문별로 화폐화 과정을 거쳐 측정한다.

SK그룹은 사회적 가치 생태계 구축을 위한 활동도 추진하고 있다. 2019년 사회적 가치를 주제로 소셜밸류커넥트SOVAC: SOcial VAlue Connect를 처음 개최했다. 이 행사에는 한국사회적기업진흥원, 한국사회가치연대기금, 한양대학교, 코트라 등 30여 개 공공·민간·학술·비영리 기관이 참여해 협력의 중요성을 공유했다. 사회 성과 인센티브SPC: Social Progress Credit는 사회적 기업이 창출한 사회적 성과를 화폐 단위로 측정해 금전적으로 보상하는 프로젝트다. 일반적으로 사회적 기업 중 지속 가능성이 높은 기업은 매우 부족하다. 만약 사회적 기업들이 금전 보상을 받을 수 있다면 지속 가능성을 높일 수 있지 않을까? 사회적 성과에 인센티브를 부여함으로써 혁신 동기를 유발해 사회적 가치 생태계를 활성화하는 것이 프로젝트의 목적이다.

SK하이닉스는 공유 인프라 포털을 만들어 반도체 산업 생태계 육성에 나섰다. 이 포털을 통해 SK하이닉스는 30년 이상 축적한 기술과 노하우를 협력사에 전달한다. 협력사들은 반도체아카데미를 통해 제조 공정, 설계, 통계 등 120여 개 온라인 교육 과정을 거쳐 지식을 전수받을 수 있다. 분석·측정지원센터에서는 협력사의 요청을 받아 하이닉스의 최신 장비와 노하우를 이용해 각종 분석 데이터를 제공한다. 협력사는 제공받은 데이터와 피드백을 기반으로 장비 및 부품 공급에 드는 시간과 비용을 줄일 수 있다. 앞으로 SK그룹의 새로운 도전이 희망의 빛을 발하기를 기대한다.

대의 마케팅의 효과

마케팅에서는 최근 대의 마케팅CM: Cause Marketing이 주목받고 있다.[20] 대의 마케팅은 사회적 마케팅 활동이라고도 불린다. 그린 마케팅(차별화 속성으로 환경 친화성을 강조하는 마케팅), 대의 스폰서십(대의를 후원하는 브랜드의 역할을 강조하는 마케팅), 사회적 광고(특정 대의를 브랜드 광고에서 알리는 마케팅) 등 종류도 다양하다. 몇 가지 흥미로운 사례를 살펴보자.

미국에서는 매일 8명의 10대들이 교통사고로 꽃다운 청춘을 뒤로한다는 통계가 있다. 교통사고는 살인, 자살, 암, 마약보다 훨씬 더 심각한 미국 10대 사망의 제1원인이다. 올스테이트새단의 연구 결과에 따르면, 10대들이 면허를 취득할 무렵 자동차 운전에 가장 큰 영향을 끼치는 사람들은 다름 아닌 그들의 부모다.

올스테이트보험회사에서는 10대 교통사고 문제를 완화하려고 흥미로운 제도를 도입한다. 제도라고 말하기에는 거창한, 그렇지만 그 효과는 전혀 작지 않은 '부모-10대 운전 합의문'을 제안한다. 운전 관련 다양한 항목(예: 안전벨트 착용, 과속, 음주 운전, 휴대전화 사용, 운전 시간, 동승자 수 등)에 서로 합의하고 이를 어기면 어떠한 벌칙을 받을지를 놓고 부모-자녀 간 합의문을 작성한다. 올스테이트보험회사는 추가로 10대들의 운전 관련 습관, 법규 및 운전 조언을 담은 정보를 웹사이트를 통해 제공한다. 보통 10대 운전자의 보험은 부모가 구매한다. 부모에 신뢰감을 주는 이러한 조치는 구매 확률을 높일 뿐 아니라 10대의 사고율을 낮춤으로써 보험회사 입장에서는 누이 좋고 매부 좋은 경영이다. 사회적 문제를 해결하는 방식으로 비즈니스에도 긍정적인 영향을 주는 사회적 가치 전략, 새로운 시대의 전략이라 할 만하다.

2012년 삼성생명과 서울시는 MOU를 체결하고 자살대교로 낙인찍힌 마포대교를 생명의 다리로 바꾸는 작업을 시행했다. 증권가로 유명한 여의도 주변이라 그런지 한강 다리 중 투신자살률 1위를 기록하던 마포대교. 보통 투신자살 방지를 위해서라면 물리적 방법을 떠올리기 마련이다. 방지벽의 높이를 키우고 CCTV나 관제시설을 배치하는 등 물리적 제어 방법도 중요하다. 그러나 이 프로젝트는 사람의 마음을 다독이는 방식으로 자살 예방을 도모했다. 다리 난간에 센서를 부착해 보행자가 움직이면 자동으로 불이 들어오면서 위안이 되는 문구들이 자살 시도자의 마음을 잡는다. 예를 들면 '많이 힘들었구나' '별일 없었어?' '스스로를 믿어' '잘 지내지?' '말 안 해도 알아' '세월 참 빠르다' '밥은 먹었어?' 등이다. 물론이 캠페인에서는 물리적 요소의 중요성을 인식하고, 22대의 CCTV와 상담실로 바로 연결되는 SOS 생명의 전화도 설치했다.

아쉽게도 2015년 설치한 지 3년 만에 생명의 다리는 철거됐다. 그동안 운영비를 지원했던 삼성생명의 지원이 끊어졌기 때문이다. 기존 시설물이 철거되면서 매스컴들은 캠페인의 자살 방지 효과에 대해 다각도로 조명한다. 실제 마포대교에서 자살을 시도한 사람들의 숫자는 캠페인 개시부터 꾸준히 늘어왔다. 2012년 15건이던 자살 시도가 2013년 93건, 2014년 184건(한강 전체 투신 수 396건)으로 큰 폭으로 늘었다. 그러나 자살 시도자의 수가 증가한 것은 관심의 증가라는 지적도 있다. 2013년, 마포대교에서 자살을 시도한 사람은 93명이었지만 실제로 뛰어내린 사람은 8명, 그중 사망한 사람은 5명에 불과했다. 서울특별시 소방재난본부에 따르면, 마포대교의 자살 시도자 구조율은 2012년 56.1%에서 2013년 95%, 2014년 97.2%로 상승했다.[21]

그렇다면 자살 시도 건수가 비약적으로 증가한 것은 어떻게 설명할 수 있을까? 자살하려는 사람은 유명인의 죽음을 모방하거나 어떤 메시지를 전달하기 위해 유명한 장소를 택하는 경향이 있다.[22] 생명의 다리 캠페인 이후 이곳이 관광 명소가 되어 오히려 자살 시도자의 주목을 끌었을 가능성이 있다. 비슷한 이유에서 미국 샌프란시스코의 금문교도 자살 명소로 유명하다. 다른 이유로는 사실 방지 메시지를 전문가들의 도움을 받지 않고 일반인들의 공모로 만든 점이다. '수영 잘 해요?' '맛있는 거 먹으러 안 갈래요?'와 같이 위안보다는 조롱하는 듯한 문구가 자살 시도자의 분노와 좌절을 자극한 측면도 있다.

2015년 9월 서울특별시는 생명의 다리를 철거하는 대신 난간의 높이를 1미터 더 높이는 작업을 한다. 마케팅 활동이 그렇듯 한 처방만으로는 효과를 거두기 어렵다. 다양한 활동이 서로 일관된 목적을 가지고 시너지를 내는 방향으로 디자인될 때 소기의 목표를 달성할 가능성이 높다. 단지 후원 기업의 비용 절감이라는 이유로 '물리적+정서적 방법'의 균형 잡힌 방식을 뒤로하고 강압적인 느낌의 해결 방안으로 회귀한 것은 안타깝다. 생명의 다리 캠페인에 대한 좀 더 면밀하고 과학적인 효과를 측정했더라면 지금보다 좀 더 나은 후속 조치를 할 수 있었을 텐데 말이다.[23] 이렇듯 사회적 가치도 목표 설정 및 성과 측정 같은 전략적 사고가 절실하다. 특히 사회적 가치 창출을 통해서 비즈니스 임팩트를 얻고자 하는 기업이라면 더욱 그렇다.

CJ제일제당은 2012년 '미네워터 바코드롭BARCODROP' 캠페인을 진행했다(그림 3-4). 안전한 식수가 부족한 아프리카 지역 어린이들에게 깨끗한 물을 전달하는 것이 목표다. 보통 상품에는 바코드가 하나만 있다. 미네워터에는 가격 지불을 위한 바코드 외 바코드롭이라는 또 하나의 바코드가 있다. 아프리카 아이들에게 기부를 원하면 계산 시 바코드롭을 그대로 붙여두면 된다. 기부를 원하지 않으면 바코드롭을 떼고 계산한다. 많은 사람이 기부 의지는 높지만, 현실적으로 기부를 실행하기 힘들다는 점에 착안해 심플하게 기부할 수 있는 캠페인을 만든 것이다.

사람들은 기본적으로 현상유지 편향이 있다. 친사회적 행동 프로그램을 디자인할 때 기본값(아무런 행동을 취하지 않았을 때의 옵션)을 어떻게 디자인하는지가 매우 중요하다. '아프리카 어린이들

그림 3-4 CJ제일제당의 미네워터 캠페인

에게 물을 나눠주는 바코드입니다. 원치 않으시면 떼어주세요.' 이 문구를 보고 얼마나 많은 사람이 바코드를 뗄까? 기부를 원하는 사람은 아무런 행동을 하지 않아도 된다. 소비자 심리를 절묘하게 이용한 넛지nudge의 사례다. 미네워터는 이해관계자들의 참여도 이끌어냈다. 소비자와 유통사, 제조사가 모두 기부에 참여했다. 원래 가격 1,000원에 100원을 덧붙인 가격을 소비자가 지불하면, CJ제일 제당과 훼미리마트도 각각 100원씩 추가로 기부했다. 미네워터 1병 당 총 300원의 기부 금액을 모아 300명의 어린이에게 깨끗한 물을 제공했다. 캠페인 시행 첫 2주 동안 고객의 51%가 참여했으며 매출은 무려 200% 이상 증가했다.

사회적 대의명분을 사용하는 브랜드는 일반적으로 소비자의 긍정적인 반응을 높인다고 알려져 있다.[24] 소비자들은 사회적 명분 마케팅을 보면 선하면서도 쿨한 스타일로 평가하며, 이는 신뢰성이나 품질 같은 다른 속성에 후광 효과halo effect를 미친다.[25] 그런데 그 효과가 항상 일어날까? 스폰서십이나 브랜드 확장 연구에서는 적합성fit의 중요성을 금과옥조로 여긴다. 적합성이 높으면 브랜드가 특정 활동과 연계될 때 그 논리를 소비자들이 쉽게 인식할 수 있다. 예를 들어 '투르 드 프랑스'라는 이벤트를 후원하는 자전거회사는 소비자의 긍정적인 평가를 받을 가능성이 높다. 하지만 적합성이 반드시 긍정적인 효과를 가져오는 것은 아니다. 적합성이 너무 높으면(예: 저소득층에게 무상으로 우유를 제공하는 유가공업체), 기회주의적이고 상업적인 느낌을 자아낼 수 있기 때문이다. 오히려 적합성이 낮은 경우(예: 책임 있는 음주 문화를 강조하는 유가공업체) 브랜드의 진실성을 어필할 수 있다. 사회적 대의명분 마케팅에서도 적합성이 과연 중요할까?

한 연구에서는 맥주 브랜드에 대해 다음과 같은 가상적인 대의 마케팅 상황을 제시했다. 대리기사 프로그램과 연계(적합성이 높은 사회적 명분), 어린이 독서 프로그램과 연계(적합성이 낮은 사회적 명분), 자동차 레이싱팀 후원(적합성이 높은 스포츠/엔터테인먼트), 일요일 밤 공중파의 영화제 후원(적합성이 낮은 스포츠/엔터테인먼트). 비교 조건에서는 맥주 브랜드가 놀이동산과 연계되었다는 설명을 주었다. 비교 조건과 대비해 이 프로그램은 맥주 브랜드 평가에 어떤 영향을 끼쳤을까? 놀랍게도 사회적 명분과 연계된 경우, 적합성과는 관계없이 브랜드 평가가 긍정적으로 나타났다.[26] 이는 일반적인 후원이나 연계 활동과 달리, 사회적 명분을 활용하는 대의 마케팅은 효과가 훨씬 좋을 뿐 아니라 적합성에 크게 좌우되지 않는다는 점을 시사한다.

그렇다고 해서 대의 마케팅이 만병통치약이 될 수는 없다. 대의 마케팅을 활용하고자 하는 마케터들은 아래에 제시된 점들을 충분히 고려한 후 실행에 옮기자. 이 질문에 대한 답이 긍정적이지 않다면, 혹은 ROI를 중요하게 고려해야 하는 상황이라면 굳이 대의 마케팅에 투자할 이유는 없다.

- 우리 브랜드가 연계하는 대의명분에 대해 강력한 친밀감을 느끼는 타깃 소비자가 충분히 존재하는가?
- 타깃 소비자들이 브랜드와 대의명분을 연계하는 것에 신뢰성을 보이는가 아니면 의심의 눈초리로 바라보는가?
- 우리 브랜드와 대의명분을 연계하는 것이 타깃 소비자의 눈에 차별화 요소로 작동하는가 아니면 그저 누군가를 모방하는 것으로 인식되는가?
- 대의명분과 연계하는 것이 우리 브랜드의 마케팅 스타일이나 특정 속성에 긍정적인 후광 효과를 미치는가?

진정성으로 브랜딩을 완성하라

마케팅은 곧 진정성이다

미국의 경영 컨설턴트인 조지프 파인B. Joseph Pine과 제임스 길모어 James H. Gilmore가 『진정성의 힘Authenticity: What Consumers Really Want』을 출판하면서, 그리고 트렌드 관련 최근 서적에서도 너나없이 'authenticity'를 강조하면서 진정성이 새로운 마케팅의 화두가 되었다. 그런데 'authenticity'를 '진정성'으로 번역하면서 단어가 가지고 있는 본연의 의미가 상당히 왜곡된 느낌이 있다. 이 단어는 다차원적인 의미를 내포하고 있어 번역하기가 매우 어렵다. 한 연구에 따르면, 소비자 기반 브랜드 진정성은 품질에 대한 전념quality commitment, 진실성sincerity, 유산heritage의 세 가지 차원으로 구성되어 있다.[27] 이외에도 진정성에는 독창성originality, 유일성uniqueness, 신뢰성credibility, 진품성genuineness 등이 포함되어 있다.[28] 하지만 '진정성'이라는 단어를 들으면 대개 '眞情性=진실성sincerity' 혹은 '眞正性=정직성honesty'이라는 생각이 떠오르지 다양한 차원의 개념은 쉽게 연상되지 않는다.

한편 혹자는 진정성 마케팅이나 진정성 전략이라는 말의 모순을 지적한다. 진정성과 마케팅 혹은 전략이 양립할 수 있는 개념인가? 그렇다. 양립할 수 있는 정도가 아니라 두 개념은 동의어다. 진정성은 마케팅의 본질 그 자체다. 왜 그런가? 브랜드를 만들어가는 과정을 브랜딩이라 한다. 브랜딩을 구성하는 양대 축은 핵심가치를 포함한 브랜드 콘셉트와 이를 실질적으로 전달하기 위한 콘텐츠 관리다. 둘 중 어느 하나라도 무너지면 브랜딩은 제대로 이뤄질 수 없다. 위대한 철학자 임마누엘 칸트도 "개념 없는 직관은 맹목이고, 직관 없는 개념은 공허하다"고 말하지 않았는가?

브랜드 콘셉트가 시대정신에 부합하고 잘 정립되었지만, 실제 콘텐츠로 옮겨지지 않는다면 그것은 허언에 불과하다. 반대로 브랜드 콘셉트 없이 개별적인 콘텐츠에 집중하면 전략 최적화를 달성하기 어렵다. 최적화는 절대적인 개념이 아니라 콘셉트에 의해 결정되는 상대적인 개념이다. 예를 들어 콜센터의 텔레마케터가 시간당 고객 불만을 처리하는 건수가 많은 것이 좋은가 아니면 적은 것이 좋은가? 내부 효율성의 관점에서 보면 처리 건수가 많은 것이 좋지만, 개별 고객에 대한 맞춤형 서비스라는 관점에서 보면 처리 건수가 적은 것이 더 좋을 수 있다. 따라서 브랜드 콘셉트에 대한 고려 없이 개별 콘텐츠에만 집중하다 보면 전체적인 최적화는 간과하기 쉽다.

진정성은 궁극적으로 브랜드가 나아가야 할 방향에 대해 명확히

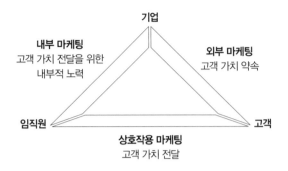

그림 3-5 서비스 삼각형과 내부 마케팅

기업

내부 마케팅
고객 가치 전달을 위한
내부적 노력

외부 마케팅
고객 가치 약속

임직원

고객

상호작용 마케팅
고객 가치 전달

규정한 후 이에 근거해 대고객 약속(가치 제안)을 디자인하고, 콘텐츠를 통해 실질적으로 고객 가치를 전달하는 것이다. 한마디로 언행일치의 상태가 진정한 상태다. 이를 서비스 마케팅에서는 서비스 삼각형Service Triangle으로 설명한다(그림 3-5). 마케터는 가치 제안을 커뮤니케이션 통로를 통해 외부 고객에게 전달한다. 이를 외부 마케팅external marketing이라 한다. 실질적으로 브랜딩을 구현하는 것, 즉 고객 가치를 전달하는 것은 경험여정의 콘텐츠 제공에 좌우된다. 터치포인트에서 이뤄지는 고객과의 상호작용, 그것이 고객경험이다. 이러한 활동을 상호작용 마케팅interactive marketing이라 부른다.

그런데 콘텐츠는 온-브랜드 행동의 형태로 임직원에 의해 제공되는 경우가 많다. 앞으로 디지털 ABCDAI, Blockchain, Cloud, Data Analytics 관련 기술 발전이 가속될수록 많은 터치포인트가 비인적 요소로 대체되겠지만 그래도 임직원의 역할은 중요하다. 심지어 IT 같이 후방 영역에서 일하는 임직원들도 브랜드 콘셉트를 명확히 이해하면 업무에 대한 몰입도를 증가시킬 수 있다. 결국 내부 마케팅 internal marketing은 외부 마케팅과 상호작용 마케팅 사이의 간극을 메우는 브리지 역할을 한다.

임직원의 브랜드화

스타벅스의 업의 본질은 무엇인가? 커피 비즈니스? 겉으로 보기에는 커피를 파는 브랜드지만 내부적으로는 자신의 업을 사람사업 people business이라고 규정한다.[29] 진정 스타벅스다움을 만드는 것은 임직원(내부에서는 서로를 '파트너'라 부른다)이기 때문이다. 파트너들이 스타벅스의 미션을 정확히 이해하고, 직접 스타벅스를 경험해봐야 스타벅스다움이 무엇인지 고객에게 제대로 전달할 수 있다. 한마디로 내부 임직원들에 대한 브랜딩이 잘되어야 외부 고객을 위한 브랜딩도 제대로 할 수 있다.

그렇다면 내부 브랜딩이란 구체적으로 어떻게 정의되는가? 내부 브랜딩은 일관되고 차별화된 고객경험을 제공하기 위해 브랜드 콘셉트와 임직원의 행동을 연계하는 전략적 프로세스다. 여기에는 내부 커뮤니케이션, 훈련 지원, 리더십, 보상, 채용 등 나양한 인직자원관리HRM: Human Resources Management 요소가 포함된다. 흔히 HRM의 목표를 일하기 좋은 직장을 만드는 것이라 생각하는 경향이 있다. 물론 삶의 터전으로서 임직원들이 충분한 보상과 인정을 받으면서 일하기 좋은 직장을 만드는 것은 사회적으로도, 기업적으로도, 임직원 개인적으로도 매우 중요한 일이다. 그러나 경영의 본질적 관점에서 본다면 HRM도 고객 가치를 창출하기 위한 수단이다. 내부 브랜딩의 궁극적인 목적은 온-브랜딩 행동을 통해 터치포인트에서 고객경험을 제고해 강력한 브랜드 자산을 구축하는 것이다. 아마존의 제프 베조스가 말한 대로 "브랜드란 말하는 것이 아니라 행하는 것이다". 내부 브랜딩은 마케팅과 HRM의 접점에 있다. 고객을 위한 임직원의 온-브랜딩 행동을 위해 내부 브랜딩은 필수 불가결한 요소다.

그러나 현실은 어떤가? 《포브스 2013》에 의하면, 자사 브랜드의 아이디어를 믿고 따르는 임직원은 채 50%도 되지 못하고, 어떻게 실천해야 하는지를 아는 직원은 그보다 훨씬 적다고 한다. 자신이 속한 기업이나 그 상품이 진정으로 추구하는 가치를 이해하지 못하고, 그것이 자신의 업무에 시사하는 바를 알지 못한다면 외부 브랜딩이 제대로 될 리 없다. 심지어 HRM과 브랜드 전략 사이 간극으로 인해 브랜딩에 악영향을 주는 경우도 많다.

앞서 든 사례를 다시 한번 보자. 어떤 기업이 고객들에게 경청이라는 대고객 약속을 했다. 그런데 핵심적인 터치포인트 중 하나인 콜센터의 직원 평가 지표로 시간당 불만 전화 처리 건수를 사용한다면 어떤 일이 벌어지겠는가? 콜센터 직원들은 고객의 목소리voc: Voice Of the Customer를 열심히 듣기보다 대충 해결하고 전화를 끊으려 할 것이다. 이러한 현상이 나타나는 근본 이유는 브랜드 콘셉트와 HRM 기능 간 연계가 부족해서다. 내부 조직 제도 및 문화는 철저하게 브랜드와 연계되어야 한다.

6A, 내부 브랜딩의 비밀

내부 브랜딩을 어떻게 실행에 옮길 수 있을까? 내부 브랜딩의 궁극적 목표는 한마디로 요약하면 임직원들이 자발적으로 온-브랜드 행동을 실천하는 것, 즉 임직원 인게이지먼트employee engagement를 달성하는 것이다. 행동 단계로 넘어가려면 임직원들의 인지와 감정을 자극하는 기업의 개입이 필요하다.

이 책에서는 6A 모델에 입각해 내부 브랜딩 과정을 설명한다.[30] 6A 모델은 커뮤니케이션 이론 중 하나인 효과계층모델과 매우 유사하다. 핵심 아이디어는 경험관리 관점에 근거한다. 성공적인 브랜딩을 위해 브랜드 핵심가치는 경험여정의 핵심 터치포인트(MOT)에서 실질적으로 살아 움직여야 한다. 비슷한 논리를 적용해보면 브랜드 핵심가치는 기업이 임직원과 만나는 접점, 즉 임직원 터치포인트에서도 살아 움직여야 한다. 물리적 공간(사무실이나 현장)에서 회사의 HR 정책에 이르기까지 임직원 터치포인트는 브랜드 콘셉트에 의해 가이드되어야 한다.

주목 유도

이 단계의 목적은 임직원이 브랜드에 주목하도록 유도하는 것이다. 일상적인 상황에서는 브랜드에 특별히 주목하도록 하는 게 쉽지 않다. 따라서 특별한 계기가 필요하다. 새로운 CEO가 등장해 브랜드 가치를 새로 정립한다든가, 브랜드를 재출시하는 경우, 인수·합병의 경우, 기업의 전략을 변경하는 경우 등처럼 말이다. 이러한 계기가 있을 때 임직원들로 하여금 기업과 그들이 새로운 심리적 계약 관계를 체결한다는 점을 인식시켜야 한다. 기업이 그들에게 보상이나 성장 기회를 제공하는 대가로 그들은 브랜드에 대한 몰입으로 기업에 공헌해야 한다는 점을 확실히 각인시켜야 한다.

그런데 인수·합병이나 기업 전략 변경 같은 결정적 계기가 있어도 많은 기업은 하드웨어적 측면(예: 효율성 제고, 인원 배치나 감축, 시스템 통합)에 매몰되는 경우가 많다. 정작 중요한 소프트한 측면(예: 기업문화 통합)은 도외시한다. 그렇게 되면 새로운 노력은 소용이 없다. 사람과 문화가 바뀌지 않는데 새로운 전략과 시스템이 무슨 소용이란 말인가? 한편 브랜드에 대한 주목도를 높이기 위해 비주얼 요소를 활용하는 것은 효과적이다. 새로운 디자인의 CI/BI, 로고, 캐릭터 등을 물리적 환경에 녹여내면 가랑비에 옷 젖듯 임직원들의 관심도 자연스레 브랜드를 향하게 된다.

인식 유도

행동은 정확한 이해에서 출발한다. 임직원들은 최소한 브랜드 콘셉트를 이해하고 있어야 한다. 그렇지 않다면 고객들에게 무엇을 전달해야 할지 모르게 된다. 금융 서비스 기관이 단순한 금융 소매업자에서 고객에게 신뢰받는 금융 자문가로 브랜드 포지셔닝을 변경했다고 하자. 그러나 1년이 지난 후에도 고객들은 이전과 달라진 모습을 전혀 발견하지 못한다. 알고 보니 새로운 포지셔닝이 내부적으로 전혀 소통되지 않았고, 결과적으로 자문 서비스가 아니라 여전히 거래에 집중하고 있었다. 이렇듯 현실에서의 내부 브랜딩은 출발부터 삐걱거리기도 한다. 평균적으로 95%의 임직원은 자사의 전략을 이해하지 못한다.[31]

따라서 고객들에게 전달되는 것과 동일한 메시지가 임직원들에게도 전달되어야 한다. 임직원들은 궁극적으로 고객 가치를 창출하는 것이 자신들의 행동에 달려 있다는 사실을 명확하게 알고 있어야 한다. 임직원들이 언제 어디서든 손쉬운 방법으로 브랜드 관련 정보에 접근할 수 있는 시스템(예: 인트라넷, 워크숍, 인게이지먼트 프로그램 등)도 제공받아야 한다. 예를 들어 신입사원들을 대상으로 하는 오리엔테이션 교육(브랜드 인덕션brand induction)에서 무슨 내용을 전달하는가? 회사의 역사와 연혁? CEO의 철학? 회사의 규정? 이러한 내용도 중요하지만, 고객에 대한 기본 교육은 직종과 부서를 막론하고 필수적이다. 그런데도 아직 많은 기업이 마케팅 교육은 관련 직원들만 받으면 된다고 생각하고 있다.

신입직원이든 기존 직원이든, IT 부서든 생산부서든 적어도 기본적인 기업 철학과 브랜드 전략을 이해하려면 고객 해독력customer literacy[32] 교육을 받아야 한다. 다음과 같은 질문에 여러분은 임직원으로서 얼마나 명확한 답을 제시할 수 있는가? 우리의 주요 고객

(타깃 고객, 수익 고객)은 누구인가? 누가 비고객인가? 우리와 경쟁사의 가치 제안은 무엇이며 어떻게 다른가? 고객의 구매 동기는 무엇인가? 구매 절차는? 긍정적인 고객경험을 어떻게 창출할 수 있는가? 내 업무는 고객경험과 어떤 관련성이 있는가? 고객 친밀도를 높이는 방법은 무엇인가? 여러 부서 간 고객 니즈에 대한 인식의 차이가 있는가? 만약 차이가 있다면 어떻게 해소할 것인가?

수용 유도

이제는 인지의 단계에서 감정의 단계로 넘어갈 차례다. 임직원들은 브랜드에 대해 알고 있어야 할 뿐 아니라 브랜드 콘셉트가 타깃 시장에서 올바른 포지셔닝이라는 점에 동의해야 한다. 이러한 믿음 없이는 콘셉트를 적극 수용할 수 없다. 여기서 '올바르다'는 개념은 3C, 즉 자사Company, 고객Customer, 경쟁Competitors 관점에서 이해할 수 있다.

올바른 포지셔닝이란 자사 입장에서 비전, 역량, 문화와 적합하며 임직원들이 실제로 업무를 통해 전달할 수 있는 역량이 있어야 한다. 고객 입장에서는 브랜드 콘셉트가 진정으로 의미 있는 경험을 전달할 수 있어야 한다. 경쟁 입장에서는 긍정적인 POD가 있어야 한다. 브랜드 콘셉트와 포지셔닝이 어떠한 논리에 의해 이러한 기준을 충족하는지를 임직원들이 납득할 수 있도록 내부 소통을 강화해야 한다. 마케팅 및 유관 부서에서야 당연히 내부적으로 고민하고 점검하는 내용이지만 이러한 내용이 여타 부서의 임직원들에게도 충분히 전달되어야 한다.

수용을 유도하기 위한 포인트 중 하나는 내부 핵심가치internal core values와 고객 가치 제안CVP: Customer Value Propositions을 단단히 연결하는 것이다. 둘을 단단히 연결하면 내부 활동이 고객 가치를 창출할 때 어떤 역할을 하는지 이해할 수 있다. 사우스웨스트항공에서는 전사 정신Warrior Spirit, 봉사자의 마음Servant's Heart, 재미를 사랑하는 태도Fun-LUVing Attitude를 핵심가치로 삼고 있다. 이 중 '봉사자의 마음'과 '재미를 사랑하는 태도'는 각각 치어풀cheerful, 웜warm이라는 고객 가치와 직접 연결된다. 그런데 전사 정신은 운영의 하우how 측면을 강조하는 내부 지향적 가치다. 하지만 이 가치는 내부 지향성에 그치지 않고 중요한 고객 가치와 연결되어 있다. 전사 정신은 비용 효율적인 운영(예: 승무원이 회항 전 기내 청소를 도와 체류 시간과 비용을 줄인다)으로 연결되고 이는 다시 고객에게 낮은 가격이라는 가치로 환원된다.

옹호 유도

브랜드를 옹호하는 것은 임직원이 브랜드에 감정적으로 애착할 때 발생한다. 감정적 애착은 브랜드가 임직원 개개인을 동기부여할 수 있을 때 생긴다. 만약 브랜드가 개인적으로 매우 의미 있다고 느끼면 브랜드에 대한 애착이 발생하고, 온-브랜드 행동을 할 동기가 커지게 된다. 옹호를 유도하는 방법 중 하나는 개별 임직원이 자신의 업무에서 브랜드 가치를 어떻게 구현했는지에 대해 스스로 생각하고 소통하도록 유도하는 것이다. 임직원들이 현재 부서에서 어떻게 일하게 되었는지, 왜 일하고 싶었는지, 브랜드 핵심가치를 자신의

그림 3-6 로레알의 채용을 위한 유튜브 채널 활용

업무에서 어떻게 구현하고 있는지에 대한 다양한 스토리를 발굴하고 이를 소통에 활용하면 좋다.

많은 글로벌 기업은 이러한 영상을 소셜미디어 채널에 적극적으로 게시한다. 로레알은 유튜브를 통해 상품 관련 내용 외, 내외부 문화와 임직원 활동을 외부인 입장에서도 생생히 이해할 수 있는 동영상을 지속적으로 게시한다(그림 3-6). 노동 시장의 구직자들은 이러한 영상을 보고 기업문화가 자신과 맞는지 자기 검열을 한다. 그렇게 되면 회사에서는 큰 노력을 들이지 않고도 자사에 적합한 인재를 유치할 수 있다. 많은 사람이 필요한 것이 아니라 맞는 사람이 지원해야 좋은 인재를 채용할 가능성이 높아진다.

옹호와 관련해서 내부 변화를 효과적으로 유도하는 방법 중 하나는 마케팅의 세분화 원리를 HRM에 적용해보는 것이다. 브랜드 및 고객경험 중심의 전략 방향에 대해 찬성하는 정도(세분화 기준 중 행동적 기준)에 따라 임직원을 반대자, 무관심자, 옹호자 세 그룹으로 세분화할 수 있다. 이때 조직 내 지위가 높은 옹호자를 집중적으로 타깃할 필요가 있다. 그들은 의견 선도자opinion leaders로서 다른 직원들에게 긍정적인 영향을 줄 수 있는 브랜드 챔피언이나 앰배서더의 역할을 할 수 있기 때문이다. 옹호자 중에서도 핵심인재를 중심으로 특별 조직을 구성하고 특수 직책(예: 클리블랜드 클리닉Cleveland Clinic의 고객경험 최고책임자Chief Customer Experience)을 부여함으로써 변화의 구심점 역할을 맡길 수도 있다. 그러면 구심점을 중심으로 브랜드의 핵심가치가 선사직으로 스머드는 낙수 효과trickle-down effects를 기대할 수 있다.

행동 유도

고객 가치 제안을 전달하는 문제는 궁극적으로 임직원들의 행동 변화에 달려 있다. 새로운 방향에 대한 이해를 바탕으로 마인드셋을 바꾸고 감정적으로 수용했다면 이제는 습관화된 행동 패턴으로 연결될 수 있는 구조적 장치를 마련해야 한다. 조직 문화라는 뜬구름 잡는 개념으로 내부 브랜딩을 설명하는데, 핵심은 구체적인 행동 변화에 있다는 사실을 명심하자. 문화는 행동 변화의 동인이라기보다 결과라 보는 것이 더 타당하다.

캐나다 맥길대학의 헨리 민츠버그Henry Mintzberg 교수의 창발적 전략emergent strategy 개념과 연결지어 생각해보자.[33] 주류 전략이론에 따르면, 전략이란 철저한 분석과 그에 근거해 잘 디자인된 의도의 산물이다. 물론 구조적이고, 공식적이며, 합리성과 논리성에 근거한 프로세스가 도움이 될 수 있다. 예측 가능성을 확보할 수 있으면 그렇다. 그러나 전략에 대한 이러한 관점은 변화와 불확실성이 일상인 시대에는 중대한 오류를 범할 가능성이 높다. 예측이 빗나갔을 때는 빠른 학습과 행동 수정이 최상의 대처 방법이다. 이렇게 본다면 전략 디자인도 중요하지만, 현장에서 변화를 빠르게 수용해 실행하는 것도 못지않게 중요하다.

진정한 의미의 전략이란 개별 활동의 총합이다. 전략 성과를 높이려면 수많은 팀이 수행하는 개별적인 의사결정이 개선되어야 한다. 이러한 관점에서 임직원들은 자사 브랜드의 콘셉트를 정확하게 이해하고 이를 자신의 영역에서 실천하려는 적극적 참여가 절대적으로 필요하다.

어떻게 하면 임직원의 참여(즉 행동)를 끌어낼 수 있을까? 즉각적인 효과를 얻는데 가장 좋은 방법은 성과평가와 보상의 기준을 브랜드 가치에 부합하게 명확하고 구체적으로 설정하는 것이다. 브랜드는 보통 핵심가치로 자신이 나아갈 방향을 제시한다. 예컨대 '항상 옆에 있고' '세심하게 배려하고' '신뢰할 수 있는' 등의 핵심가치를 설정한다. 이는 손해보험회사인 악사가 2008년 새로 정립한 고객 가치다.[34] 우선 핵심가치를 정확히 해석해야 한다. 악사는 핵심가치를 다음과 같이 해석한다.

- 항상 옆에 있다: 고객이 필요로 할 때 항상 옆에 있고 그들의 목소리를 진심으로 듣는다.
- 세심하게 배려한다: 공감과 배려로 고객을 응대하고, 그들의 삶에서 맞춤형 조언을 제공하며, 고객의 충성도에 보답한다.
- 신뢰할 수 있다: 행할 것을 말하고 말한 것을 행한다. 즉 고객에게 약속을 이행하고 알림으로써 신뢰를 얻는다.

훌륭한 해석이다. 그러나 아직도 이러한 해석만으로는 임직원들이 무슨 행동을 해야 할지 여전히 답답하다. 이제 핵심가치는 터치포인트에서의 구체적인 행동으로 다시 한번 해석되어야 한다. 고객경험의 관점에서 온-브랜드 행동을 유도할 수 있는 성과평가의 기준을 수립해야 한다. 유용한 툴이 서비스 마케팅에서 개발된 바 있다(그림 3-7).

고객경험은 매우 유동적이고 모호한 개념이다. 사람마다 판단하는 기준이 다르고 눈에 보이지 않는 비가시적 성격을 띠고 있다. 고객경험을 둘러싼 이해관계자들은 고객경험을 서로 다르게 이해할 가능성이 매우 높다. 이러한 문제를 방지하려면 브랜드 콘셉트

그림 3-7 고객경험의 성과평가 기준

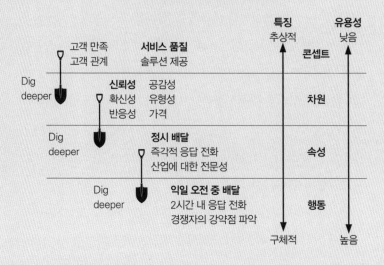

		특징 추상적	유용성 낮음
	고객 만족 고객 관계	**서비스 품질** 솔루션 제공	**콘셉트**
Dig deeper	**신뢰성** 공감성 확신성 유형성 반응성 가격	**차원**
Dig deeper	**정시 배달** 즉각적 응답 전화 산업에 대한 전문성	**속성**
Dig deeper	**익일 오전 중 배달** 2시간 내 응답 전화 경쟁자의 강약점 파악	**행동**
	구체적	높음

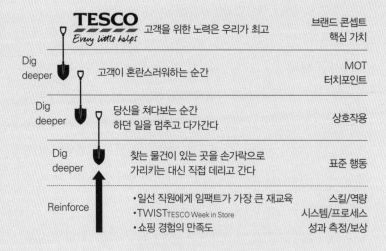

TESCO *Every little helps*

	고객을 위한 노력은 우리가 최고	브랜드 콘셉트 핵심 가치
Dig deeper	고객이 혼란스러워하는 순간	MOT 터치포인트
Dig deeper	당신을 쳐다보는 순간 하던 일을 멈추고 다가간다	상호작용
Dig deeper	찾는 물건이 있는 곳을 손가락으로 가리키는 대신 직접 데리고 간다	표준 행동
Reinforce	• 일선 직원에게 임팩트가 가장 큰 재교육 • TWIST TESCO Week in Store • 쇼핑 경험의 만족도	스킬/역량 시스템/프로세스 성과 측정/보상

를 구체적이고 명확한 평가 기준으로 전환해야 한다. 물론 고객경험은 일괄적으로 정량화할 수 없을 뿐 아니라 임파워먼트를 통해 융통성 있게 제공할 필요도 있다. 그러나 고객경험에 대한 성과평가 기준은 기계적인 기준 적용이 아니라 핵심 고객 가치가 커뮤니케이션한 대로 일관성 있게 전달되도록 하는 데 그 목적이 있다. 따라서 계량화할 수 있는 정량적 기준(예: 10분 내 정시 도착, 20분 내 전화 응대)과 더불어 고객의 주관적 인식을 반영하는 정성적 기준(예: 공손한 행동, 고객의 문제를 공감, 인간적인 목소리로 고객 불안감소)도 필요하다.

고객경험의 평가 기준은 어떤 수준으로 설정해야 하는가? 앞서 언급한 툴로 돌아가보자. 이 툴의 기본 전제는 이렇다. 효과적인 고객경험을 제공하려면 임직원들이 어떻게 행동해야 하는지 충분히 이해할 수 있는 정도의 구체성을 가지고 기준을 설정해야 한다. 이 툴에서는 래더링laddering 기법을 통해서 추상적인 가치와 연결된 구체적인 행동을 규명한다. {그림 3-7}에 서비스 마케팅에서의 오리지널 툴과 고객경험 관점을 반영한 툴을 제시해놓았다.

정착 유도

정착 단계에서는 HRM의 전 영역과 내부 브랜딩 활동을 단단하게 연계함으로써 온-브랜딩 활동의 기업문화를 지속하는 것을 목표로 한다. 브랜드 콘셉트와 핵심가치는 임직원 터치포인트의 모든 접점(고용, 훈련, 교육, 성과평가, 보상 등)에서 명확하고 일관성 있게 반영되고 소통되어야 한다. 예를 들어 채용 단계에서는 브랜드 가치를 몸소 실천할 수 있는 역량을 채용 기준에 반영해야 한다. 브랜드 인덕션 프로세스에서는 신입직원들이 브랜드 콘셉트에 인게이지할 수 있도록 브랜드 가치를 충분히 보여줘야 한다. 훈련과 교육에서는 대고객 관련 활동과 후방 지원 활동의 관련성을 인식시킴으로써 모든 임직원이 한 방향으로 움직일 수 있도록 유도해야 한다. 보상과 동기부여 역시 고객 가치 제안과 연동시켜야 한다. 고객이 우리 회사의 HRM 활동을 들여다볼 수 있다면 그들은 뭐라고 평가할 것인가? 자신들에게 약속한 가치를 효과적으로 전달할 수 있도록 HRM 활동이 촉진제 역할을 하고 있다고 평가할까 아니면 장애물 역할을 하고 있다고 평가할까?

기업 문화의 중요성[35]

아마존에 10억 달러에 인수된 자포스Zappos라는 온라인 신발 판매 브랜드는 내부 브랜딩의 중요성을 극명하게 보여준다.[36] 자포스의 내부 문화는 10개 핵심가치를 중심으로 돌아간다(표 3-1). 브랜드 포지셔닝은 고객 서비스에 초점이 맞춰져 있고, 이러한 포지셔닝은 내부에서 다양한 방식으로 소통되고 있다.

채용

채용 시 평가는 지원서에서 시작한다. 지원서에는 색다른 기업문화를 반영하듯 퍼즐이나 만화 캐릭터가 등장하기도 한다(그림 3-8). 지원자들은 자신의 개인 테마곡을 정해야 하고, '엉뚱함' 척도를 사

표 3-1 자포스의 10대 핵심가치

자포스의 가족 비전
① 서비스를 통해 와우wow를 전달하라
② 변화를 껴안고 추진하라
③ 재미와 약간의 엉뚱함을 창조하라
④ 모험적이고, 창의적이고, 개방적이 되어라
⑤ 성장과 배움을 추구하라
⑥ 소통을 통해 개방적이고 정직한 관계를 구축하라
⑦ 긍정적인 팀 및 가족 정신을 구축하라
⑧ 더 적은 것을 가지고 더 많은 것을 하라
⑨ 열정적이고 결단력을 가져라
⑩ 겸손하라

용해 스스로 몇 점인지를 평가하며, 자신이 얼마나 행운아인지도 측정한다. 이 모든 평가는 철저하게 자포스의 핵심가치와 연동되어 있다. 실제 채용 과정은 채용 전화 스크리닝, 기술 전화 스크리닝, 현장 인터뷰의 총 3단계를 거친다. 채용 전화 스크리닝에서는 문화 적합성, 주요 위험인자 파악(예: 동료와 어울리지 않으려 하거나 업무 재배치를 거부하는 것), 자포스에서 일하고 싶은 동기를 파악히기 위한 질문을 던진다. 여기에서 테스트를 통과하지 못하면 탈락된다.

자포스는 '채용은 천천히, 해고는 가능한 빨리'라는 원칙에 따라 움직인다. 채용 시 수없이 많은 지원자로 인해 발생하는 거래 비용을 줄이면서도 올바른 직원을 채용하기 위한 방안으로 커뮤니티를 운영한다. 자포스에 입사하고 싶은 우수한 지원자들로 하여금 자

그림 3-8 **자포스의 지원서**

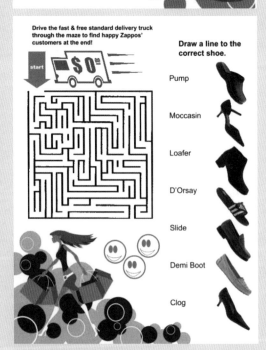

포스 인사이더 커뮤니티Zappos Insiders Community에 가입하도록 권유한다. 자포스는 이들과 장기간 관계를 유지하면서 새로운 자리가 나면 이들을 우선 고려한다.

모든 지원자는 두 번의 인터뷰를 거친다. 채용 매니저가 실시하는 스킬 기반 인터뷰와 채용 담당자가 진행하는 문화 면접이다. 두 인터뷰를 모두 통과해야 채용되며, 아무리 능력이 뛰어나도 문화 면접을 통과하지 못하면 채용하지 않는다. 10개의 핵심가치 각각에 대해 10~15개 정도의 행동 기반 인터뷰 질문을 던진다. 예를 들어 '서비스를 통해 와우wow를 전달하라'는 가치와 관련해 "당신에게 위대한 고객 서비스란 무엇을 의미합니까? 문제에 대한 혁신적인 솔루션을 생각했던 경우를 말해주십시오" 같은 질문을 한다. 모든 핵심가치에 대해 높은 점수를 반드시 받아야 하는 것은 아니지만, 어떤 핵심가치에 대해서도 반대 성향이 보이면 채용하지 않는다.

신입사원 면접자는 첫 회사 방문 시 자신은 모르지만 관찰의 대상이 된다. 안내 데스크 직원들을 대하는 태도가 관찰 대상이라고 알려져 있다. 퉁명스럽거나 무례한 행동을 한다면 고객 서비스를 철학의 최우선으로 하는 기업과 면접자의 성격이 서로 맞지 않는다고 생각해 과감히 낙제시킨다.

오리엔테이션과 최초 훈련

신입직원들은 핵심가치를 이해했다는 서명을 하고 4주 동안의 유급 훈련을 받는다. 이 과정에서 직책이나 직무, 부서와 관계없이 콜센터 훈련을 집중적으로 받는다. 이 과정을 성공적으로 통과하지 못하면 자포스에서 업무를 수행할 수 없다고 간주한다. 이 과정을 진행하지 못해서 떠나야 하는 신입사원에게는 일종의 인센티브(현금 2,000달러)를 지급한다. 처음에는 100달러를 지급했는데 더 많은 사람이 떠나면 좋겠다는 생각에서 조금씩 금액을 올렸다고 한다.

파이프라인

파이프라인은 신참부터 고위 경영진까지 모든 임직원의 역량을 개발하기 위해 고안한 프로세스다. 모든 임직원은 225시간의 필수 훈련을 거쳐야 한다. 여기에는 신입직원들이 받는 160시간의 고객 충성도 훈련과 다양한 추가 교육(예: 효과적 커뮤니케이션, 코칭, 갈등 해결, 스트레스 관리 등)이 포함된다. 심지어 '행복의 과학'이라는 과목이 있는데, 여기에서는 인생의 의미와 목적을 찾는 훈련을 받는다. 이 교육을 통해 임직원들은 고객 행복을 추구하는 기업문화를 지지하게 된다. 다른 교육으로는 부족部族의 리더십, 성과 증진, 관리직으로의 성장에 이르는 행복 등이 있다.

자포스는 온라인으로 운영되지만, 24시간 수신자 부담의 고객 서비스 콜센터도 운영하고 있다. 콜센터 서비스는 자포스의 브랜드 포지셔닝을 전달하는 핵심 역할을 한다. 초기에는 외주에 의존했고 임시직 직원을 고용했다. 그러나 경영진은 이런 방식이 특별한 서비스를 전달한다는 브랜드 철학에 걸림돌이 된다는 사실을 인식하고 내부화를 결정한다. 매번 걸려오는 고객의 전화 한 통 한 통을 자포스의 브랜드 포지셔닝을 강화할 수 있는 기회로 삼은 것이다.

자포스는 콜센터 직원에게 상담 시간 제한이나 업셀링up-selling의

책임을 묻지 않는다. 고객마다 필수 수준 이상의 서비스를 제공하는지에만 관심을 둔다. 이러한 목적을 달성하기 위해 콜센터 직원들은 고객들에게 자율적으로 혜택을 제공할 수 있다. 반송 규정이나 익일 배송으로의 업그레이드 등을 자기 판단 아래 결정할 수 있다. 콜센터에서 볼 수 있는 스크립트script: 일관된 서비스 제공을 목적으로 고객 응대 시 사용하는 행동 지침라는 것은 없다. 그저 고객들과 정서적 유대감을 만들기 위해 자신의 본래 모습에 충실하면 된다. 자포스에서는 고객 불만 전화에 응대하기 위해 들어가는 비용을 마케팅 투자로 인식한다. 고객 서비스는 마케팅 부서만 관련된 것이 아니라 전사적으로 관련된 것으로 이해한다.[37]

미션[38] 없는 기업엔
미래가 없다

마케팅의 본질과 영감

마케팅이란 무엇인가? 마케팅 하면 가장 먼저 떠오르는 것이 광고, 설득, 판매 등이다. 마케팅의 목표가 무엇이냐고 하면 대부분 매출, 이익, 성장이라고 답한다. 마케팅을 조금 공부한 사람이나 기업에 대해 고민해본 사람이라면 고객 만족이나 주주 가치, 지속 가능성 등을 언급할지 모르겠다. 마케팅에 알레르기 반응을 보이는 사람들은 '마케팅=사기'라고 표현하기도 한다. 모두 논리가 있고 일리가 있다.

　하지만 마케팅과 경영의 본질은 무엇일까? 정답은 없겠지만 가장 근사한 답은 '가치'가 아닐까? 가치 실현 없이는 (적어도 장기적 관점에서의) 고객 만족이나 이익은 물론 성장도 따라오지 않는다. 『마케팅의 101』에서 가장 먼저 접하는 개념인 니즈도 가치를 향해 있다.

현대 마케팅 전략의 꽃이라 불리는 STP 전략의 첫 단계인 고객 세분화(보통은 시장 세분화라 부르는데, 시장은 대개 고객을 지칭한다)를 하는 이유도 브랜드가 제공하는 가치를 가장 매력적으로 느끼는 고객을 찾기 위한 것이다. 비즈니스 모델이나 브랜드 콘셉트가 모든 소비자를 대상으로 하는 경우는 없다. "타깃 고객의 눈으로 바라볼 때 우리의 비즈니스 모델이나 브랜드 콘셉트가 아름답게 보이는가?"라는 질문에 대한 답을 찾는 과정이 고객 세분화다.

고객 가치가 마케팅의 근본인 만큼 고객 가치의 종류와 의미를 정리해보자. 고객 가치는 고객들이 느끼는 편익과 그들이 지불하는 비용의 함수로 결정된다. 편익이 클수록 비용은 작을수록 고객이 느끼는 가치는 커진다. 가치에는 기능적 가치 외 정서적·영감적 가치가 있다. 그중에서도 가장 고도화된 고객 가치가 영감적 가치다. 영감적 가치는 궁극적 의미의 종착점이다. 좋은 브랜드는 상품을 팔고 훌륭한 브랜드는 솔루션을 제공하지만 위대한 브랜드는 영감을 자극한다.

그런데 대체 영감적 가치란 무엇인가? 삶에서 언제 영감을 느껴보았는가? 영감이란 정서와는 조금 다른 개념이다. 거창하지 않더라도 작은 것으로부터 느끼는 뿌듯함, 만족감은 정서적 가치에 가깝다. 영감적 가치는 이보다 한 단계 높은 수준의 느낌이다. 길 위에 자라는 풀 한 포기에서 느끼는 생명에 대한 경외감, 우주에서 내려다보는 지구의 모습에서 느끼는 경외감, 한평생 자비를 베풀다 떠나는 성직자를 대할 때 느끼는 경외감이 영감에 가장 가까운 느낌이 아닐까? 그렇다. 영감은 경외감과 관련 있다. 생명, 우주, (일반인으로서는 이해할 수 없을 정도의) 헌신, 이런 것들이 경외감의 대상이다. 인문학적으로 표현하면 경외감과 관련된 질문은 이런 것들이다. "나는 누구인가?" "나는 어디에서 왔는가?" "나는 어떻게 살아야 하는가?" "인간·인생·우주·자연·문명·문화·생명이란 무엇인가?" 이러한 질문에 대한 정답은 없지만, 가끔 뭔가 손에 잡힐 듯한 실마리를 찾았다는 느낌이 들 때가 있다. 그것이 경외감이고 그것이 영감이 아닐까?

고객을 사로잡는 브랜드 미션

브랜드가 소비자에게 영감을 제공하려면 뚜렷한 철학(인간·인생·문화·세상 등에 대한 지향점, 이념, 가치관)이 있어야 한다. 미션이 없으면 내부인들의 마음을 뛰게 만들 수 없다. 임직원의 마음을 뛰게 하지 못한다면 외부적으로 고객의 영감을 자극하는 것은 당연히 불가능하다. 미션 수립은 내부 브랜딩 제로 단계다. 마치 빅뱅 이후 우주가 생성되어 확장되어가듯, 철학이 다양한 학문 분야로 쪼개지듯 미션은 경영의 최초 상태다. 아직까지 구체적으로 무엇을what, 어떻게how 할지 결정되어 있지 않아 매우 유동적이지만, 그것을 왜why 해야 하는지 방향성은 존재하는 상태다. 경영 컨설턴트인 사이먼 사이넥Simon Sinek은 미션이 골든 서클Golden Circle의 핵심에 존재한다고 설명했다.[39] 미션을 논하지 않고 경영의 다음 단계를 언급하는 것은 사상누각과 같다.

『성공하는 기업들의 8가지 습관』의 저자인 짐 콜린스James C.

Collins와 제리 포라스Jerry I. Porras는 변화하지 않고 연속적인 본질과 변하는 현상을 구분한다. 상대적으로 변화하지 않는 미션은 상품 수명 주기, 기술 발전, 시장 트렌드, 최고 경영자의 스타일 등과 관계없이 일관성을 유지함으로써 자기 동일성을 갖는다. 미션은 당신이 어떤 방향(성장, 분권화, 다각화, 글로벌화 등)으로 향하든 기본적으로 '당신이 누구인가?'의 문제다. 존슨앤존슨에서는 '우리의 신조'라는 이름으로 존재를 규정하고 있다.

당신이 여기에서 일하는 이유

미션은 핵심목적과 핵심가치로 구성된다.[40] 핵심목적은 조직의 근본적인 존재 이유이므로 특정 상품이나 타깃 고객의 관점에서 정의할 수 없다. 핵심목적은 조직의 정신을 담는 내용으로 '임직원들은 왜, 무엇 때문에 이 조직에서 일하는가?'(이상적인 동기)에 대한 답을 알려준다. 핵심목적은 전략의 지침이 될 수는 있지만, 영원히 다다를 수 없는 하늘에 떠 있는 북극성 같은 존재다. 영원히 도달할 수 없다는 사실로 인해 역설적으로 (도달하기 위해) 끊임없이 변화를 추구하게 만드는 것이 핵심목적이다. 핵심목적 사세는 변화하지 않지만, 역설적으로 변화에 대한 영감을 제공한다. 그래서 달성 가능한 개념인 목표나 전략과는 다르다. 주요 기업의 핵심목적을 {표 3-2}에 제시해놓았다. 각 기업의 핵심목적을 읽어보고 과연 내부인들의 가슴을 뛰게 할지 상상해보라.

핵심목적은 어떻게 설정하는가? "왜"라는 질문을 끊임없이 물어

표 3-2 주요 기업의 핵심목적

브랜드	핵심목적
나이키	인간의 잠재력을 확장하기 위한 모든 것을 행하는 것
구글	세상의 모든 정보를 정리해 누구나 접근 가능하고 유용하게 만드는 것
스타벅스	인간의 정신에 영감을 불어넣고 더욱 풍요롭게 한다. 이를 위해 한 사람의 고객, 한 잔의 음료, 우리의 이웃에 정성을 다한다.

보라고 조언한다. 소크라테스의 문답법이나 삼성의 고 이병철 회장의 질문법도 이와 유사하다.[41] "왜"라는 질문을 최소 다섯 번은 하라. 이를 5 Why's라 부른다. 도로포장용 아스팔트를 파는 기업이 있다고 해보자. 아스팔트가 왜 중요한가? 자동차와 사람이 안전하게 다닐 수 있기 때문이다. 그렇다면 그건 왜 중요한가? 사고가 나면 인적·물적 손실이 생기기 때문이다. 그렇다면 그건 왜 또 중요한가? 이렇게 묻다 보면 끝이 없어 보이지만 끝을 볼 때까지 계속 질문해야 한다. 버리고 버리고 버리다 보면 끝끝내 본질에 도달할 수 있게 된다. 그래서 잘 버리는 연습을 해야 한다.

문명 인프라의 품질을 향상시켜 인류의 삶을 개선하는 것, 그것이 핵심목적이다. 단순히 주주 가치를 극대화한다는 것은 (경영학에서는 이 목표를 아주 당연하게 받아들이지만, 이것이 기업의 진정한 목표인지 확실치 않다) 조직 구성원의 영감을 자극하지 않는다. 그것은 그저 진정한 핵심목적을 발견하지 못한 기업이 택하는 차선책일 뿐이다. 위대한 기업의 구성원들은 자신들의 열정을 주당 가치로 환원하지 않는다. 나의 가슴과 영혼을 팔아서 고작 주당 가치를 얼마 올렸다는 식의 사고는 임직원들에게 좌절감만 안긴다.

만약 모든 임직원이 순순히 수락할 만큼 높은 가격에 기업을 매각한다고 가정해보자. 매수자는 현재 임금 수준에서 고용 보장을 약속하지만, 이전과 동일한 산업군에서 사업을 지속하겠다는 보장은 하지 않는다. 희한하게도 매수자는 기업을 인수한 후 상품은 생산·판매하지 않고 브랜드도 유통망에서 철수시킨다. 고용은 유지하지만, 문자 그대로 시장에서 그 기업은 없어진다. 당신이 대표라면 이 제안을 받아들이겠는가? 시장에서 우리 기업이 존재하지 않는다면 무엇을 잃는 것일까? 우리 기업의 부고나 묘비명에는 무슨 말을 쓸 것인가?

아직도 임직원들에게 핵심목적이 어떤 의미인지를 이해시키고 싶다면 임직원들에게 다음과 같은 질문을 던져도 좋다. "내일 당장 억만금이 생긴다면 그래도 우리 회사에서 계속 일하겠는가?" "만약 그렇다면 그것은 무엇 때문인가?" "어떤 목적의식이 우리 회사에서 열정적으로 일하도록 만드는가?" 긱 경제Gig Economy**42**가 지배할 미래의 노동 시장에서 자발적 인재를 끌어당기려면 기업의 핵심목적을 확실히 설정해야 한다.

우리만의 핵심 가치

핵심가치는 일련의 경영 지침 혹은 교리를 말한다. 핵심가치는 조직 구성원에게 본질적으로 중요한 가치여야 한다. 시장의 필요(현재 환경, 경쟁 상황, 시장 트렌드 등)에 따라 만드는 것이 아니라 창업

표 3-3 주요 기업의 핵심가치[43]

브랜드	핵심가치
나이키	• 혁신은 우리의 DNA • 기본에 충실 • 나이키는 브랜드 • 단순화하고 추진하라 • 소비자가 왕 • 옳은 일을 하라 • 즉시 진화하라 • 나이키는 기업 • 스폰지처럼 흡수하라 • 항상 공격하라 • 그(창업자인 빌 보우어맨)를 기억하라
구글	• 사용자에게 초점을 맞추면 나머지는 저절로 따라온다 • 한 분야에서 최고가 되는 것이 최선 • 느린 것보다 빠른 것이 낫다 • 인터넷은 민주주의가 통하는 세상 • 책상 앞에서만 답을 찾을 수 있는 것은 아니다 • 부정한 방법을 쓰지 않고도 돈을 벌 수 있다 • 세상에는 무한한 정보가 존재 • 정보의 필요성에는 국경이 따로 없다 • 정장을 입지 않아도 업무를 훌륭히 수행할 수 있다 • 훌륭하다는 것에 만족할 수 없다
스타벅스	• 모든 이가 환영받는 따뜻하고 소속감 있는 문화 창조 • 최선을 다하고 결과에 책임 • 용기 있는 행동으로 현재를 바꾸고 발전의 새로운 방법 모색 • 투명성, 존엄, 존경심을 가지고 타인과 연결

자 및 내부 구성원의 믿음으로부터 나오는 것이다. 심지어 핵심가치가 경쟁우위를 제공하지 못하는 상황이 와도 무조건 가지고 있어야 한다. 왜? 핵심가치는 우리가 무엇을 상징하는지를 정의해주는데, 그것이 없다면 나의 존재가 어떤 의미를 갖겠는가? {표 3-3}에는 주요 기업의 핵심가치를 정리해놓았다.

그런데 사람들의 가치관이 다르듯 기업의 핵심가치도 보편적으로 올바른 가치는 없다. 무슨 가치를 가지는가보다 가치를 가지고 있다는 사실 자체가 중요하다. 핵심가치는 몇 개나 필요할까? 통상적으로 탁월한 기업의 핵심가치는 10개를 넘지 않는다. 가능한 5개 내외로 정하는 것이 이상적이다. 문자 그대로 핵심가치가 진정으로 핵심이 되려면 너무 많으면 안 된다.

비즈니스의 골든룰 중 하나가 집중이다. 핵심가치야말로 집중이 필요하다. 핵심가치를 선정할 때 다음과 같은 질문을 던져보라. "(핵심가치)는 시장 환경이 바뀌더라도 여전히 유지하고 싶은가?" "혹시 (상황 변화)가 생긴다 하더라도 여전히 중요한가?" 핵심가치를 결정하고 나면 진실로 충실해야 한다. 만약 특정 시장이 핵심가치와 부합하지 않는다면 어떻게 해야 할까? 기업들은 이러한 상황에서 핵심가치를 버리고 시장의 논리(예: 성장률, 트렌드 등)를 따른다. 그러나 지금 그 시장이 우리와 맞지 않는다면 우리에게 맞는 새로운 시장을 찾아 나서거나 새로 만드는 것이 올바른 길이다.

핵심가치는 누구와 같이 만들어야 하는가? 최근 메가트렌드 중 하나는 수평이다. 그렇다면 핵심가치를 만들 때도 많은 임직원의 참여를 통한 민주적 절차가 절대선인가? 답은 아니다. 테슬라의 일론 머스크Elon Musk가 꿈꾸듯 화성에서 완전히, 정말 완전히 새로운 마음으로 조직을 새로 만든다면 그 여정에 누구를 동행시킬 것인가? 우주선에 탑승 가능한 좌석은 최대 열 자리뿐이라면! 모든 임직원을 태울 수 없다. 핵심가치를 뼛속 깊이 이해하고 동료의 신임을 받으며 개인 역량도 뛰어난 임직원을 태워야 한다. 다시 말해 그런 임직원들과 핵심가치를 만들어야 한다.

그렇다면 핵심가치를 마음속 저 깊은 곳부터 이해하는 직원은 어떻게 찾을 수 있는가? 다음과 같은 질문을 던지고 그들의 답을 들어보자. "지금은 물론 100년 뒤에도 충분히 의미 있는 가치를 상상할 수 있는가?" "산업과 관계없이 완전히 새로운 조직을 만든다면 어떤 가치를 불어넣고 싶은가?" "우리 아이들에게 핵심가치를 자랑스럽게 말할 수 있으며, 아이들에게도 그 가치를 믿고 따르라고 자신 있게 말할 수 있는가?" "은퇴해도 될 만큼 막대한 재산이 생겨도 계속 이 가치를 위해 삶을 살 것인가?" 이러한 질문 몇 개만 던져보면 누구를 선택할지는 자명해진다.

미션은 본질이다

미션은 창조하거나 설정하는 것이 아니라 발견하는 것이다. 그것도 외부 환경이 아니라 내부를 관찰함으로써 발견하는 것이다. 고요히 침잠해 자신의 내부를 성찰하면 뭔가 보일 것이다. 보이지 않으면 보일 때까지 반복하라! 힘들지만 해야 한다. 자신의 존재 이유를 나 자신이 아닌 그 누가 대신 답해주겠는가? 미션을 찾는 것은 지적인 머리의 게임이 아니라 정적인 마음의 게임이요 혼적인 영혼의 게임이다. 미션은 차별화를 위해 존재하는 것이 아니다. 미션은 진정으로 이루고 싶은 비전과 다르다. 미션은 우리가 잘 하는 것, 즉 핵심 역량과도 다르다. 물론 이 모두가 서로 잘 연계되는 것이 이상적이지만 그렇다고 해서 동일한 것은 아니다.

조직의 핵심목적과 핵심가치를 발견하라. '미션 선언문mission statement'같이 명시적 문구가 반드시 필요한 것은 아니다. 더 중요한 점은 조직의 내부인(창업자, CEO, 핵심 변화 선도자 등)을 들여다보고 그들 마음속에 무엇이 꿈틀거리는지를 파악해보라. 핵심을 파악하고 나면, 즉 미션이 뚜렷해지고 나면 다음 단계는 수월해진다. 미션이 아닌 것은 무엇이든 바꿔도 좋다. 아니, 미션이 아닌 것은 끊임없이 바꿔야 한다. 기술과 문화가 변하면 전략도 바뀌고 상품도 바뀐다. 시장의 변화에 보폭을 맞춰 반 박자 정도 빠른 속도로 바꿔나가야 한다. 그렇지 않으면 생존하기 힘들다. 이 모든 변화의 핵심에 변하지 않는 미션을 설정해놓지 않으면 어떠한 변화를 어떻게 해야 할지 막막해진다.

미션은 진정성과 일관성이 핵심이자 근원이고 생명이다. 그래야 변하지 않고 사람들에게 영감을 줄 수 있다. 그렇다고 외부인들에게까지 영감을 줄 필요는 없다. 오랫동안 조직에 몰입하고 시장에서 가치를 창출하는 주인공은 내부인, 즉 임직원이기 때문이다. 따라서 미션은 내부자와 외부자를 경계 짓는 역할을 한다. 명확한 미션은 자신의 가치와 부합하는 인재는 끌어들이고 그렇지 않은 보통인은 거부하는 역할을 한다. 보통인이라 쓴 이유는 회사 입장에서 미션과 부합하지 않다면 인재라 할 수 없기 때문이다. 많은 CEO가 묻는다. "어떻게 임직원들을 우리 조직에 몰입하도록 할 수 있는가?" 극단적인 답이기는 하지만 채용한 인재를 몰입하도록 만드는 것은 불가능하다. 미션에 부합하는 인재를 채용해야 한다. 현재 임직원 중에서 미션에 맞지 않는 사람은 내보내야 한다. 그렇게 하려면 미션을 아주 명확하게 정의하고 모든 시스템과 제도에 이를 녹여내야 한다.

심지어 사무실과 현장 환경에도 미션이 녹아들어야 한다. 사람은 환경의 지배를 받는다. 이렇게 이야기하면 인간이 가진 자유의지를 과소평가하는 것 같지만 환경의 영향을 받는 것은 사실이다.[44] 나이키를 보자. 나이키의 본질은 '승리'다. 승리는 내재적으로 강인한 인내와 의지가 있어야 하며, 외부적으로는 타인과의 경쟁을 두려워하지 말아야 한다. 나이키의 본사 건물에는 경쟁과 관련된 혼을 담은 문구, 사진, 분위기로 가득하다. 경쟁 정신에 한껏 고무되지 않은 자들은 그 문화에서 오래 버티지 못한다.

가끔 기업의 임직원들에게 본인이 속한 기업의 미션을 물어보면 크게 세 그룹으로 나눠진다. 미션이 있는지 모르는 경우, 미션이 있는지는 아는데 구체적으로 내용을 모르는 경우, 미션 내용을 피상적으로 알기는 하는데 그 의미를 정확히 모르는 경우다. 실제로 미션이 현장에서 살아 숨 쉬려면 미션이 내포하고 있는 의미를 임직원들이 업무 영역에 어떻게 녹여낼 수 있는지를 알고 있어야 한다. 이와 관련된 내용은 내부 브랜딩에서 자세하게 설명했다. 그러나 현실은 어떤가? 미션이란 한낱 멋지고 우아한 말의 잔치에 불과하지 않은가?

일정 규모 이상의 회사라면 대부분 자사 홈페이지에 미션, 비전, 핵심가치 등을 공개한다. 유명 전자회사도 홈페이지에 미션, 비전 등 철학을 공개하고 있다. 인재와 기술, 최고의 제품과 서비스, 미래 사회에 대한 영감, 인류 사회에 공헌, 삶의 풍요, 사회적 책임, 지속 가능한 미래 등 좋은 말은 다 있다.

생각해보자. 이런 내용을 세계 어느 전자회사에 가져다 붙여도 이상할 게 없지 않은가? 모두 전자산업에 있으니 당연한 것이라 반문할지 모르겠다. 맞다. 그러나 중요한 것은 그 내용이 진심으로 전달되어 이해관계자들에게 영감이나 감화를 주려면 모든 내부인에 의해 공유되고, 정확히 해석되고, 실제 행동의 가이드라인으로 작동해야 한다. 과연 이 질문에 "그렇다"고 자신 있게 답할 수 있는지 스스로에게 물어보라! 미션이 외부인들에게 영감을 주려면 미션을 상징하는 시그니처 프로그램이 있어야 한다. 파타고니아의 5R 이니셔티브는 자신의 미션에 지극히 충실한 시그니처 프로그램이다. 이를 경험한 외부인은 파타고니아의 철학을 진실된 것으로 받아들인다. 내부인들에게는 미션에 따라 행동하는 것이 어떻게 하는 것인지 단서를 제공해준다.

이제 마케팅이 보인다

이제 모든 전략이 공개됐다. 우리의 여정은 시대 변화를 통찰적으로 이해하는 것에서 시작됐다. 시장 변화를 현상 수준에서 피상적으로 보지 않고 수평, 비정형, 불안정이라는 근본적 특징으로 규정지었다. 세 가지 테마에 대응하기 위한 6개의 키워드를 도출했고, 이 키워드는 다시 열 가지 전략으로 분화되었다(그림 4-1).

물론 이 책에서 제시한 체계가 경영과 시장을 완벽하게 이해하는 툴이 될 수 없고, 이 지침을 따른다고 해서 반드시 성공한다는 보장도 없다. 그것은 틀림없는 사실이다. 그러나 세상 모든 일이 그렇듯 정답은 찾기 힘들지만 좀 더 좋은 답은 있기 마련이다. 우리가 찾지 못할 뿐 세상사에는 정답이 존재한다고 생각한다.

마지막으로 독자들에게 몇 가지 당부의 말로 갈무리를 하고자 한다.

첫째, 경영과 시장을 보는 자신만의 틀을 지속적으로 만들어가기를 바란다. 필자가 제시한 틀이 완벽하지 않더라도 좋은 출발점은 될 수 있으리라 생각한다. 여기서 머물지 말고 항상 자신의 가치관을 구축하는 노력을 기울여주기를 당부한다. 노자 철학의 대가인 서강대학교 철학과 최진석 명예교수는 "책을 읽는 이유는 책을 쓰는 것이다"라고 말한 적이 있다. 여

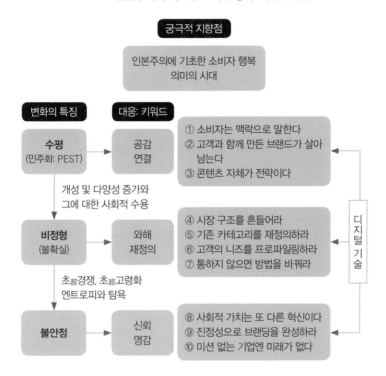

그림 4-1 인본주의에 기초한 소비자 행복: 의미의 시대

궁극적 지향점

인본주의에 기초한 소비자 행복
의미의 시대

변화의 특징 　**대응: 키워드**

수평
(민주화: PEST)
→ 공감
연결
→ ① 소비자는 맥락으로 말한다
② 고객과 함께 만든 브랜드가 살아
남는다
③ 콘텐츠 자체가 전략이다

개성 및 다양성 증가와
그에 대한 사회적 수용

비정형
(불확실)
→ 와해
재정의
→ ④ 시장 구조를 흔들어라
⑤ 기존 카테고리를 재정의하라
⑥ 고객의 니즈를 프로파일링하라
⑦ 통하지 않으면 방법을 바꿔라

초超경쟁, 초超고령화
엔트로피와 탐욕

불안정
→ 신뢰
영감
→ ⑧ 사회적 가치는 또 다른 혁신이다
⑨ 진정성으로 브랜딩을 완성하라
⑩ 미션 없는 기업엔 미래가 없다

디지털 기술

기서 '책을 쓴다'는 것은 실제로 집필한다는 의미라기보다 자신의 언어를 통해 세상을 해석할 수 있는 힘을 기르라는 뜻이다. 앞으로의 가상적 집필 여정에 이 책이 의미 있는 불씨를 당길 수 있기를 바란다.

둘째, 아무리 좋은 구슬도 꿰어야 보배고, 아무리 좋은 지식도 실천하지 않으면 무용지물이다. 특히 경영학은 철저한 실천적 학문이다. 경영학 지식은 생물과 같이 꿈틀꿈틀 살아 숨 쉬어야 한다. 행동으로 옮기지 않고 머리에 쌓아두기만 하는 지식은 현학적이기만 하다. 단 하나라도 직접 행동으로 옮겨보라. 현업에서도 좋고 본인의 삶에 적용해보는 것도 좋은 방법이다. 마케팅과 경영학이야말로 삶과 직결된 학문이다.

셋째, 용기와 도전을 즐기기를 권고한다. 세상과의 싸움, 자신과의 싸움에 허덕이는 요즘 청년들을 보고 또 한 번 도전하고 인내하라고 부탁하는 것이 기성세대로서 미안하고 안쓰럽다. 하지만 기업도 그렇고, 우리의 인생도 그렇고 결과를 내는 것도 물론 중요하지만 본질적으로는 끊임없이 학습하고 도전하는 과정이다. 힘들고 어렵다고 그저 현실을 탓하기만 하면 아무것도 얻을 수 없다. 한두 번 용기 내어 작은 성공을 쌓아가다 보면 이내 그 과정에서 희열과 보람을 느낄 수 있다. 큰 욕심은 부리지 말고 '천리 길도 한 걸음부터'라는 마음으로 묵묵히 도전하라.

기업의 존재 의미는 혁신이다. 기업은 새로운 가치 창출의 최전선에 있기 때문에 그만큼 시대 변화로부터 막아내야 할 바람의 세기도 강하다. 폭풍우가 몰아치는 전장에서 불철주야 처절하게 혁신 전쟁을 수행하는 기업과 현대인들에게 마음으로부터의 경의를 표하며, 이 책의 지혜가 작지만 따뜻한 우산이 되는 희망을 가져본다.

주석

0장

1 원전의 제목은 『Marketing 3.0』인데 한국어로 번역되는 과정에서 『마켓 3.0: 모든 것을 바꿔놓을 새로운 시장의 도래』(안진환 옮김, 타임비즈, 2010)로 의역되었다. 이후 『필립 코틀러의 마켓 4.0: 4차 산업혁명이 뒤바꾼 시장을 선점하라』(이진원 옮김, 더퀘스트, 2017)가 출간되었는데, 이는 디지털 마케팅에 끼치는 영향을 담고 있다. 저자들은 마켓(마케팅) 4.0이 마켓(마케팅) 3.0과는 질적으로 다르다고 주장하지만, 마켓(마케팅) 3.0은 시장 변화의 개념적 측면을, 마켓(마케팅) 4.0은 기술(수단)적 측면을 다루고 있을 뿐 둘은 서로 밀접하게 관련되어 있다.

2 '가치관 경영'이라는 말은 미션-비전-핵심가치에 기반한 경영을 일컫는다.

3 '영감적 가치'에 대한 설명은 3장을 참고하기 바란다.

4 이러한 방식, 즉 현상과 본질을 나눠 바라보는 것은 서양의 전통이며 둘을 나눠보지 않는 동양적 관점에서는 타당해 보이지 않는 측면도 있다. 하지만 이원론적 방법론은 간명성parsimony이라는 장점이 있다.

5 마케팅에는 다양한 종류의 프레임이 있다. 브랜드도 일종의 프레임이고, TPOTime, Place, Occasion라고 불리는 소비맥락도 프레임이다. 어떤 상황에 놓여 있는지는 프레임으로 작동해 대상에 대한 소비자의 인식에 크나큰 영향을 끼친다.

6 MOOC는 Massive Open Online Course의 약자로, 웹을 기반으로 누구에게나 개방되어 있고 대규모로 이뤄지는 온라인 교육을 의미한다. 하버드Harvard, 스탠퍼드Stanford, MIT 등 세계 유수 대학의 교수들이 대학에서 강의하는 내용을 공개적으로 개방해놓았다. 대표 서비스로는 코세라www.coursera.org가 있다. 한국형 MOOC 서비스인 K-MOOCwww.kmooc.kr도 2015년 10월부터 제공하고 있으며, 2018년 현재 약 500개의 강좌를 개설해놓았다.

7 한국에서는 '럭셔리luxury'라는 말보다 '명품名品'이라는 용어로 통칭되고 있다.

8 「스페셜 리포트: '코드명Z' 럭셔리 브랜딩을 위한 디지털 마케팅」, 《동아비즈니스리뷰》 288호, 2020, pp. 82-94.

9 「[럭셔리 인사이트] 18년 만에 최고 주가 기록한 구찌의 성공 비결 3가지」, 《조선비즈》, 2017년 2월 3일; 「구찌, '구찌 플레이스' 프로젝트 진행 … "배지 모으는 재미"」, 《Style M》, 2017년 7월 18일; 곽여선, 「기업을 젊고 활력 있게 만드는 리버스 멘토링」, LG경제연구원, 2019년 8월 30일.

10 밀레니얼 세대Millennial Generation, 밀레니얼스Millennials 또는 Y세대Generation Y는 X세대의 뒤를 잇는 인구 집단이다. 정확한 구분 기준은 없으나, 대다수 전문가는 1980년대부터 2000년대까지

출생한 세대를 주로 일컫는다. 대부분 베이비붐 세대의 자녀들이라 베이비붐 에코 세대(에코 부머즈echo boomers)라고도 한다(『위키백과』, 2018년 10월 10일 현재). 그중에서도 1990년대 중반에서 2000년대 중반에 태어난 세대를 Z세대Generation Z라 구분 지어 명명하기도 한다. 이 책은 밀레니얼과 Z세대를 아우른다는 의미에서 MZ세대라는 용어를 사용한다.

11 이타마르 시몬슨, 엠마뉴엘 로젠 지음, 고영태 옮김, 『절대 가치: 완벽한 정보의 시대 무엇이 소비자를 움직이는가?』, 청림출판, 2015. 그의 기본 취지는 일리가 있지만, 브랜드에 대한 그의 견해는 문제가 있어 보인다. 브랜딩은 '콘셉트=실체'를 추구하는 과정이다. 좋은 브랜드를 만든다는 것은 가치가 높은 상품을 만든다는 뜻이다.

12 미술에서는 형태가 없는 비정형을 추상抽象이라고 한다. 현대 미술은 대개 추상 미술인데, 많은 사람은 추상 미술을 이해하기 어려워한다. 마찬가지로 2010년대 이후의 시장 변화를 추상 미술에 비유할 수 있는데, 그 내용과 변화 양상을 이해하고 예측하는 것이 매우 어렵다.

13 'Disruptive'를 '파괴적破壞的'이라고 번역하기도 하는데, 시장의 구도를 뒤엎는다는 개념 자체는 가치 중립적이다. 따라서 '파괴적'이라는 부정적인 뉘앙스를 가진 단어보다 '와해성'으로 번역하는 것이 더 적절하다.

14 페덱스FedEx의 해체: www.cbinsights.com/research/startups-unbundling-fedex; 자동차 산업의 해체: www.cbinsights.com/research/startups-drive-auto-industry-disruption; 은행업의 해체: www.cbinsights.com/research/disrupting-banking-fintech-startups; 유럽은행의 해체: www.cbinsights.com/research/disrupting-european-banking-fintech-startups; P&G의 해체: www.cbinsights.com/research/disrupting-procter-gamble-cpg-startups.

15 〈차이나는 클라스〉, JTBC, 2017년 7월 12일~26일.

16 금산金産 혹은 은산銀産 분리라 부른다.

17 심리학의 자아결정이론Self-Determination Theory에 따르면, 인간은 세 가지 보편적인 욕구를 가지고 있다. 자율성autonomy, 효능성competence, 관계성relatedness이다. 이러한 욕구가 충족될 때 인간은 행복감을 느낄 가능성이 커지므로, 세 가지 욕구는 행복의 3대 영양소라 할 만하다. 소셜미디어의 본연의 기능은 이 중 관계성을 진작하는 데 도움을 준다.

18 Verduyn, Philippe, Oscar Ybarra, Maxime Résibois, John Jonides, and Ethan Kross (2017), "Do Social Network Site Enhance or Undermine Subjective Well-Being? A Critical Review", Social Issues and Policy Review, 11(1), pp. 274-302.

19 전 지구적으로 부정적 현상이 증가하는 것을 제러미 리프킨은 엔트로피entropy 증가라고 표현했다. Rifkin, Jeremy (2009), The Empathic Civilization: The Race to Global Consciousness in a World in Crisis, Jeremy P. Tarcher/Penguin Group, UK. 이 책의 한국어판은 다음과 같다. 제러미 러프킨 지음, 이경남 옮김, 『공감의 시대』, 민음사, 2010.

20 Authenticity를 진정성이라고 번역하면 '진정성眞情性'으로만 받아들이는 경향이 많아 오히려 '진성眞性'이라고 번역하는 것이 더 타당해 보인다. 하지만 독자들의 친숙성과 가독성을 위해 '진정성'이라는 용어를 사용한다.

21 이 부분의 키워드 중 일부는 『트렌드 코리아 2018, 2019, 2020』(미래의창)에서 차용했다.

22 Vossoughi, Sohrab (2009), "A Survival Guide for the Age of Meaning", Rotman

Magazine, Spring, pp. 41–45.

23 Markus, Hazel R. and Shinobu Kitayama (1991), "Culture and the Self: Implications for Cognition, Emotion, and Motivation", Psychological Review, 98(2), pp. 224–253.

1장

1 통상적으로 특정 기업의 구매자를 언급할 때는 소비자보다 고객이라는 용어를 더 많이 쓴다. 소비자는 시장에 존재하는 일반 구매자를 지칭한다. 소비자라는 용어에는 상품이나 서비스를 구매하는 개념뿐 아니라 소비하는 개념까지 포함하고 있다. 마케팅 혁신은 구매 외 여러 단계에서 일어나므로 이 책에서는 특정 기업의 타깃을 지칭하는 경우를 제외하고 소비자라는 용어를 쓴다는 점을 밝혀둔다.

2 터치포인트touchpoints와 콘텐츠content에 관한 정의는 다양하지만, 이 책에서는 다음과 같이 정의한다. 콘텐츠는 소비자와의 상호작용을 통해 창출·전달되는 소비자 가치의 핵심 내용이다. 콘텐츠는 시공간을 점유하는 터치포인트를 통해 전달된다. 기술을 포함한 물리적 상품, 임직원, 미디어는 터치포인트이고 이를 통해 전달되는 콘텐츠는 (상품의) 기능, (임직원의) 온-브랜드 행동, (미디어를 통해 전달되는) 메시지다.

3 영어로는 '고통 요인pain points'이라 부른다.

4 소비사슬 개념과 연결지어 생각한다면 소유보다는 '소비의 총비용TCC: Total Cost of Consumption'이라 부르는 것이 더 직관적이라고 생각한다.

5 이는 자동차가 경험재적 성격이 강하기 때문에 발생하는 현상이다. 상품을 탐색재search goods, 경험재experience goods, 신뢰재credence goods로 구분하기도 한다. 탐색재는 경험 이전에 객관적인 품질을 파악할 수 있는 경우, 경험재는 경험을 해봐야 품질 파악이 가능한 경우를 말한다. 신뢰재는 경험을 하더라도 품질 파악이 어려운 상품을 지칭한다. 대표적으로 법률 서비스, 컨설팅 서비스, 골동품 등이 있다.

6 이 책은 다산북스에서 『결정적 순간 15초: 고객의 영혼을 사로잡는』(2006)이라는 제목으로 출간되었다.

7 「[브랜드의 비밀] 美 여배우가 이름 붙여준 던킨도너츠?」, 《한국경제》, 2018년 9월 30일.

8 Micro-Moments: Your Guide to Winning the Shift to Mobile, Google.

9 유튜브 채널 〈Online Circle Digital〉, 2016년 12월 9일.

10 뉴튜브 채널 〈Realtor.com〉, 2018년 5월 2일.

11 유튜브 채널 〈frumosule〉, 2008년 7월 5일.

12 문화전략과 문화 혁신cultural innorations은 다르다. 전자는 미시적·거시적 소비자 맥락을 파악하고 활용하는 전략이다. 후자는 더 넓은 범위에서 시장의 지배적인 이데올로기를 와해하는 전략을 말한다. 문화혁신에 대해서는 다음 책을 참고하기 바란다. 더글라스 홀트, 더글라스 캐머런 지음, 김정혜 옮김, 『컬트가 되라』, 지식노마드, 2012.

13 Gupta, Sunil, Srinivas K. Reddy, and David Lane (2017), Marketing Transformation at Mastercard, Harvard Business School Case, 9-517-040, p. 3.

14 마케팅에서는 보통 시장 세분화market segmentation라는 말을 쓰는데, 시장 세분화는 상품 세분화와 고객 세분화의 의미가 중첩되어 있다. 일반적으로 시장 세분화는 고객 세분화를 지칭한다.

15 한국경영학회, 『미라클 경영: 기적을 만든 7개 대한민국 기업 스토리』, 자의누리, 2017.

16 「현대차, 對 고객 전략 프로모션 '어드밴티지 프로그램' 정례화 추진」, 《아시아투데이》, 2017년 7월 18일.

17 Porter, Michael E. and Mark R. Kramer (2006), "Strategy & Society: The Link Between Competitive Advantage and Corporate Social Responsibility", Harvard Business Review, December, pp. 78–93.

18 「[Cover Story] 전통의 롤스로이스 … IoT 달고 혁신 날개」, 《매일경제》, 2019년 11월 21일.

19 순추천지수는 베인앤컴퍼니Bain & Company의 프레드 라이켈트Fred Reichheld가 개발했다. 소비자는 해당 기업을 친구에게 추천할 것이냐는 질문을 받은 후 0~10점으로 답한다(0점=전혀 추천하지 않겠음, 10점=반드시 추천하겠음). 소비자의 답변에 따라 비방자Detractors(0~6점), 수동자Passives(7~8점), 옹호자Promoters(9~10점)로 분류한다. 순추천지수는 전체 응답자 중 옹호자의 백분율에서 비방자의 백분율을 뺀 값이다. 수동자는 참고로 발표할 뿐 지수 계산에는 쓰지 않는다. 일반 인식과 달리 추천 의도가 '매우' 높은 소비자가 중요하지 적당히 높은 소비자는 기업의 성과와 크게 상관없다는 점을 시사한다.

20 블로그 〈Ibk기업은행〉, 2019년 8월 14일.

21 O'Guinn, Thomas C., and Albert M. Muñiz, Jr. (2009), "Collective Brand Relationships", Handbook of Brand Relationships, ed. Deborah J. MacInnis, C. Whan Park, and Joseph W. Priester, Routledge; New York, pp. 173–194.

22 Fournier, Susan and Lara Lee (2009), "Getting Brand Communities Right", Harvard Business Review, April, pp. 105–111.

23 Fournier, Susan and Jill Avery (2011), "The Uninvited Brand", Business Horizons, 54, pp. 193–207.

24 Klein, Jill Gabrielle, Richard Ettenson, and Marlene D. Morris (1998), "The Animosity Model of Foreign Product Purchase: An Empirical Test in the People's Republic of China", Journal of Marketing, 62(1), pp. 89–100.

25 「TBJ, 한글날 기념 특별 이벤트 연다」, 《뉴스 탭》, 2019년 9월 30일.

26 「국내 토종 브랜드들 한글날 맞아 '애국 마케팅' 뜨거워」, 《매일경제》, 2019년 10월 4일.

27 이는 브랜드를 어떻게 보는가에 따라 달라진다. 실질적인 브랜딩의 핵심은 브랜드 실체(상품의 기능을 포함한 모든 콘텐츠)를 콘셉트와 일관되도록 구축하는가의 문제다.

28 「독일마트 알디ALDI의 '가성비' 잡는 법」, 《씨엘오》, 2018년 7월 26일.

29 「[이진욱의 전자수첩] 겸손한 LG와 당당한 삼성」, 《한국경제》, 2018년 3월 20일.

30 Fournier, Susan and Lara Lee (2009), Ibid.

31 Fournier, Susan and Lara Lee (2009), Ibid.

32 From Brand Communities to Community Brands. http://snurb.info/node/977.

33 Fueller, Johann and Eric von Hippel (2009), "Do-It-Yourself Brand Creation", MIT Sloan Management Review, 50(3), pp. 18–19.

34 Fournier, Susan and Jill Avery (2011), Ibid., pp. 193–207.

35 김태성, 「출시 160일 만에 2억 병 판매한 '테라': 새로움 위해 하이트 꼬리표도 뗐다, 혼술-홈술족

마음까지 사로잡아」, 《동아비즈니스리뷰》 287호, 2019, pp. 50–61.

36 Keller, Kevin Lane (2001), "Building Customer–Based Brand Equity: A Blueprint for Creating Strong Brands", MSI Working Paper, No. 1–107.

37 '브랜드 퍼블리싱brand publishing'이라고도 불린다.

38 https://www.powerpost.digital/insights/great–brand–journalism–examples/

39 "Airbnb and The Rise of Millennial Travel", Airbnb Report, November 2016.

40 에어비앤비 트립 호스트 커뮤니티 홈페이지.

41 《콘텐타 매거진》, 2016년 2월.

42 《콘텐타 매거진》, 2019년 10월.

43 Ries, Al and Laura Ries (2002), *The Fall of Ads and the Rise of PR*, Harper Collins.

44 설득 지식은 설득과 마케터의 동기에 대한 소비자의 믿음을 말한다. 마케터는 이러한 목적을 달성하기 위해 이러한 수단을 사용하고, 그 효과는 이럴 것이라는 믿음을 뜻한다. 쉽게 이야기하면 '마케터는 마케팅을 통해 나를 설득시켜 결국은 구매를 유도하려는 것이다'라는 믿음이다. Friestad, Marian and Peter Wright (1994), "The Persuasion Knowledge Model: How People Cope with Persuasion Attempts", Journal of Consumer Research, 21(1), pp. 1–31.

45 https://blog.cheil.com/magazine/36948

46 '재핑zapping'이란 TV를 시청할 때 광고나 흥미 없는 부분이 나오면 리모컨을 돌리면서 원하는 내용을 찾아보는 시청 패턴을 말한다. 미디어 광고의 효과가 떨어지는 이유 중 하나다.

47 Gourville, John and Noah Fisher (2013), "Coca-Cola: Liquid and Linked", Harvard Business School Case, No. 9–514–024; 김희형 (2013), "코카-콜라 마케팅 WAY: IMC 3.0 'Liquid & Linked'", Voice of Korea Advertisers, 03–04, pp. 28–31; 코카콜라 저니www.coca-colajourney.co.kr, 2019년 1월 25일.

2장

1 Kapferer, Jean–Noël (2012), *The New Strategic Brand Management: Advanced Insights and Strategic Thinking*, Kogan–Page, London: UK; Moon, Youngme (2010), *Different: Escaping the Competitive Herd*, Crown Business, New York.

2 Youngme Moon (2005), "Break Free from the Product Life Cycle", Harvard Business Review, 83(5), pp. 86–94.

3 「[여행의 기술] 가성비 갑 '프리미엄 이코노미'」, 《중앙일보》, 2017년 9월 20일.

4 https://thepointsguy.com, 2018년 3월 6일.

5 「[Hotel Developer] 호텔 서비스의 본질에 충실한 IHMINTERTRUST HOSPITALITY MANAGEMENT」, 《호텔 & 리조트》, 2017년 7월 4일.

6 홈플러스, 「상품 본질에 충실한 '심플러스'로 본격 PB 경쟁 뛰어들었다」, 《아시아투데이》, 2018년 3월 29일.

7 이방실·곽수근·박기완, 「제조기업에서 브랜드 마케팅 기업으로 … 국제상사 M&A와 프로스펙스의 부활」, 《동아비즈니스리뷰》 69호, 2010, pp. 79–87.

8 「간장 중 절반 이상 혼합간장 … 화학분해 간장 섞여: 원료 산분해간장, '산' 첨가해 단기간에 제

조」, 《뉴스1》, 2015년 11월 30일.

9 최한나, 「소비심리 꿰뚫고 새롭게 포지셔닝, '요리에센스' 新新시장 열었다」, 《동아비즈니스리뷰》 143호, 2013, pp. 44–51.

10 Charitou, Constantinos D. and Constantinos C. Markides (2003), "Responses to Disruptive Strategic Innovation", MIT Sloan Management Review, Winter, 55–63.

11 Wernerfelt, Birger (1984), "A Resource-Based View of the Firm", Strategic Management Journal, 5(2), pp. 171–180; Wernerfelt, Birger (1995), "The Resource-Based View of the Firm: Ten Years After", Strategic Management Journal, 16(3), pp. 171–174.

12 Christensen, Clayton M, Rory McDonald, Laura Day, and Shaye Roseman (2019), "Integrating around the Job to Be Done", Harvard Business School, Module Note.

13 Nobel, Carmen (2011), "Clay Christensen's Milkshake Marketing", Harvard Business School, Working Knowledge.

14 지민구, 「현대자동차의 대형 SUV '팰리세이드': 넓고 럭셔리한 가성비까지 밀레니얼 대디들이 지갑을 열다」, 《동아비즈니스리뷰》 287호, 2019, pp. 30–39.

15 윤명환, 「고객이 취향 따라 조립하는 냉장고 '삼성 비스포크': 큰 냉장고보다 나만의 냉장고, 고객 경험 반영한 리디자인의 힘」, 《동아비즈니스리뷰》 287호, 2019, pp. 70–78.

16 김대식, 「이상한 나라의 뇌과학」, 문학동네, 2015.

17 Ratan Tata, chairman, Tata Group.

18 Dyer, Jeff, Hal Gregersen, and Clayton M. Christensen (2011), The Innovator's DNA: Mastering the Five Skills of Disruptive Innovators, Harvard Business Review Press, Boston: MA.

19 Kotler, Philip and Fernando Trías De Bes (2003), Lateral Marketing: New Techniques for Finding Breakthrough Ideas, Wiley. 이 원저의 한국어판은 다음과 같다. 김영한·김형준 옮김, 「필립 코틀러의 수평형 마케팅」, 세종연구원, 2004.

20 TRIZтеория решения изобретательских задач; Theory of Solving Inventive Problem는 구소련 겐리히 알츠슐러Genrich Altshuller가 개발한 창의적 문제 해결 방법론이다.

21 김연성, 「현상을 타개하는 방법 – '스캠퍼'」, 《동아비즈니스리뷰》 42호, 2009, p. 95.

스캠퍼 방법론

구분	주요 질문
대체Substitute	개선을 위해 무엇을 대체할 수 있나?
결합Combine	무엇과 무엇을 엮을 수 있을까?
변경Adapt	무엇을 바꾸거나 교환할 것인가?
수정Modify, Magnify, Minify	지금과 다른 방식으로 하면 어떤 결과가 나올까?
다른 용도Put to Other Purposes	기존 상품을 적용할 수 있는 새로운 시장은 무엇일까?
제거Eliminate	일부분을 빼고 나면 어떤 결과가 나올까?
역발상Reverse, 재정렬Rearrange	순서를 바꾸거나 뒤집어볼 것은 없는가?

22 Moon, Youngme (2010), *Different: Escaping the Competitive Herd*, Crown Business, New York.

23 신화섭, 「BMW, 100만 원대 전동 킥보드 출시 … 라스트마일을 잡아라」, 《모터그래프》, 2019년 5월 27일.

24 Kapferer, Jean-Noël (2012), *The New Strategic Brand Management: Advanced Insights and Strategic Thinking*, Kogan-Page, London: UK.

25 '헬로키티', 나무위키, 2020년 2월 2일.

26 www.hellokittyhealthcentre.com.

27 Kim, W. Chan and Renee Mauborgne (2005), *Blue Ocean Strategy: How to Create Uncontested Market Space and Make the Competition Irrelevant*, Harvard Business Review Press, Boston: MA.

28 Kim, W. Chan and Renee Mauborgne (2005), Ibid.

29 「빅토리아 시크릿 '핑크'의 고객은 누구인가?」, 《The PR》, 2015년 3월 16일.

30 Anthony, Scott D., Mark W. Johnson, Joseph V. Sinfield, and Elizabeth J. Altman (2008), *The Innovator's Guide to Growth*, Harvard Business Press, Boston: MA.

31 Park, C. Whan, Deborah J. MacInnis, and Andreas B. Eisingerich (2016), *Brand Admiration: Building a Business People Love*, John Wiley & Sons, Hoboken: New Jersey.

32 「"오늘은?"… 매일매일 메일함 열어보는 설렘」, 《동아일보》, 2019년 12월 12일.

33 「사회초년생 위한 재테크 뉴스레터 서비스 '어피티' 박진영 대표 인터뷰: 뉴미디어계 '피터 틸'로 불려 "스팸이라고요? 타깃집단에 쏙쏙 꽂히는 서비스, 입소문으로 큰답니다"」, 《일요신문》, 2019년 3월 22일.

34 「[구독 특집] 밀레니얼 뉴스레터 '뉴닉'은 어떻게 탄생했나」, 《월간 채널예스》, 2019년 10월 11일.

35 www.leadinglearning.com/blue-ocean-strategy.

36 「CGV, 영화 관람료 좌석 따라 차등화 … 일각 "사실상 가격 인상" 비판 일어」, 《동아일보》, 2016년 2월 27일; 「CGV의 관람료 차별화, 참 고약하다; [주장] 관객의 선택권까지 제한할 수 있는 관람료 차별화 정책」, 《오마이뉴스》, 2016년 2월 29일.

37 「"성공하면 그랜저 사야지" … 현대자동차 '더 뉴 그랜저' TV 광고 인기」, 《브랜드브리프》, 2019년 11월 11일.

38 물질주의materialism란 정신적 요소를 무시하고 물질적 니즈와 욕망에 전념하는 삶의 방식이나 경향을 말한다. 쉽게 말하면 세속적인 물질의 소유에 중요성을 두는 가치관이다. Richins, Marsha L. and Scott Dawson (1992), "A Consumer Values Orientation for Materialism and Its Measurement: Scale Development and Validation", Journal of Consumer Research, 19(3), pp. 303-316.

39 「그랜저 타면 성공한 사람인가요?」, 《AP 신문》, 2019년 11월 20일.

40 「마켓컬리=신선식품?'… 비식품 기타 카테고리도 급성장세」, 《MNB》, 2019년 11월 19일; 「마켓컬리, 비식품 카테고리 성장세 뚜렷 … 상품 구색 강화 나서」, 《녹색경제신문》, 2019년 11월 19일.

41 「폭염에도, 새벽에도 달리는 '배달의 투잡족'」, 《동아일보》, 2019년 8월 24일.

42 「음악플랫폼 플로, 맞춤 추천 앞세워 서비스 1년 만에 점유율 21% 돌파」, 《스포츠서울》, 2019년 12월 13일.

43 「SKT 플로, 'OCR 서비스' 통해 490만 곡 이사시켜」, 《조선비즈》, 2019년 10월 25일.

44 「[한경 광고 이야기] (13) 시내버스 광고, '서비스 갈아타기' 유도에 탁월」, 《한국경제》, 2019년 12월 2일.

3장

1 데이비드 브룩스 지음, 이경식 옮김, 「소셜 애니멀: 사람과 성공, 성격을 결정짓는 관계의 비밀」, 흐름출판, 2011; 장대익, 「울트라소셜: 사피엔스에 새겨진 '초사회성'의 비밀」, 휴머니스트, 2017.

2 리처드 도킨스 지음, 홍영남·장대익·권오현 옮김, 「확장된 표현형: 이기적 유전자, 그다음 이야기」(전면개정판), 을유문화사, 2016.

3 「'사회적 경제' 경제·복지 영역 넘어 사회과학 분야로 확장」, 《한겨레》, 2015년 11월 9일.

4 Greenfield, Emily A., and Nadine F. Marks (2007), "Religious Social Identity as an Explanatory Factor for Associations between More Frequent Formal Religious Participation and Psychological Well-Being", The International Journal for the Psychology of Religion, 17(3), pp. 245-259; Haslam, Catherine, Abigail Holme, S. Alexander Haslam, Aarti Iyer, Jolanda Jetten, and W. Huw Williams (2008), "Maintaining Group Memberships: Social Identity Continuity Predicts Well-Being After Stroke", Neuropsychological Rehabilitation, 18(5-6), pp. 671-691; Sharma, Sagar, and Monica Sharma (2010), "Self, Social Identity and Psychological Well-Being", Psychological Studies, 55(2), pp. 118-136.

5 Champniss, Guy, Hugh N. Wilson, and Emma K. Macdonald (2015), "Why Your Customers' Social Identities Matter", Harvard Business Review, January-February Issue, pp. 88-96.

6 「'사치'보다 '가치' 밀레니얼 세대 공략집」, 《이코노미조선》, 2019년 1월 21일; 「新소비 세대와 의·식·주 라이프 트렌드 변화」, 《KPMG Samjong Insight》 (66), 2019.

7 〈차이나는 클라스 131회: 독일 2부작 ① 독일의 68과 한국의 86〉, JTBC, 2019년 10월 30일. 유독 한국만이 68혁명의 영향을 받지 못한 것은 남북이 대치하고 있는 분단의 현실과 맞닿아 있다.

8 「신발 기부하던 '탐스', 어쩌다 '좀비기업' 됐나」, 《머니투데이》, 2019년 12월 31일.

9 「[TECH meets DESIGN] 4차 산업혁명 앞둔 글로벌 업사이클링 전략」, 《녹색경제신문》, 2019년 10월 10일.

10 Marquis, Christopher and Laura Velez Villa (2014), "Warby Parker: Vision of a "Good" Fashion Brand", Harvard Business School Case, No. 9-413-051.

11 Torelli, Carlos J., Alokparna Basu Monga, Andrew M. KaiKati (2011), "Doing Poorly by Doing Good: Corporate Social Responsibility and Brand Concepts", Journal of Consumer Research, 38(5), pp. 948-963.

12 Ariely, Dan, Anat Bracha, and Stephan Meier (2009), "Doing Good or Doing Well? Image

Motivation and Monetary Incentives in Behaving Prosocially", American Economic Review, 99(1), pp. 544–555.

13 탐스 슈즈의 비영리 조직은 '탐스의 벗Friends of TOMS'이다.

14 탐스 슈즈와 와비파커의 비즈니스 모델이 구체적으로 CSRCorporate Social Responsibility: 사회적 책임 활동, CSV, 대의 마케팅 중 무엇인지는 의견이 분분하다. 세 가지 개념의 미묘한 차이는 다음의 자료를 참고하기 바란다. 김태영·도현명, 「한 켤레 팔면 한 켤레 기부, 탐스 슈즈는 CSR 기업 or CSV 기업」, 《동아비즈니스리뷰》, 137호, 2013, pp. 112–114. 이 글에 따르면 '프로세스 혁신을 통해 운영비용을 낮추는 방법'만이 CSV에 해당하며, '상품에 대해 높은 가격을 책정하는 방법'이나 '사회적 대의를 이용해 박리다매하는 방법'은 대의 마케팅으로 분류한다.

15 존 매키, 라젠드라 시소디어 지음, 유지연 옮김, 「돈 착하게 벌 수는 없는가: 깨어 있는 자본주의에서 답을 찾다」, 흐름출판, 2014.

16 이를 SPICE 경영, 넓게는 이해관계자 관리SRM: Stakeholder Relationship Management라 부른다. SPICE는 Society(사회), Partner(파트너), Investor(투자자), Customer(고객), Employee(임직원)의 첫 글자를 딴 단어다.

17 「최태원(SK그룹 회장)은 왜 사회적 가치Social Value에 올인하나?」, 《매일경제》, 2019년 1월 25일; 「SK 사회적 가치 경영과 기업 성과 | SK하이닉스 사회적 가치 7조 원 창출, 공유인프라·DBLDouble Bottom-Line경영 ··· 비즈니스 혁신」, 《매일경제》, 2019년 1월 25일; 「SK 3사 사회적 가치 연간 12조 3,327억 원 창출 ··· 어떻게 측정했나, 경제 간접 기여·비즈니스 성과·사회공헌 3개 분야 평가」, 《매일경제》, 2019년 5월 21일; 「SK㈜가 만들어낸 8,348억 원 ··· '사회적 가치'란 이런 것」, 《뉴스퀘스트》, 2019년 6월 27일; 「사회적 가치에 푹 빠진 최태원 SK 회장」, 《포춘코리아》, 2019년 7월 3일; 「SK그룹 "사회적 가치 창출로 블루오션 기회 모색"」, 《초이스경제》, 2019년 10월 2일.

18 경제적 가치와 사회적 가치를 동시에 고려하는 경영 방식으로 공유가치 창출CSV, 사회적 가치 경영SVM과 맥을 같이한다.

19 O2O는 Online To Offline의 약자로 온·오프라인 연계 사업을 말한다.

20 Smith, Scott M. and David S. Alcorn (1991), "Cause Marketing: A New Direction in the Marketing of Corporate Responsibility", Journal of Consumer Marketing, 8(3), pp. 19–35; Till, Brian D. and Linda I. Nowak (2000), "Toward Effective Use of Cause-Related Marketing Alliances", Journal of Product & Brand Management, 9(7), pp. 472–484.

21 「새롭게 바뀌는 '생명의 다리', 어떤 모습일까?」, 《The PR News》, 2015년 8월 14일.

22 「[팩트체크] 자살예방 생명의 다리 9월 철거, 효과 없었나」, JTBC, 2015년 7월 7일.

23 도현명, 「마포대교 자살 방지 캠페인 흐지부지: 사회적 가치 제대로 측정 못한 까닭」, 《동아비즈니스리뷰》 270호, 2019, pp. 36–45.

24 Sen, Sankar, and Chitra Bhanu Bhattacharya (2001), "Does Doing Good Always Lead to Doing Better? Consumer Reactions to Corporate Social Responsibility", Journal of Marketing Research, 38(2), pp. 225–243; Pracejus, John W. and G. Douglas Olsen (2004), "The Role of Brand/Cause Fit in the Effectiveness of Cause-Related Marketing Campaigns", Journal of Business Research, 57(6), pp. 635–640; Barone, Michael J.,

Anthony D. Miyazaki, and Kimberly A. Taylor (2000), "The Influence of Cause-Related Marketing on Consumer Choice: Does One Good Turn Deserve Another?", Journal of the Academy of Marketing Science, 28(2), pp. 248–262; Handelman, Jay M. and Stephen J. Arnold (1999), "The Role of Marketing Actions with a Social Dimension: Appeals to the Institutional Environment", Journal of Marketing, 63(3), pp. 33–48; Strahilevitz, Michal, and John G. Myers (1998), "Donations to Charity as Purchase Incentives: How Well They Work May Depend on What You Are Trying to Sell", Journal of Consumer Research, 24(4), pp. 434–446.

25 Bloom, Paul N., Steve Hoeffler, Kevin Lane Keller and Carlos E. Basurto Meza (2006), "How Social-Cause Marketing Affects Consumer Perceptions", MIT Sloan Management Review, 47(2), pp. 49–55.

26 Bloom, Paul N., Steve Hoeffler, Kevin Lane Keller and Carlos E. Basurto Meza (2006), Ibid.

27 Napoli, Juliet, Sonia J. Dickinson, Michael B. Beverland, and Francis Farrelly (2014), "Measuring Consumer-Based Brand Authenticity", Journal of Business Research, 67(6), pp. 1090–1098.

28 서상우·이유리, 「패션 브랜드 진정성의 속성과 척도 개발」, 《한국의류학회 학술발표논문집》 1, 2010, p. 51.

29 「스타벅스 선장의 항해술, 스타벅스 유니타스 브랜드, Season II-1」, 《브랜드 교육》, pp. 154–165.

30 Tavassoli, Nader T. (2008), "Branding from the inside out", Business Strategy Review, 19(2), pp. 94–95.

31 Kaplan, Robert S. and David P. Norton (2005), Creating the Office of Strategy Management, Harvard Business School Working Paper, pp. 5–71.

32 Ulrich, Dave and Wayne Brockbank (2005), The HR Value Proposition, Harvard Business School Press, Boston: MA.

33 Minzberg, Henry (1994), The Rise and Fall of Strategic Planning: Receiving Roles for Planning, Plans, Planners, The Free Press, New York: NY.

34 Baillot, Jean-Pierre and Stefan Michel (2010), Redefining the AXA Brand, IMD Case 5-0757.

35 Frei, Frances, Robin J. Ely, and Laura Winig (2011), "Zappos.com 2009: Clothing, Customer Service, and Company Culture", Harvard Business School Case, No. 9-610-015.

36 유튜브 채널 〈Zappos.com〉, 2008년 8월 14일.

37 Hsieh, Tony (2010), "Zappos's CEO on Going to Extremes for Customers", Harvard Business Review, 88(7–8), pp. 41–45.

38 미션과 비교되는 '비전'이라는 용어는 광의와 협의의 개념으로 모두 사용한다. 광의의 비전은 '미션+협의의 비전(가시적 미래 목표: 정성·정량적 목표를 모두 포함)'으로 구성된다. 이 책에서 사용하

는 비전은 협의의 개념이다.

39 TED 강연: www.ted.com/talks/simon_sinek_how_great_leaders_inspire_action?language
    =en.

40 이 절은 다음의 논문을 요약한 것인데 자세한 내용은 해당 논문을 참조하기 바란다. Collins,
    James C. and Jerry I. Porras (1996), "Building Your Company's Vision", Harvard Business
    Review, September–October, pp. 65–77.

41 「윤순봉 삼성의료원 사장 "이병철 경영 노하우는 5 Why"」, 《한국경제》, 2012년 2월 23일; 「"이야
    기해봐라" 이병철 삼성 창업주의 질문」, 《아주경제》, 2014년 4월 9일.

42 1920년대 미국에서 단기 계약을 맺고 재즈 공연에 참여하는 연주자를 '긱Gig'이라 불렀다. 최근
    단기 계약을 통해 다양한 인력을 고용하는 경제를 '긱 경제Gig Economy'라 부른다. 「[기고] 도전에
    직면한 긱 경제Gig Economy」, 《조선비즈》, 2019년 8월 18일.

43 https://element-360.com/googles10corevalues; www.starbucks.com.

44 사회심리학에서는 환경의 영향을 실제보다 과소평가하는 현상을 '근본적 귀인의 오류FAE:
    Fundamental Attribution Error'라 부른다.

그림 출처

0장

그림 0-1 https://www.gucci.com/qa/en_gb/st/stories/accessories/article/pre-fall-2018-the-new-diy

1장

그림 1-1 Kumar, Nirmalya (2004), Marketing As Strategy: Understanding the CEO's Agenda for Driving Growth and Innovation, Harvard Business School Press, Boston: MA.

그림 1-2 http://fb.newturn.co.kr/samsung/comLocal/event/1509_AddWash/share/share_event. jsp?gnb=0

그림 1-3 https://www.cheil.com/hq/portfolio?pname=portfolio&lang=ko&seq=155&region=hq

그림 1-4 http://ikearetailtherapy.com

그림 1-5 http://blog.hanwhasmartc.com/221376280406

그림 1-7 Steenburgh, Thomas and Jill Avery (2008), UnMe Jeans: Branding in the Web 2.0, Harvard Business School Case, No. 5-509-037, Teaching Note.

그림 1-9 https://www.motortrend.com/cars/porsche/cayenne/2008/, https://www.motortrend.com/cars/porsche/911/2020/

그림 1-10 https://m.facebook.com/TBJnearby/photos/a.125465407507832/2428630793857937/?type=3, https://www.facebook.com/Kanudacare/posts/2501508073300401/

그림 1-11 https://subscribe.adbusters.org/products/blackspot, https://hollywoodlife.com/2018/09/03/colin-kaepernick-face-nike-just-do-it-30th-anniversary-campaign/https://knowyourmeme.com/photos/1407707-colin-kaepernick-nike-ad-parodies

그림 1-13 https://www.redbull.com/kr-ko/best-of-2012-red-bull-stratos

그림 1-14 https://issuu.com/thecleanestline/docs/patagonia_kids_2016_us_ad67a1a82a3f08

그림 1-15 http://themagazine.kr/shop/item.php?it_id=1526357600, https://www.youtube.com/watch?v=aJNE3JeGUnk

그림 1-16 https://www.coca-colacompany.com/au/news/share-a-coke-how-the-groundbreaking-campaign-got-its-start-down-under, https://cocacolaunited.com/blog/2015/05/18/share-coke-bigger-better-ever/

그림 1-17 https://www.coca-colajourney.co.kr/stories/share-a-coke-history

2장

그림 2-1   Moon, Youngme (2005a), "Rethinking Positioning, Harvard Case Module Note", N5-506-O25; Moon, Youngme (2005b), "Rethinking Branding, Harvard Case Module Note", 5-506-039.

그림 2-3   이방실·곽수근·박기완, 「제조기업에서 브랜드 마케팅 기업으로 … 국제상사 M&A와 프로스펙스의 부활」, 《동아비즈니스리뷰》 69호, 2010, p. 86.

그림 2-5   https://www.hyundai.com/kr/ko/e/vehicles/palisade/intro#highlight

그림 2-6   https://www.press.bmwgroup.com/global/article/detail/T0296232EN/launch-of-the-new-bmw-e-scooter-from-autumn-2019?language=en, https://www.designboom.com/technology/bmw-segway-personal-mover-concept-05-22-2018/

그림 2-7   Kapferer, Jean-Noël (2012), The New Strategic Brand Management: Advanced Insights and Strategic Thinking, Kogan-Page, London: UK.

그림 2-8   https://health.esdlife.com/shop/hk/brand/hello-kitty-%E5%81%A5%E5% BA%B7%E4% B8%AD%E5%BF%83

그림 2-9   https://www.hilti.co.il/content/hilti/E4/IL/en/services/tool-services/fleet-management.html

그림 2-10   https://uppity.co.kr/, https://newneek.co/

그림 2-11   https://www.kurly.com/shop/board/view.php?id=notice&no=64, https://campaign.kurly.com/mobile/event/2019/0411/fullcold.html

그림 2-12   http://www.donga.com/ISSUE/Vote2016/News?m=view&date=20190824&gid=97097587

그림 2-13   https://www.produceretailer.com/article/news-article/walmart-test-nuro-autonomous-vehicles-grocery-delivery

그림 2-14   https://www.hankyung.com/it/article/201912027225i

3장

그림 3-2   http://www.patagonia.co.kr/blog/view.php?page=49, https://eu.patagonia.com/fr/fr/worn-wear.html

그림 3-3   https://www.gucci.com/us/en/st/stories/gucci-equilibrium/article/culture-of-purpose

그림 3-4   https://www.cheil.com/hq/portfolio?pname=portfolio&lang=ko&seq=156&region=hq

그림 3-5   Zeithaml, Valarie A., Mary Jo Bitner, and Dwayne Gremler (2017), Services Marketing: Integrating Customer Focus Across the Firm, 7th Edition, McGraw-Hill Education.

그림 3-6   https://www.youtube.com/channel/UCgmvz6qxtga4W6n1mfmM0Zw

그림 3-7   Zeithaml, Valarie A., Mary Jo Bitner, and Dwayne Gremler (2017), Ibid; Brand Management: Aligning Business, Brand, and Behavior, Nader Tavassoli, Coursera.

그림 3-8   Frei, Frances, Robin J. Ely, and Laura Winig (2011), "Zappos.com 2009: Clothing, Customer Service, and Company Culture", Harvard Business School Case, No. 9-610-015.

KI신서 9052
트렌드를 넘는 마케팅이 온다

1판 1쇄 발행 2020년 4월 8일
1판 6쇄 발행 2023년 7월 3일

지은이 박기완
펴낸이 김영곤
펴낸곳 (주)북이십일 21세기북스

콘텐츠개발본부이사 정지은
서가명강팀장 강지은 **서가명강팀** 공승현 김미래
디자인 THIS-COVER
출판마케팅영업본부장 민안기
마케팅2팀 나은경 정유진 박보미 백다희
출판영업팀 최명열 김다운 김도연
e-커머스팀 장철용 권채영
제작팀 이영민 권경민

출판등록 2000년 5월 6일 제406-2003-061호
주소 (10881) 경기도 파주시 회동길 201(문발동)
대표전화 031-955-2100 **팩스** 031-955-2151 **이메일** book21@book21.co.kr

(주)북이십일 경계를 허무는 콘텐츠 리더

21세기북스 채널에서 도서 정보와 다양한 영상자료, 이벤트를 만나세요!

페이스북 facebook.com/jiinpill21 **포스트** post.naver.com/21c_editors
인스타그램 instagram.com/jiinpill21 **홈페이지** www.book21.com
유튜브 youtube.com/book21pub

서울대 가지 않아도 들을 수 있는 명강의! 〈서가명강〉
유튜브, 네이버, 팟캐스트에서 '서가명강'을 검색해보세요!